民道主義

日本の民主主義を担う
主体形成の課題

大熊忠之

芙蓉書房出版

はじめに

本書は、政治経験の記述、思考法と言語の書字化、および人間の集団行動と権力行使の倫理に関する考察を内容とする。

政治経験といっても、前近代社会において人間は平等な存在と考えられていなかったので、政治は統治を意味した。不平等社会において人は統治する身分と支配される存在とに区分されていた。大半の人々は生まれた共同体において統治対象とされたため、統治される経験をするほかなかった。

前近代社会は農作を経済的基礎としたので、人々はこの生産システムの制約を受けた。しかも農業生産は耕地の特質や天候に著しく左右される。とりわけ日本列島は現在でも地震や台風など自然災害の多い場所である。したがってこの列島の住民は、統治制度、経済システムおよび自然環境に支配されてきた。この経験が日本人の思考と行動を受動的にする要因となった。

とはいえ人間の生存は能動性なしには実現しない。つまり自己の行動の制約要因を知覚し、それを克服ないし回避する行動が不可欠である。その契機は自然現象のなかに超人間的パワーを感知する宗教的ないし神秘的体験をした人によってもたらされた。血縁関係を軸に成立した集団は、農作の拡大につれ特定の土地に定住し、氏族共同体を形成した。氏族集団を統率した族長は自然の超人的パワーを感知する霊能者であった。これらの集団は各地にアニミズム的信仰にもとづく祭祀共同体を形成した。そして農作経験を様式化し、氏族祭事を道徳律として伝承していた。しかし氏族社会は口頭言語の限界を抱えていた。それはコミュニケーションが地理的および時間的に制限されることにあった。

古代日本の君主政と漢語による自己形成

このような氏族的祭祀共同体を統合し、統治領域の広域化により君主政を確立したのが、大和朝の律令国家にほかならない。治領拡大のために、朝廷は中国から文字と統治制度および仏教を導入した。統治行動と経済活動は時間経過を含むので、不確実性を避けられない。将来の予測や予知には想像や神話などの非現実的観念が思考に侵入する。仏教はアミニズム思考の不確実性を補完する合理主義や超越的パワーをもたらすものとして歓迎された。しかしその結果、日本人の思考は受動性と能動性のアンビバレンスを抱えてきた。

外来文化による自己形成という伝統は近代になっても継承された。多くの日本人は何らかの形で伝統文化と新しい生活様式との葛藤を経験してきた。しかしその経験を明確に記述し、自己の人格形成を支える思考法として集約したとはいい難い。

その一因は日本語の文字が漢字から進化してきた経緯にあった。漢字の導入とともに儒学や仏教の観念も流入してきた。そのため漢字で作られた熟語は、儒学的ないし仏教的意味を内包している。そのような文字言語を思考の道具としたため、日本人の思考法は古代中国思想や仏教のバイアスをもつことになった。例えば「反省」という語は、思考方法の見直しというより、道徳的態度の是正を促す意味合いが強い。また「先生」は知識の伝達や思考法を訓練する指導者ではなく、倫理ないし道徳を説く人か上位職種の地位にある人と観念された。それゆえ「師」は尊敬の対象というより、崇拝すべき存在となった。したがって先人の言説に対する批判は、師の人格を汚す不道徳な言明とみなされた。日本の言論文化に伝記や評論が独立分野として発達しなかったのは、言論に社会的上下関係が内在するからであろう。そのうえ日本語は、述語が文末にくる言語特性によって、叙述の完結や肯定と否定が不明瞭になりやすい傾向がある。しかし先人の言説の曖昧さは尊重すべき含蓄の深さと解されてきた。このような言語体質は現代日本語にも踏襲されている。

漢語に頼る思考は日本人の判断や行動をさらに受動的にした。古代国家では被治者のみならず支配層を含む大半の日本人は識字力を欠いていた。とくに地方集落は口頭コミュニケーションと生活慣習によって社会秩序が保たれていた。家族は家長が統率する組織として定着し家族の統制はしばしば暴力をともなっていた。それはことばによる意思伝達には限界があり、農作は天候や作物の生育状態により時間的制約を受けるからである。

家長の最大の関心は農作の収穫増大であった。食料の安定的確保は家族のみならず地方豪族も、また律令国家を率いる朝廷にとっても不可欠だった。したがって農作を支える農民の統制と支配地の維持、つまり治領と治民の統治が朝廷の最優先課題だったのである。

血縁関係をもとに形成された共同体は農作の定着とともに地縁組織に進化した。その過程で家長の宗教的霊力、一家の軍事力および所有農地などの差により、次第に階層が形成され、住民は統治身分と農耕民とに分裂した。そして在地の統治者が君主として権力を行使した。君主政は、日本だけでなく中国からインド、オリエントおよびエジプトでもみられ、ヨーロッパに移住したゲルマン族の間でも一般的だった。しかし西欧の知識人は東洋の君主政を専制と断定し、その根拠として君主以外の人間に自由が認められなかったと力説した。

アーレントの統治観とガルブレイスの権力論

政治哲学者のハンナ・アーレントは、古代ギリシアの民主政をモデルとして、政治と統治を区別した。そして支配者の統治行動を前政治的活動として記述した。彼女はギリシアの古代国家を評価したが、その理由は自由な市民の討論により国策の決定を行なっていたことにあった。そしてそのような国家統治のあり方を政治と規定し、政治の目的は、必然性に拘束されない公共的課題の実現にあると論じた。必然性とは、生命の維持に要する事柄を指し、経済活動や戦争を含むという。経済活動は家族のなかで営まれ、私的領域に属するゆえに前政治活動であり、戦争は国家の自由を守る目的をもつとはいえ、暴力行為をともなうので前政治的活動にあたると述べた。

経済学者のジョン・ガルブレイスは『権力の解剖』のなかで、権力は実在するものではなく、行使されるものであると論じた。そのうえで権力行使の手段には威嚇、報償および条件づけの三種があり、その源泉は個人的資質、財力、および組織にあると指摘した。そして経済発展にともない権力行使の手段が、威嚇から報償へ、さらに条件づけへと進化したという。ただしこれらの権力手段は、単独で行使されることはなく、時代が進むにつれ複雑に組み合わされてきたと述べる。

ガルブレイスが個人的資質としてあげたのは、武人の場合は体格的な優位や武芸の力量であり、知識人においては知識量と予知能力であった。そして宗教家は神性ないし超越的存在を感知する霊力であった。こうした資質をもつ人物が自身の人格によって多くの人々を服従させた。しかし威嚇権力を長期にわたり行使しつづけることは難しい。そこで権力者は財力を用いて報償を供与し、それによって人々を支配した。威嚇権力は反抗的被治者に対する懲罰的意味合があったが、いずれにせよ民衆の強制にほかならなかった。これと対照的に報償権力は相手に便益を与えて服属させるものである。ただしこれら二つの権力手段は、否定的にせよ肯定的にせよ、相手に対してなんらかの影響を与える点に共通性がある。しかし条件づけ権力の手段はこれらよりかなり複雑である。

ガルブレイスはキリスト教会の歴史から、権力行使の変遷をつぎのように説く。まず救世主イエスが自己の霊力で信徒に対する権力行使を行なった。つぎに使徒たちが信徒から集めた献金をもとに、聖職者や聖堂建設など教会活動の貢献者に報償を供与することで、組織統制を強めた。そして教会制度の形成とともに、つぎのように条件づけ権力を行使した。まず教会は、教義にもとづき聖職者や俗人信徒（これを合わせて教徒と呼ぶことにする）に来世の境遇を示すことで、威嚇権力を発揮した。そのうえで報償権力を自由に行使した。さらに信仰生活を制度化し、教徒の一生を戒律という条件づけにより支配した。

その制度とはカトリック教会の秘跡（サクラメント）という祭儀で構成する戒律システムを指す。その前提として教会は神に代わり信徒に霊的恩恵を授与する権能をもつという観念があった。サクラメントは、洗礼、堅信、告解、塗油（終油ともいう）、聖餐、結婚、叙階の七種に分けられる。このうち叙階は聖職者に品級を授与する儀式である。俗人に関わるのは、誕生直後に行われる洗礼、つぎに成人後も信仰を守ることを誓う堅信、そして結婚とつづき、死を目前にした信徒の塗油がある。これらの秘跡は信徒の生涯を条件づける祭儀である。聖職者も結婚以外の秘跡を受けることとされていた。

聖餐は、キリストが最後の晩餐で示したキリストの体と血を象徴するパンと葡萄酒を分かち合う儀式で、毎日曜日のミサで行われる。これにより信徒は教会の一員であることを絶えず確認させられるのである。

毎年一回の義務とされる告解は、信徒が犯した罪を、聴問僧を通して神に告白し、赦しを授かる秘儀である。聴問僧は、信徒が懺悔した罪の罪状に応じて贖罪の条件を決める。罪が重ければ重いほど条件が厳しくなり、それは献金額などで示されたという。こうした信仰制度が、教育と説教を通して、信徒の人格形成を支えたので、信徒は強制を意識することなく戒律に従った。

経済的に見るとサクラメントは教会の重要な収入源であり、異端排斥は教会の独占的経済利益の維持という側面があった。ローマ教皇庁が、総本山のサン・ピエトロ大聖堂建設のためにいわゆる免罪符の販売を行ない、それが宗教改革の発端となった。その背景には教会が、組織として三種の権力手段を完全に握っていたことがあげられる。すなわち教義の独占的解釈権にもとづく威嚇権力、財力による報償権力、および聖職者や信徒の思考や行動を統制する組織内部の戒律や教育、教宣などの条件づけ権力の手段である。

教会組織の統治理論と統治技術論の出現

暴力をともなわないとはいえ、教会の組織統治は、聖職者が意思決定権を独占し、教徒集団という限られた領域のなかで行われた。したがってその統治は、アーレントのいう私的領域に属する前政治的活動にほかならなかった。やがて学僧たちがこの組織統治を研究し、中世末期には司牧神学として理論化した。この統治理論は、当時勢力を拡大しはじめた王権や商業都市の統治モデルになった。ゲルマン諸族の族長は、武力抗争により領地拡大を図り、宮廷を中心とする統治機構を保持していた。しかしその王領や伯領の境界は流動的であり、統治権は財力的にも法的にも脆弱だった。

構造主義を代表する哲学者ミシェル・フーコーは「統治性」という小論のなかで、王の助言者がかなり古くから存在し、理想的君主の教育法について論じていたと指摘する。そして一六世紀半ばから一八世紀の間に統治論をめぐる言説が相次いで出現したという。それは君主への助言でも政治学でもなく、その中間に位置づけられる統治技術に関するものであった。一六世紀の主要テーマは自己統治の問題であり、その論考はストア主義的形而上学に回帰していた。しかし宗教改革とその後の反宗教改革を機に、プロテスタント教会もカトリック教会も、組織強化の観点から司牧神学を重視するようになった。その後子どもたちの統治、つまり教育論が加わった。そして最後に国家統治が王権や商業都市で関心の的になったという。封建制の解体が進行中だったこの時代は、王権や商業都市の権力集中と、宗教改革がもたらした教会分裂が同時進行していた。王権や商業都市およびプロテスタント教会は、組織が利用可能な権力手段が限られていたため、統治技術を求めたのである。

アーレントは、近代国家の母体を中世の商業都市を形成した職業団体やギルドとみる。これらの団体は会員の共有する利益増進を目指していた。それゆえ「共通善」は中世ヨーロッパの中心的価値観となった。こうした集団が構成する領域が「社会」となり、その政治的組織として形成されたのが国家であるという。近代国家はこのような中世的構造を引き継いでおり、近代国家の公共領域は古代ギリシアの私的領域にすぎないと論じた。しかし彼女は新興勢力の組織的脆弱性については何も触れていない。

マキアベリの統治論とその反響

統治技術に関わる言説として、中世末のヨーロッパ世界に波紋を生んだのは、ほかならぬマキアベリの『君主論』であった。この著作は、新興の都市国家を統治する君主に対して、自領を維持する方法を説いたものだった。新興国家は国外勢力からの軍事圧力、国内社会勢力の分裂、商人勢力の台頭という変動の渦に巻き込まれていた。そこで君主の所領統治に徹底した合理性を求めたのがマキアベリであった。しかし彼の主張は旧勢力から激しい反発を受けた。

フーコーは、反マキアベリ主義者の代表的見解を紹介し、この論争の論点をつぎのように整理した。まずマキアベリの主張は、統治者の単一性と超越性および外在性を前提としていたと指摘した。それに対して反マキアベリ派は、統治の多重性と内在性を強調していた。統治行動は一家の家長、修道院長、子弟の教師や師匠も実践しており、それは一国内でみられる事象だったからである。

反マキアベリ派は、統治にはつぎの三タイプが存在すると述べた。すなわち自己統治、家族統治および国家統治である。自己統治は道徳に関わる教育の問題であり、家族統治の中心は家政つまり経済問題である。三番目の国家統治は政治、つまり国内住民の統合の問題である。彼らはこれら三タイプの統治行動が、君主教育と善政によりもたらされると論じた。自己規律を身につけた君主は、まず自身の家計基盤を安定化できる。というのは商業化の進む経済において、君主や家長が贅沢な消費をつづければ、家計を再生産できず、王家を維持できなくなるからである。したがって君主の自己統制は王室を安定化し、国家統治をも好転させる。そして王家の善政は万民救済を実現するというのであった。

この統治観は、朱子学の「修身斉家治国平天下」の論理に酷似している。また君主教育により自己規律を身につけた統治者の善政が、万民の生活を安定化させるという教説は、孟子の王道論を彷彿とさせる。しかしこれらの統治論は君主政の安定を志向するものだった。しかも君主政を支持する統治論は、王家と国家の関係だけに注目し、その中間にある社会には無関心だった。

イングランドおよび米国・フランスの民主化と国家組織の発達

一七世紀末イングランドは名誉革命を機に民主制に踏みだしていた。そして一八世紀末には米国とフランスも革命を通して民主化に乗り出した。近代国家は、君主制時代の行政機関と、専門教育により資格を得た法律家が構成する司法組織、および貴族身分ないし教育を受けた士官と平民兵で編成する軍隊を継承していた。民主化によって統治機構に立法府が加わった。したがって近代国家の統治機構は、多様な国内勢力の利害関心を反映していた。

一八世紀末から一九世紀初頭までつづいたナポレオン戦争の後、国家統治は国防と密着した。そのため西欧の国家間関係は、軍事力均衡という数理形式に還元され、国家統治は軍事戦略を抱えることになった。マキアベリの言説は、一九世紀にドイツとイタリアで再評価された。それは両国とも国家統一運動が高揚し、国家に対する君主の主権維持が争点になったからである。そして両国は自国の軍事化を推進した。それは国家組織の拡張を意味した。

いづれの近代国家でも威嚇権力の行使が減少し、報償権力の使用が拡大した。そして民主政は民衆に対する条件づけ権力行使を制度化した。政府に対抗する政党、職業組合、産業団体なども、条件づけ権力を行使した。その影響力にかなりの差があるとはいえ、これらの集団行動は公的領域には属さない。アーレントは、私的でも政治的でもない活動領域を社会と定義した。この定義よればあらゆる社会的活動は前政治的活動にあたる。

啓蒙主義と市民の自己形成

前述のように君主政においては三つの統治タイプのうち自己統治がとくに重視された。それは君主の人間形成が主権者のもつ権力手段の幅を決めるからである。自己規律のある君主は、暴力に頼らずとも威嚇権力を行使できるうえ、報償権力を効果的に発揮できる。そして教会を抑えれば、王権は条件づけ権力を行使する組織をつくることができた。

西欧諸国の民主化において、主権者としての市民の主体形成を促したのは啓蒙主義運動であった。多くの日本人は、ヨーロッパの啓蒙主義をカトリック的ドグマに対決する思想と解した。そして啓蒙主義者の代表として、英国人哲学者ロックやヒューム、フランス人思想家モンテスキューやヴォルテールおよび百科全書派、さらにドイツ人哲学者カントらに注目し、彼らの言説を啓蒙思想とみなしてきた。しかしそれは市民社会の形成という視点を欠く認識だったのである。

一七〜一八世紀、ヨーロッパの一般市民は、言語表現技術、意見発表の作法、討論倫理などを習得するさまざまな活動を行っていた。彼らは、教会が支配する世界観からの脱却を図りながら、平等で自由な市民関係を構築する新たな道徳律を模索した。つまり民主制の形成期において、西欧市民は自己の主体形成を促す内省や言論の倫理と発言の作法を実践のなかで訓練し、その経験を通して市民社会を確立した。市民の自己形成のための活動は今日でも学校教育のみならず、成人市民の自己研鑽活動として行われている。

近世末期の日本における貧民の自己形成運動

他方日本では近世後半、武家社会において儒学的世界観にもとづく規範が確立していた。そこで武家は一家の跡取りの人間形成に強い関心を払い、子弟教育において「孟子」の王道や「大学」の修身といった観念を重視した。やがて江戸末期には庶民子弟の手習い所である寺子屋が、儒学書経の抜粋や簡略章句を集めた教本を使いはじめ、それが広く普及したために、儒学的徳目が庶民の通俗道徳として定着した。

安丸良夫は『日本の近代化と民衆思想』のなかで、儒学的世界観や民俗宗教の生命観にもとづく通俗道徳が、極貧層の人々の精神的自立に寄与したと指摘した。その具体例としてあげたのは、二宮尊徳の報徳社、石田梅岩の心学、大原幽学や中村直三らの農村指導、そして黒住教、金光教、天理教、不二道、丸山教などの民俗的な新宗教だった。

農家は強欲な地主の搾取、天候不順による凶作、家族の病気などが重なれば没落を免れなかった。商家も奢侈、遊芸、親不孝、不和などにより、稼業が破綻する例が多かった。しかも貧困はたんなる家政の問題に止まらなかった。急激な貧困化に見舞われた人々は、精神的に荒廃し自己管理ができなくなっていた。荒村では農民が目先の私欲に走り、飲酒、博奕、家族の不和、隣人との喧嘩が蔓延していた。そのうえ世間からは、彼らの貧困の原因が当人の生活態度にあるとみられていた。そのため劣等感が彼らの思考と行動をさらに萎縮させた。

貧困の問題解決には、まず当事者に生活態度を改めさせねばならない。尊徳や梅岩は、貧民の主体性回復のために勤勉・倹約など通俗道徳の実践を説き、当事者に対する個別的指導を行った。また新しい宗教は、どんなに卑賤な人間も絶対者のもとでは高貴な人と平等であるとの確信を信者にもたらし、それが彼らのコンプレックスを払拭したという。庶民の生活態度改善への実践的取り組みは、運動の発生地を中心にかなりの成果をあげ、藩内で荒村再建のモデルとなった。

安丸は、尊徳や梅岩らの進めた民生改善運動や黒住教、金光教などの新宗教が、理想的世界像を伝統的価値観や体制イデオロギーの純化に求めたと指摘し、それゆえ彼らの運動が社会改革に向かわず、統治体制に吸収されたと述べた。つまり日本にも、民衆レベルで個人の主体形成を目指す自己形成自己鍛錬の運動が発生したが、それは社会の民主化を促すには至らなかった。西欧の啓蒙主義者は、カトリック的言辞で塗り固められた世界像の虚偽性を明らかにし、自由で人間理性に合致する新たな社会構築を目指していた。しかし近世日本の民衆思想家は伝統社会の変革という意識を欠いていた。というよりも貧困者の窮状打開が急務だったために、彼らに生活規律を回復させ、規則的な生産活動という日常生活に復帰させるだけで精一杯だったと思われる。

日本の民主制はまだ七〇年余の歴史しかもっていない。それに比して国家統治の歴史は、大和朝の律令制導入後一三〇〇年以上つづいてきた。したがって皇族や公家その後の武家など統治身分をのぞけば、日本の庶民はきわめて長期にわたって統治される経験をしてきたのである。さまざまな識者が日本の民主政の未熟さを指摘したが、その言説はわれわれの民主政発展の有力な助言とはならなかった。それは民主政を担う主体形成への具体的ビジョンを欠いていたからである。

西欧の社交サークル活動と民道主義の提唱

西欧の啓蒙主義運動は、新聞や雑誌の評論記事、哲学・文学などの新刊書、あるいは音楽・演劇の公演などのテーマについて、市民が意見を交わす社交サークルからはじまった。

このサークルは知識人、法律家、作家、芸術家とともに教養ある市民で構成された。その集会で一般市民も自己の見解を自由に発表できたが、それに対する異論や反論も自由に表明できた。こうした討論の経験蓄積を通して、市民は新たな倫理と道徳律を形成したのである。教会や君主国家からの自律は、市民の自己形成・自己研鑽なしには実現できなかった。意見対立を言論で打開するには、抽象的思考力が不可欠である。教養ある市民とは、そのような能力を身につけた人々であった。

彼らは啓蒙主義者の言説から人間の自由な思考や行動を束縛する伝統的観念や慣習的思考様式の特徴を理解した。そのうえで自己形成のために新たな言語表現、述語論理などの語法を学習した。こうしたサークルは会員が共有する関心事をテーマとしたので、サークルの言論活動の領域が拡大した。これらの組織が集合して社会が成立した。それは国家と家族の中間に位置し、時代によって党派や階級として出現した。

日本の民主主義を発展させるには、民主政を担う主体形成を考える必要がある。王道は君主教育にもとづく統治者の人間形成を志向する。したがってそれは民主政の主体形成理念とはなり得ない。啓蒙主義は、日本において西欧の時代思潮と理解されてきたので、われわれには縁遠い思想となってきた。

前述のように日本にも被治者個人の自立を促す自己形成活動が存在したが、それは社会形成の視野を欠いていたため運動にはならなかった。とはいえ民主政の主体形成に繋がる萌芽や克服できそうな課題は明らかに実在する。そこで民主政を担う主体形成を目指し、自己形成を進める活動を民道主義と呼ぶことにしよう。王道や啓蒙に替えて民道という新造語を導入するのは、民主政に対する民衆個人の責任意識を亢進するためである。この用語によりわれわれの民主政発展への視界が開けてくる。民道主義運動は、まず民衆個人による自己形成の経験を記述し、被治民の自由を拘束する慣習や思考様式からの自立を図ること、そして自己表現のための新しい語法を形成することからはじまる。新しい思考法と言語表現技術を身につけた人々は、お互いに新しい倫理観や道徳律にもとづき意見交換や討論を行うことになる。こうした言論作法は日本の脆弱な社会体質を強化する足がかりとなるだろう。

そのためには、西欧の啓蒙主義に倣って、社会通念化した思考様式の弱点を把握しなければならないし、思考手段である言語表現力を高める必要がある。また個人の人間形成に決定的役割をもつ教育についても、従来のように義務教育中心に考えるのでなく、小学校から大学院までを含む学校教育、学校外の稽古事や習い事を含む社会教育、社会人や成人が自発的に行なっている生涯学習をも視野に入れて検討すべきものである。これらの制度や慣習は古くからの生活様式に根ざすものが多いので歴史的な分析が不可欠である。

ところでわれわれは現在、巨大化した経済システムにも支配されている。それは企業や国家を含むグローバル市場として組織化され、複雑な条件づけ権力を行使している。これについては史実よりも経済学者の知見が検討対象となる。またかつて庶民の生活様式は宗教祭事と密着していたが、経済発展にともない文化の世俗化が進んだ。そして科学技術の発達は通信システムと情報市場を生みだした。それは文化の商品化を促し、社会の公共性を低下させた。現代世界における公共性の喪失もまた再考すべき課題である。

民道主義運動は政党活動ではない。それはあくまでも個人の人間形成のための自己研修運動である。しかしこの運動が連携すれば、われわれは経験したことのない社会形成の扉を開くことになる。

第1章　日本人の受動性と歴史経験

第６章　文化の商品化と公共性の喪失

おかしな人ねあなたって、ちっとも自分の考えというものがないのね。それじゃあくたびれるでしょう。

――ジャック・モノー『地下鉄のザジ』

人は群れで生きる獣だ。群れをつくっているひとりひとりが、自分がなにをしているのかを知り、考えないかぎり、大きな変化は生まれない。

――上橋菜穂子『獣の奏者』

それで僕は無駄というものは、高度資本主義社会における最大の美徳なのだと彼に教えてやった。

――村上春樹『ダンス・ダンス・ダンス』

序　章

民道主義
民主政を担う主体形成

一　立憲主義と統治活動

民主主義の政治制度は完全ではない。それは二〇一六年の米国大統領選挙でトランプ政権が成立した過程で明らかになった。また中東・アフリカ難民が集中豪雨的に殺到した西ヨーロッパで、排他的民族主義を唱える極右勢力が支持層を伸ばしたことや、ＥＵ離脱をめぐる英国政治の混迷にも現れている。日本でも安倍晋三首相の国会運営で民主政治の未熟さが露呈した。首相の率いる自民党と友党の公明党が両党合わせて衆参両院議席の絶対過半数を確保したため、二〇一五年から一七年までの僅か三年弱の間に国民の基本的人権を制限しかねない「特定秘密保護法案」「安全保障関連法案」および「共謀罪法案」というデリケートな重要法案を、世論の強い批判を押して強行採決により成立させたうえ、国家主義的傾向の強い憲法改正を公言するに至った。その過程で日本の民主制の限界が表面化したのである。

イングランドにおける議会と王権の対立

近代民主主義の政治制度では、国民主権と立憲主義の原理にもとづき政府の権限は憲法により厳格に規定される。一般に憲法は国民の自由を保障する人権憲章と、国民の代表で構成する政府が国民に責任を負う統治機構を定めている。統治制度は経済社会の現実と無関係に成立しない。近代民主制は、西欧諸国の市民層が絶対君主の権力濫用を抑えるために、革命をとおして形成したものである。

一七世紀のイングランドでは、王権による恣意的な権力行使や無計画な財政支出が頻発したために、議会が国王大権を統制する法体制を確立した。慣習を基礎とするコモンロー法系をもつイングランドの立憲制度は憲法と総称されるが、単一の成文法ではなく、制定法、勅令、条約および慣習から構成される体系である。英国憲法が時世の変化につれ漸進的な進化を遂げたのは、議会下院（庶民院）による政策決定と王権の統治活動の間に対立があったからである。国王はしばしば議会を無視して強硬な権力行使を行なった。そのため議会は王権との抗争を繰り返してきた。しかし度重なる内戦の経験を通して、国家統治の安定には王権と議会の同意が必要であること明らかになった。その経験から統治機構の構成と人権の基本ルールとして、いくつかの慣習や法令を尊重し、それらを一括して憲法と呼ぶようになった。

立憲主義と統治行動のジレンマ

イングランドは一八世紀以後隣国のウェールズ公国およびスコットランドとアイルランド両王国を次々と併合して連合王国（以下英国と略、北部を除くアイルランドは第二次大戦後脱退）に拡大し、さらに植民地獲得により帝国となった。北米一三植民地の独立を機に、カナダ、オーストラリアなどの植民地に内政の自治権を認め自治領とした。一次大戦後英帝国政府は、自治領の完全な主権を承認し、英帝国を英連邦と改称した。したがって英連邦諸国の憲法（立憲体制）は、自国の制定法と英国憲法のほか英国との条約、勅令、および自国慣習を一体化した制度として定着し、慣習と法令の変更を積みあげながら進化してきた。

カナダでは、連邦機構を定めた英領北アメリカ法（一八六七年発効）が英国法のまま一世紀以上にわたり存続していた。それは連邦議会と州議会における合意形成が難しく、立憲主義とのジレンマを抱えながら、連邦も各州政府も統治行動を中断できなかったからである。ようやく一九八〇年ピエール・E・トルドー首相（現首相ジャスティン・トルドーの父）が自国憲法のカナダ移管を決意し、英領北アメリカ法を「一八六七年憲法法（憲法の構成法を指す）」に改称する法案とともに、同法に欠けていた人権憲章と改正手続きを定める「一九八二年憲法法」法案を議会に提出した。同時に英国政府に協力を求め、英国が以後カナダに関わる立法を一切行わないことを定める「カナダ法」を議会に提出させた。両国議会の承認により八二年にカナダ憲法のカナダ移管が実現した。しかしその後フランスの言語と文化を継承するケベック州の分離独立をめぐり国論を二分する大論争が十年以上にわたりつづいた。

フランスは成文憲法をもつ国であるが、大革命後の共和政から、ナポレオン時代の帝政、王政復古による王政を経験してきた。一九世紀末から第二次大戦中のナチスドイツ軍占領により成立したビシー政権まで、第三共和制を定めた憲法により統治された。戦後一九四六年の憲法制定により第四共和制となったが、大統領権限が狭く議会権限が強かったために、不安定な政権がつづいていた。一九五〇年代末、植民地海外県のアルジェリア独立をめぐり国内対立が激化した。結局ドゴール大統領がアルジェリアの独立承認を決断し、国内の政治的混乱の収拾を図ったが、それとともに憲法改正も実現した。それは大統領職権の大幅強化と、大統領選出方式の間接選挙から直接選挙への変更を内容としていた。こうして現在フランスは第五共和制を定めた憲法のもとで統治されている。

民主政における政策決定とその前提要件

日本の現行憲法は第二次大戦直後の一九四六年の公布から七〇年余を経過しており、その間条文解釈はかなり変化してきた。したがって憲法を現状に照らして検討すること自体に違法性はない。しかし改憲論をめぐる国民の違和感は、政府や与党の改憲派と、それに異議を唱える野党や護憲派が、憲法の前提となる国家理念や合意形成の手順について国民的議論を尽くしたとはいえず、新たな政治目標を提示していないことにも由来する。

われわれ日本人は、自分たちがすでに経験してきた民主主義をどのように捉え、何を目指すのか？われわれの民主主義に弱点があるとすれば、それを正確に把握し、どのようにそれを克服するのか。それはいつかは考えねばならないテーマである。しかも憲法改正は一個人だけで実現できる課題ではないし、政府、政党や政治家、法律家、学者などの専門家に任せてすまされる問題でもない。民主主義国家では国策の決定は国民の合意を原則とする。しかも民主政における政策決定では、政策の前提条件に関する社会的合意が重要な意味をもつ。とくに憲法改正は、合意形成の手続きのみならず、改正内容の前提についての社会的合意が重要となる。アーレントはこのような活動も前政治的活動に区分していた。

統治行動の時間枠と民主政の弱点

ここで注意すべき点は、時間制約がタイトになれば、立憲主義と統治行動とのジレンマが、合意形成と政策決定のトレードオフとして表出することにある。かつての民主党内閣の失政原因は、あまりに多くの前提案件を法案にもちこみ、国会議案としたことにあった。そのため政府は政策決定とその執行に必要な時間を失った。それは国会審議をめぐる与野党の攻防が、審議時間の獲得競争となるからである。それと対照的に安倍内閣の政治手法は、既成事実の積重ねにより社会的合意形成を省略する意図を示している。

そこで民主制の弱点を確認しておこう。民主政治の原型は、古代ギリシアの都市国家（ポリス）アテナイの統治形態である。後述のようにポリスの国策は、市民の出席する民会が決定し、その執行業務も市民が分担した。全市民は民会出席の権利をもつが、民主政は時間的財政的余裕のある状態を必要とした。そのため権力が富裕層の手に集中し、口達者な野心家や狂信的指導者が民会を牛耳る衆愚政治に陥り僭主政を招いた。民主政の弱点は政治の時間枠に無神経な性向にある。時間枠を考慮すると統治行動の優先順位が明らかになる。案件の緊急性とタイミングおよび所要時間の認識がその基礎となる。つまり政策の前提に関わる社会的合意形成は統治思考の一部なのである。

にもかかわらず君主政に限らず、権力者は社会的合意を軽視し、統治行動を私的利益の増進に利用してきた。それは権力手段を握った人物は自由にそれを行使できるからである。君主政では威嚇権力がものをいったが、さらに統治者は身分制を条件づけ権力手段として導入した。民主政では統治者は威嚇権力よりも報償権力を使いやすい環境におかれたが、いずれにせよ統治者の自己中心的な権力行使は国家統治に混乱を招いた。その原因について、ガルブレイスは、権力の目的が権力行使それ自体にあるからだと論じた。権力者にとって、権力行使にともなう側近や支持者ひいては被治民からの賛辞や歓声が、至福の快感になるという。

知性と道徳性―国家統治の必要条件

政治権力の退廃や暴走をどのように防止するかという問題は、古代の知識人が直面した最大のテーマであった。それに取り組んだのがギリシアのプラトンや中国の孔子だった。プラトンは王政の失政原因を統治者と民衆の無知にあるとみて、哲人王の統治を理想国家とした。春秋時代に登場した孔子は君主制の崩壊理由を君主の道徳性の衰退に求め、過去の名君の仁政を学ぶ理想的知識人（君子）を聖人とよび、その統治を模範とした。その後戦国時代に儒家を率いた孟子は、力による統治を覇道として却け、聖人君主の徳治を王道と称して、その卓越性を喧伝した。

古代の思想家は知性ないし道徳性が国家統治の必要条件であることを発見した。しかしそれは権力者の個人的資質に属するものである。周知のとおり近代民主主義思想の草分けモンテスキューは『法の精神』において、権力の暴走を制度的に抑止する方法として、三権分立を提唱した。しかしその彼が、民主政は君主政や貴族政に比べ、もっとも徳が求められる制度であると指摘した。その理由は、民主政を支える民衆は、統治者としての公共精神と被治者としての私的利害関心とのバランスを求められる点にあると考えられる。徳を知性と道徳性を含む人格と解せば、民主政を担う民衆個人はその責任に相応しい人格を問われる存在といえる。そこでわれわれは、個々の民衆がみずから責任を自覚し、自己研鑽による人格形成を進めながら、社会的事案に関わる活動を民道主義とよぶことにした。民道主義は民主政支える主体形成活動を指すが、民主政を補完する多様な民意形成と草の根の社会活動でもあり得る。

日本人の農耕共同体意識と政治経験

さて民主主義は古代ギリシアから近代に至る西ヨーロッパの歴史をとおして形成された思想であり制度である。その思考は人間による人間の支配のあり方に焦点をあてたので、人間の生存に関わる経済事案は関心の中心から外されていた。それに対し東アジアの王朝は農耕をきわめて重視した。日本の大和朝は、各地の氏族的祭祀共同体を統合して、律令制国家を樹立したが、農作業の氏族的伝承の維持と中国の法制

民道主義

日本の民主主義を担う主体形成の課題

大熊忠之著　本体 3,200円【12月新刊】

グローバル経済の発展に伴い「民主主義」の限界が見えてきた。脆弱な社会体質を強化する足がかりとして全く新しい概念「民道主義」を提唱する！ これからの時代を生き抜く考え方を身につけるための一冊。

岩崎小彌太関係史料 ―書翰と追想―

尚友倶楽部・荒船俊太郎編　本体 2,500円

三菱財閥の第四代総帥として日本最大の重工業グループを完成させた岩崎小彌太の書翰270通（明治33年～昭和20年）と没後の追悼文28編などから成る史料集。【12月新刊】

貴族院会派〈研究会〉史　全２巻

水野勝邦著　尚友倶楽部編

明治大正編　本体 4,500円【11月新刊】

昭和編　本体 4,000円【11月新刊】

明治～終戦時の政治の歩みを貴族院の視点で描いた通史。華族・有爵議員、貴族院各会派の動静など、衆議院中心の従来の歴史書にはない貴重な記述が満載。尚友倶楽部がまとめた内部資料（非売品、昭和55年）を完全翻刻。

貴族院から「参議院」に看板の掛け替え

武道文化としての空手道

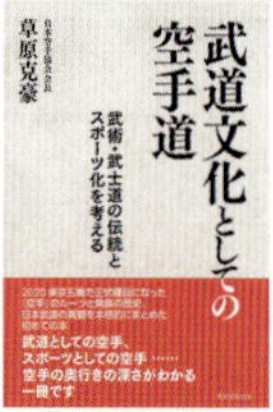

武術・武士道の伝統とスポーツ化を考える

草原克豪著　本体 1,700円【11月新刊】

空手のルーツと発展の歴史、日本武道の真髄を本格的にまとめた初めての本！
空手の奥行きの深さがわかる一冊

石原莞爾　満州ふたたび

早瀬利之著　本体 2,200円【10月新刊】

“オレは満州国を自治権のない植民地にした覚えはないぞ”五族協和の国家に再建するため、犬猿の仲といわれた東條英機参謀長の下で副長を務めた石原が昭和12年8月からの１年間、東條との激しい確執の中、孤軍奮闘する姿を描く。

あれこれ知りたいスコットランド

ウイリアムス春美著　本体 2,000円【９月新刊】

何でも見てやろうとの心意気で、ハイランド地方とオークニー諸島、シェトランド諸島など離島まであちこちを走り回った紀行エッセイ。

パリ2000年の歴史を歩く

花の都を彩った主役たちの人間模様

大島信三著　本体 2,300円【９月新刊】

シーザー、ジャンヌ・ダルク、マリー・アントワネットなどパリを舞台に活躍した人々の史蹟を訪ねるパリ歴史散歩。ノートルダム大聖堂の火災など最近の話題も取材。写真250点収録。

芙蓉書房出版

〒113-0033
東京都文京区本郷3-3-13
http://www.fuyoshobo.co.jp
TEL. 03-3813-4466
FAX. 03-3813-4615

や文化の導入を進め、二つの文化の融合を図った。日本は自然災害が多いので、収穫の安定と豊作は人々の最大の関心事だった。

時代が代わっても日本の統治者や被治者は、みずからの歴史的経験を尊重しつつ、外来知識の吸収により独自の生活様式を形成し、近代を迎えたのであった。明治維新後の文明開化はあらゆる日本人を西洋化の渦に巻き込んだ。エリート層は西欧文化の吸収に精力を傾注したが、被治民は文化変容への適応に翻弄された。多くの日本人は生活の安定と改善を望みながらも、政治における思考と対応姿勢は受動的にならざるを得なかった。それは日本人が自然条件や外部環境に著しく依存する農耕共同体意識を脱却できなかったからである。

いうまでもなく日本人が民主主義を実際に経験したのは、第二次大戦の敗戦により米国式民主制が導入された後である。日本の民主制は、戦勝国による強制という側面があったとはいえ、国民に受け容れられ戦後政治の基本枠組みとなった。われわれの民主主義を歴史的視点から集約すれば、自由民の自治という西欧思想と生存維持のための伝統的生活様式との葛藤のうえに形成されたといえよう。貧困からの脱却という日本人の歴史的悲願が実現したのは、高度成長期に工業生産が過剰供給に達してから後のことである。民主化と市場経済の発展がその条件となった。それゆえ日本の民主主義の検討には、われわれ自身の歴史だけでなく中国やヨーロッパからもたらされた歴史的与件とともに、現代世界に共通する経済の構造やその文化特性をも含む多様な要因が対象となる。

二　公共概念のクラブ性と多数決原理

ハンナ・アーレントは自著『人間の条件』のなかで、古代ギリシアの民主政が公共領域に関わる活動に限定されていたことを力説した。ポリスは自由で平等な市民の共同体であるため、政治は市民全体に影響を及ぼす記念碑的公営造物の建造、戦争での勇気ある行動や雄弁な演説などに集中し、経済問題や都市インフラの整備などは除外された。その理由は、たんに人間の欲求を充たす活動は、必然性に由来する家政の問題であり公的領域に属さない点にあった。市民生活に不可欠な物資の獲得や労働は、自由な活動ではないというのである。彼女は中世の商業都市において、職業団体や同業組合およびギルドが出現し、これらの団体が社会を形成したと述べる。その社会が政治的に組織され国家になったと断じ、近代国家の公共領域は経済活動を中心とするので、古代ポリスの私的領域にあたると指摘したうえで、その特性は現代国家にも引き継がれていると論じた。

アーレントの統治論と公共性の多義性

この言説の結論を別にして注目すべきことは、中世都市の公共性が古代ギリシアと概念的に異なるという指摘である。これについて経済的視点から再考すると、生産の三要素とされる土地、労働力および資本のうち、ポリスの市民は土地と奴隷（労働力）と何らかの資本を所有し、自有地での農作により自給自足的生活ができた。他方、中世商業都市の市民はある程度の資本（金銭や技能）をもっていたとはいえ、農地も奴隷も所有しておらず、生活用水を含むほとんどすべての生活物資を市外の供給に依存していた。アーレントの言説は、個人的対処が不可能な戦争や自然災害、気候変動、疫病の蔓延などよる物資供給の断絶を除外し、ポリスの公共活動を市民が共有する関心事に限定していた。しかも市民は住民全員ではなく、土地を所有する成人男性で市民権をもつ者だけを指していた。それに対して中世商業都市の住民に共通する関心は、市場機構の維持と市内の治安および平和な対外関係にあった。女性や未成年者、不自由民と外国人が公的意思決定から除外されたが、市政の中心事案は経済問題に集中していた。このような公共性の多義性がなぜ生じたのであろうか。その解答のヒントは共同体あるいは社会のクラブ性にある。

クラブの排他性と公共性

公共選択論学派の代表である経済学者ジェームズ・ブキャナンは「クラブの経済理論」において、公共財と一般財の中間にクラブ財が存在すると論じた。公共財とは分割不能、つまり私有不能で排他的利用ができない財をいい、海洋、河川、大気のほか道路や上下水道のような社会インフラがあげられる。一般財は分割と排他的利用ができるもので、譲渡や売買が可能な財貨を指す。クラブ財はこれらの中間に位置し、共同所有と排他的利用が可能なものをいう。会員制のゴルフ場や劇場はその例である。その施設は、会員や入場料を払った観客にとって公共財としての価値をもつが、部外者にとっては他人の私有財でしかない。ところがクラブ財の重要な意味は、クラブが経済財に限られず、文化にも該当することにある。言語や宗教は、その使用者や信者にとって公共性をもつが、他者には有意性をもたない。つまり文化を共有する人々が公共性を認めても、それは排他性を内包していることを意味する。そもそもポリスが開放的であるといっても、そこは市民権をもつ人々の共同体であった。したがってポリスの掲げた普遍的価値も、ポリスのクラブ性ゆえに閉鎖性と排他性を抱えていた。普遍主義を標榜する社会運動が、独善的になり暴力化した実例として、今日よく知られているのは、野生動物保護に由来する反捕鯨運動であろう。

直接民主政と口頭コミュニケーションの限界

古代ギリシアの民主政は直接民主制とよばれ、人口規模の小さい都市で行われたものだった。しかし近代国家はそれよりはるかに大規模な人口を抱えるため、民主政は代議制をとるようになった。直接民主制の限界は言語情報の揮発性と政治活動のサービス経済性に起因する。口頭言語による発言は発生と同時に消滅する。これを情報の揮発性という。口頭コミュニケーションは情報の揮発性ゆえに、その伝達範囲が空間的時間的制約を受ける。それを打開したのは、いうまでもなく文字である。言語情報は文字で記述されると、伝達範囲を一気に拡大する。記述可能となった言語を書字言語といい、その成立を書字化とよぶ。言語の書字化は自然に発生したわけではない。それはある言語を話すさまざまな知識人の経験集積から生み出されたものであった。言語は遺伝しないので、人は生後の生活経験をとおして口頭言語を修得する。しかし書字言語の習得は特別の訓練を要するために、識字能力のある人間は限られていた。とはいえ大黒俊一は、自著『声と文字』のなかで、一度書字化した社会は決して後戻りしないと述べる。

古代ギリシアでも書字言語が使われたが、ポリスの政治は口頭言語により行われた。したがってポリスの統治領域は限られていた。それはギリシア人が直接対話のもつ市民の一体感を選好したからであった。そのためポリスの政治活動はサービス経済の特性を抱えることになった。サービス経済の特徴は、生産と消費の同時同地発生にある。したがって計画生産と在庫ができない。ポリスの政治は口頭コミュニケーションに依存したために、法制と行政機構が発達しなかった。そのためマケドニア王アレクサンドロスが軍事遠征を開始したとき、任期制の役職者と臨時編成の軍隊しかもたなかったポリスは、その侵攻を阻止できなかった。

書字化社会の出現と被治民の自立化

ポリスより広域の帝国を統治したローマや中国の権力者は、統治に書字言語を活用し、識字能力のある宮廷官僚が帝政を支えた。中世に出現した西欧の王権は、統治実務をローマ教会の聖職者に依存していた。教会が当時唯一の書字言語だったラテン語と識字能力のある人材を独占していたからである。一〇世紀には世俗語の書字化が実現し、俗人の識字率が向上した。それは王権が教会の権威から自立する一因となった。中世後期には識字能力をもつ市民が出現し、新たな政治勢力として台頭した。このように社会の書字化は、被治民の自立を促したのであった。

代議制の難点と多数決原理の不能性

一四世紀に西欧諸国では、王権が貴族、聖職者、市民の代表を召集して身分制議会を開いたが、市民と王権の対立が深刻化したため、絶対主義時代には開かなれなくなった。しかしイングランドでは内戦と革命のつづくなかでも議会がしばしば開かれ、一七〜一八世紀には統治機構の主要機関に成長した。イングランドの王権は、裁判とコモンローの発展を促し、王政の安定化につれ法の支配という統治原理を確立した。議会も活動の中心を、王権の統制から立法権の行使に移し、民主政の制度化を後押しした。モンテスキューは『法の精神』を著し、三権分立の必要性を力説した。アメリカ合衆国の建国の父は、この原理を憲法に明記し、完全に三権を分離する統治機構を設計した。こうして代議制は民主政治の一般的統治モデルとなった。

代議制民主主義の難点は、意思決定が二重の多数決によって行われることにある。すなわち議会議員の選出と議会における法案の採決である。しかも多数決原理による決定は、理論的には不可能であることが判明している。経済学者のケネス・アローは『社会的選択と個人的評価』において、それを数学的に証明した。三人以上の個人がある決定において、三つ以上の選択肢に優先順位をつける投票を行い、その結果を集計しても、全員が納得する合意が得られないというのである。これがアローの不可能性定理とよばれる原理で、その証明はきわめて厳密な前提条件をともなっていた。したがってこの定理が、現実世界でそのまま成立するとは限らない。しかし不合理性を内包したまま多数決原理は、全国民の二五パーセントを超える支持があれば、議会議席数の優位あるいは大統領選出得票数を確保できる手続きとして定着した。

政治決定は権力の存在を度外視して考えられないので、多数決原理を権力との関係から捉えることが必要である。かつて核兵器廃絶を求める署名運動が盛んに行われた。反核運動の指導者は署名数が多いほど目的に近づくと考えたと思われるが、国際政治の現場では核兵器廃絶は核保有国の全権代表の署名だけで決まる。つまり権力を考慮に入れると、多数決原理が機能しないケースが出てくる。

ごく大雑把にいえば権力行使の方法は、力による強制、利益供与による買収、言論などによる説得の三つしかない。そのうち民主政治にもっとも相応しいのは説得だと考えられてきた。しかしガルブレイスが述べたように、説得は条件づけ権力手段の一種にすぎない。歴史的にみると統治者は言論以外の手段により強制や心理的服従の誘導を行なっていた。中国で踏襲された儒学の礼教論は、朝廷儀礼による統治技術といえる。朝廷の政務を荘厳な儀式で構成し、それによって統治者の権威に臣下や被治者を感情的に心服させるものだった。このような儀式的手法はヨーロッパのキリスト教教会や王朝の祝祭行事でも行われていた。これは言語によらない条件づけ権力の行使にほかならない。

議会の成長と政党政治の出現

政治討論は、市民革命後に言論の自由が人権として認められるまで、実現しなかった。政治における言論活動は論争となることが多く、政府はしばしば自由な言論を禁止した。イングランドでは議会制度の発達にともない、討論の基本形式と発言の倫理が形成された。議会活動の記録と報告が少しずつ公開され、やがてメディアの報道が認められるようになった。大陸ヨーロッパでは市民革命後に議会制が導入されたが、報道の自由の実現にはさらに長い年月を要した。

代議制の定着にともない政党の役割が拡大した。とくに西欧では一九世紀後半以降、資本主義経済の発達にともない、現状維持志向の資本家や富裕層と、現状に不満をもつ低所得労働者の階級分化が進行し、社会的利益配分をめぐる対立が深刻化した。こうした状況のもとで、利害関心とイデオロギー（価値観）を共有する勢力が、それぞれ政党を結成した。やがて代議制民主主義は政党間競争に転化した。

近代民主制が国民主権の原則に立つといっても、政治的野心のない国民が行使できる政治的権利は、立法府の議員選出に限られる。しかし政党政治のもとでは、政策と議員候補者はセットとして政党が提供するので、選挙における有権者の選択肢は政党の選択だけになった。他方、政党は政権の獲得ないし維持を目的とするため、選挙は政党間の議席獲得レースに転化した。期間が限られる選挙戦は、説得よりも自党が有権者に与える利益をアピールする宣伝合戦や、ライバルの弱点を攻撃する泥仕合にもなった。それは代議制の多数決原理が、意思決定の手続きから政党活動の目的に変質したからである。つまり議会の議席数と選挙区での得票数の過半数獲得が政治目標となったのである。

民主政劣化の実例―米国のジャクソン民主主義とポピュリズム

政党はまぎれもなくクラブであるから、選挙綱領や公約がどんなに公共性を強調してもクラブ的限界をもつ。したがってそれは当然選挙民全体の要求を反映することはない。そこで政党が支持者拡大にとったのが、支持層への利益配分の増加策であった。とくに普通選挙制の導入による有権者の増加に対応して、集票目的の我田引水的公約が横行した。ここに議会制民主政治に買収が発生する素因があった。

買収は君主政や独裁政の常套手段だった。ローマ帝政の「パンとサーカス」はつとに有名だが、カエサルやナポレオンのような専制君主や独裁者のヒトラーまで、権力基盤の強化のために被治者に対する利益供与を行っていた。民主制のもとで買収が日常化しそれが制度化した実例は、一八世紀から一九世紀にかけて米国を席巻したジャクソン民主主義である。

アンドルー・ジャクソンは第七代米国大統領で、独立戦争中に両親を失い孤児として少年期を過ごした。一八世紀末からテネシー州で検事を務めた後、政界に進出し上下両院議員を歴任し、その間ビジネスでも成功してわずか一〇年という短期間で富裕層の仲間入りを果たした。一九世紀初の対インディアン戦争やニューオルリーンズでの米英武力衝突に際して、米軍部隊の指揮官として戦功をあげ、国民的英雄として人気を集めた。白人男性の普通選挙制が導入されると、大衆人気にのり大統領選挙に出馬し勝利した。ジャクソンの重点政策は公職や公有地分配の大衆化であった。とくに官職の党人任用制（スポイルズ・システム、猟官制度）はアメリカの民主政を変質させる影響をもたらした。それまで公職人事は党幹部のたらい回しで決めるのが慣例だったが、ジャクソンは慣習を無視し選挙戦に勝った政党の党首として公務員の人事権を行使した。それとともに公職交代制を導入して、公務員の任用機会を開放した。

南北戦争後もスポイルズ・システムは民主・共和両党政府に踏襲され、ジャクソン政権後は両党組織の全国的拡大にともなって、州政府から地方自治体にまで広がった。両党は選挙協力や政治献金の見返りとして、貢献度に応じた官職の情実人事を積極的に実施したので金権政治が蔓延した。一九世紀初から政権交代のたびに千人を超す公務員が一斉に入れ替わることが恒例となり、場当たり的行政がはびこった。やがて政治腐敗と行政の非効率を批判する知識人やジャーナリストが、公務員制度と行政の改善を目指すさまざまな運動を起こした。その一つの成果が一九世紀末に実現した文官の資格任用制（メリット・システム）の導入である。またこの運動はアメリカ行政学が発展する端緒となった。

二〇世紀後半からの大衆民主主義のもとで、民衆は政党の提供する政策を選択するだけの受動的有権者となったが、西部諸州にジャクソン民主主義の伝統を受け継ぐ保守派のポピュリズムが広まった。彼らは妊娠中絶や同性愛の禁止、進化論の学校教育からの排除などを公約に掲げ、キリスト教原理主義に立つ福音主義派の嫌悪感を政治的に利用し、支持層を拡大したのである。このような民主政の劣化の最大の原因は、政治過程における統治行動と権力闘争の混在にあった。米国の政治史を分析した阿部斎は『民主主義と公共の概念』のなかで、ジャクソン民主主義には建国時代の直接民主制への郷愁が内在していると指摘した。それはポピュリズムが口頭コミュニケーションのもたらす一体感に依存することを物語る。

三　統治活動と権力闘争

あらゆる歴史書や神話・伝説は英雄物語を記述し、その物語は権力闘争の顛末に終始している。土地も権力も分割可能だが、供給は増加できないので、その争奪戦はゼロ和ゲームとならざるを得ない。近代民主政の時代になっても権力闘争はなくならなかった。現代の政党政治において、選挙は権力闘争の最大の戦場となった。権力闘争の分析がやっかいなのは、その言辞が日常言語の表現として一般的に使われているにもかかわらず、政治学の概念として確立していないことである。政治学では、伝統的に規範、制度、政治主体の思想や心理および歴史が研究対象とされてきた。

二〇世紀に政治事象を集団行動の一つとして捉える学説が登場し、政治過程論が政治学の一分野に加わった。政治過程論は、権力の獲得、行使、配分などの集団行動を分析対象とする。したがって権力闘争が政治過程に含まれることは疑いない。しかし政治過程論の焦点は、議会政治における政府と対抗勢力との攻防にあるので、権力闘争への関心は皆無に近い。政治過程における個人の行動について、よく指摘されるのは政治参加である。それは民主政治の前提とされ、その形態がいくつかに分類される。すなわち投票、選挙運動への参加、利益集団の一員としての参与、個人的陳情、抗議行動への参加、政治献金である。

政治参加のリスクと党派活動

注意を要するのは、この分類が国家の統治活動への参加と、権力闘争を目的とする党派活動への参加を区別していないことである。党派闘争はゼロ和ゲームとなるので、政党活動の参加者は所属党派の内部圧力と敵対勢力からの攻撃に晒される。より善い暮らしを望みながら安心して日常生活を送ろうとしている平均的国民にとって、政党活動への参加は人生に混乱をもたらしかねない不確実性の高い選択である。そのリスクは政権が一党独裁に近づくほど高くなる。したがって政治参加を、統治活動と政党活動に区別することがきわめて重要になる。

政治参加に関する上記の分類を統治活動と政党活動に分けてみると以下のようになる。まず前者にあたるのは、投票、利益集団の一員としての関与、個人的陳情、抗議行動への参加であり、選挙運動への参加と政治献金は明らかに後者である。

投票は民主制のもとでは無記名の秘密投票が法的に定められているので、党派活動とみられることはまずない。個人的陳情も特定案件に限られるので党派活動とはみられない。利益集団の一員としての政治参加には、労働組合や農協などのメンバーとしての組織活動がある。この種の活動は個人よりも組織に重点があるので政党色は強くはならない。抗議行動への参加は、場合によっては反政府勢力への支持ともみられようが、多くの場合特定公職者による不合理な決定や公正さを欠く態度に向けられるものである。

政党活動の重層構造

そこで政党活動の特徴を確かめる必要がある。政党は議会制民主政治において議会・政府と国民との中間にあって、統治機構と公衆とをつなぐ存在である。政党活動には、党員個人によるものと、党組織によるものがあり、前者はさらに所属議員、議員候補ないし党員によるものと、支持者によるものに分けられる。そして党組織は市町村など末端の支部、県や州など地方本部、さらに全国組織という階層構造をもっている。しかし選挙は選挙区ごとに行われるので、集票力をもつ支部が全国組織に比肩する影響力をもつ。

議員の活動は議会内つまり院内の活動が中心となるので政党活動とは次元を異にする。したがって政党活動の中心は院外活動にあるといえよう。日英の政治学事典によると、政党の機能は個人の政治的社会化、利益集約、党首を含む政治的リーダーのリクルート、政府組織の編成の四つである。この記述をもとに政党活動と権力闘争の関係を整理するとつぎのようになる。

国民ないし個人の政治的社会化機能とは、非党員個人を自党のイデオロギーや政治的態度に同化するよう教化する活動である。よく行われるのは、価値観を共有する学者や有識者あるいは古参議員を講師とする講演会である。新入党員や入党希望者に対しては研修会が開かれる。このような講演会や研修会あるいは勉強会は党主催だけでなく、党内派閥開催のものがあり、それは権力闘争の要素があるかもしれない。

また政党内の講演会や勉強会はイデオロギーの再生産という機能をも果たしている。

　利益集約とは、利益集団の要望や個人的陳情ないし請願、あるいは地方組織からの報告や要請にもとづく政策立案機能である。それは産業業種別、地域別、世代別に提出された政策要求を整理し、集約して党の政策案と、それにともなう予算案を作成する作業となる。自民党の政務調査会のように、各党は党内に政策立案組織を設置している。とはいえスタッフが不十分なために実際には官僚の作成した原案に党の意向を反映させることが珍しくない。

　政治的リーダーのリクルートこそ政党の機能のうちもっとも重要な活動である。日本や英国など議院内閣制をとる国において、主要政党の党首選は事実上の首相候補選出を意味するので、それは権力闘争の終盤戦となる。同様の活動がみられるのは、米国やフランスなど大統領の直接選挙制をとる国の大統領候補選出の党大会である。これらの党内選挙で各候補者陣営は支持票を獲得するため多数派工作を展開する。選出方法は党則で決められているので多様だが、各派が取り組むのが新たな支持者の開拓である。それはまた議会議員の有望候補のリクルートでもある。選挙区ごとの候補者の選抜は、日本では党幹部が決定する公認によるが、欧米各国では予備選で行われることが多い。これは民主的ともいえようが権力闘争の拡張であることは疑いない。

　政府組織の編成とは、主として閣僚人事の決定である。これらの人事は、院内活動なので政党組織としての関与は強くはない。

　このような政党活動の決戦として戦われるのが大統領や議会議員の選挙である。選挙戦の結果は予測できることもあるが難しいことが多い。選挙の不確実性要因としてよく指摘されるのは、有権者の関心や態度、ライバル政党とその候補の動向、投票率、メディアの報道、世論調査、および株式市況、投票日の天候などである。

カナダ人政治哲学者マイケル・イグナティエフによると、選挙にはライバル政党によるネガティブ・キャンペーンや仲間の裏切り、ルサンチマンの爆発も加わるという。彼はハーバード大学の教授で、二〇〇五年から一一年まで母国で政治家として活躍し、選挙で二回当選して自由党党首まで務めたが落選して大学に復帰した。その経験を記した著書『火と灰』は、生々しい権力闘争の現実を伝え、権力闘争を視野に入れると政治の世界が、政治学の記述とはまったく別の風景に変わることを明らかにした。それはすべてが個人名で構成される固有名詞の世界である。

選挙は権力闘争が絡むために不確実性とコストが高くなる。政治評論家や政治学者が有権者の棄権を政治的権利の放棄とか、未熟な政治意識の現れだと批判するが、これは政治参加の不確実性やコストを無視した判断といわざるを得ない。

四　民衆の消極的自由と社会的可視化

プラトンや孔子あるいはマキャベリなど、古今東西の識者が君主論を説いたが、民衆について論じた言説は残されていない。統治される民衆は多様な生を送る多数の個人の総称である。古来知識人は民衆の多様性を捨象し、彼らをあたかも一人の個人であるかのように記述した。それは書き手が民衆の実生活に無関心だったからだけでなく、被治者を記す語が単語一語の集合名詞であることにも起因しよう。例えば論語は「小人窮すれば斯《ここ》に濫《らん》す」と断じ、民衆を治者や賢人と対比したが、民衆を行為主体の考察から除外した。西欧でも民衆は統治の対象であっても主体として記述されることはなかった。つまり被治者は歴史という無縁墓地に埋葬されてきたのである。民衆が自己を政治主体として意識したのはフランス革命以後のことである。

自由論のパラドクスと積極的自由

フランス革命を担った市民層は「自由、平等、友愛」のスローガンを掲げた。このメッセージは、近代民主主義が、絶対君主の圧政のみならず、開明君主の温情主義や古代民主主義とも決別する意志表明であった。自由は対等な関係のなかでしか成立しない。しかし現実の世界にはさまざまの不平等が存在する。したがって不平等社会のなかで、不利な立場におかれる人々のハンディを平準化しなければ、万民の自由は実現しない。その配慮を表す語が友愛であった。その精神を実体化したのが「法のもとの平等」であり、人権の法的保障にほかならない。倫理学的視点からみると、宗教的目標は無限に高くなるが、法的基準は最低水準の規定に過ぎない。にもかかわらず基本的人権の理念は民主社会に不可欠の原理となった。そこで検討を要するのは自由の概念である。

自由論は西欧の政治理論の中心テーマとして定着してきた。ただしその概念の意味内容は、論者や時代によりきわめて大きな差異があり、相互に矛盾する言説も少なくない。以下ではZ・A・ペルチンスキーとジョン・グレーが編集した『自由論の系譜』を手がかりに、自由の概念を考えることにしよう。編者のグレーは、まず米国人哲学者ジョン・ロールズの指摘を重視するよう促した。それは、ある概念（a concept）とそこから派生するさまざまの観念（conceptions）の区別である。前者は意味内容を付与する形式的要素をもつのに対し、後者は概念に関する解釈を意味する。そして自由の観念の前提には、先験的合意が存在しないと述べた。また分析哲学が、自由の記述形式に注目し、「…への自由」と「…からの自由」を区分したうえで、自由を、奴隷的拘束からの自由など「身体的自由」、思想および良心の自由などの「精神的自由」、および職業選択や私有財産の保障などを「経済的自由」として区分したが、グレーはこの分類の基準はあいまいで、分類された自由の概念は十分検証されていないと批判した。そして英国人哲学者アイザイア・バーリンが論じた積極的自由と消極的自由の区分は、きわめて有効であると評価した。

バーリンの説く積極的自由とは、自己の生に責任を負い、自己の環境を支配してみずから意思決定ができる状態つまり自治が可能な状態をいう。それに対し消極的自由は行為主体に対する他者の妨害や干渉がない状態を指す。前者は「…への自由」後者は「…からの自由」に力点がある。バーリンは自著『自由論』において、この二つの自由概念は必ずしも対立するものではなく、両者の意味内容に大きな差異があるわけでもないと述べたが、自由の論じ方に違いがあることを強調した。

バーリンは自由論のパラドクスが積極的自由の語法に起因すると論じた。そして中世以来多くの神学者や哲学者が自由という語を個人の能力や力量を含意する用語として使ってきたと指摘した。その後この語法は、個人的自由と集団ないし全体世界の価値との関連をめぐる論争において、より高い自由とか真の自由という概念を導入して、全体的あるいは普遍的な価値の実現のために、個人の自由を制限することは正義であるとの主張にまで拡張された。さらには最高の自由とは神とか理性の構築した秩序に従うことであるとの教説も登場し、教会や世俗権力はそれを支持した。

積極的自由の概念が、自由は服従により得られるというパラドクスをもたらした理由として、バーリンは神学や哲学の論者が、真理を具現する秩序は一つであるはずだという信条に固執していたと指摘した。それに対して消極的自由は、人間の多様な生を記述することで多元論を許容し、積極的自由の一元論から派生するパラドクスを生まなかったことを強調した。

西洋哲学の普遍概念が生むパラドクスを分析して、バーリンと同様の認識に達した日本人哲学者がいる。分析哲学の市井三郎は『歴史の進歩とは何か』において、西欧と日本の史実を哲学の学説と照合し、西洋思想の価値概念を否定する史実が増加してきた趨勢を発見して、近代哲学に疑問を抱いた。市井はこのパラドクスの発生要因として価値の普遍性に立脚する命題設定をあげる。また認識と倫理を完全に分離する思考法をも疑問視する。そして価値の普遍性に替えて経験的事実の遍在性を前提とする命題設定を提案する。人類の生活史において、より普遍的に経験されてきたのは「快」ではなく「苦」の方ではないのかと問い、「各人が責任を問われる必要のない苦痛をできる限り減らさねばならない」という倫理的目標を提示した。

民芸と常民文化を生んだ消極的自由

バーリンは、政治的自由が人権として意識されたのは、近代以後であると論じたが、前近代における民衆の受動性には消極的自由が含まれていたと考えられる。民衆の生活状態の観察から消極的自由の実在が認識されなかったのは、民衆の生活記録があまりにも少ないからである。そのため民衆の生の実像は社会的に可視化されなかった。

結果論ではあるが、日本でこの課題に取り組んだのは、柳宗悦《やなぎむねよし》の民芸運動と、渋沢敬三と宮本常一らの常民文化研究であろう。彼らは声をあげることのなかった民衆の主体的活動の証人となり、また代弁者として社会的可視化に貢献した。

柳宗悦と民芸運動

柳宗悦は美学者で宗教哲学者でもある。彼は当初から民芸運動を起こす考えがあったわけではない。大学卒業後間もない一九一六年日本統治下の朝鮮を旅行し、巷で安売りされていた庶民の生活雑器が、一級の美術品に匹敵する美術表現をもつと直感し、その収集を開始した。帰国後一九三〇年に「朝鮮の友に贈る書」を発表し、植民地支配のもとで民族的アイデンティティを失いかけていた朝鮮人に、彼らは誇るべき美術作品の製作者だったことを力説した。そして現地と日本国内で陶芸や木工などの朝鮮美術展を開くとともに、朝鮮民族美術館の建設運動に奔走し、それを実現した。また日本国内に遍在する無名の職人の手による工芸品の収集にも着手した。当時の日本では工業化の波が一般消費財の生産にも押し寄せ、手作業による工芸品の生産が絶滅する危機を迎えつつあった。それを察知した柳は、下手物《げてもの》とよばれた手工芸品の逸品を民芸と名付け、それを収集し展示する活動をはじめたのである。友人で陶芸家のバーナード・リーチや梅本憲吉、濱田庄司、河井寛次郎のほか後に版画家の棟方志功が加わった民芸運動は、収集品の常設展示を行う日本民芸館の創立をもってクライマクスに達した。こうして民芸運動は、日本人の美意識を一変させる衝撃をもたらしたのであった。

民俗学と常民文化研究

民俗学者の渋沢敬三と宮本常一は、柳田国男が常民文化とよんだ地域的伝承文化の研究を引き継ぎ、日本全国の農山村や漁村の住民たちの生活様式を調査した。そして地域共同体の文化が無名の庶民の経験蓄積によって形成された過程を記述した。それにより日本の民衆が完全に自由を奪われた存在ではなかったことが明らかになった。村人の活動はきわめて限られた地域で無意識に行なわれたので、それが慣習として文化形式に定着するまで十数世代、つまり百年以上わたる経験蓄積を要していた。したがってその調査も気の遠くなる作業を必要とした。それは膨大な資料収集からはじまる。調査地集落やその周辺に関する歴史記述、残存する古文書や民具や農具のほかスケッチや写真の画像記録などがそれである。そしてそれらの解読と考古学調査の知見などをもとに仮説をたて、在住の古老との面接調査で過去の実話を収集した。インタビュー相手が老人なので、目的にあった話を直ちに聞けるとは限らない。長時間のインタビューから得られた面接メモは貴重な資料となった。そしてこれらの原資料を整理、記述して一つの記録を完結させる。その記録をさらにまとめて報告書が完成するのである。

宮本は『日本文化の形成』や『日本の村・海をひらいた人々』の著作において、例えば縄文時代の考古学的知見から日本列島における農作、とくに稲作の成立期とその担い手を探った。また類似した生活様式の痕跡が北海道から九州、琉球までの日本各地と朝鮮みられることから、海洋を媒介にして朝鮮半島から文化が伝わり全国に広まったのではないかと推定し、日本社会の海洋的特性を指摘する。そしてまた農山村の田畑や家屋の形状について、それが農民らの歴史的な労働蓄積により成立した過程を実証し、資料や調査結果にもとづき記述した。常民文化の研究成果は、現在神奈川大学の常民文化研究所に保存されている。

銘記すべきことは、民芸運動や常民文化研究を主導した柳と渋沢や宮本たちが、みずからの活動を政治運動として展開しなかったことである。彼らの活動の意義は、民芸や常民文化の存在を社会的に可視化したことにあった。民芸品を作った職人も常民文化を担った農民もきわめて活発に自発性を発揮したが、それは政治参加のリスクを免れる環境において実現していた。

社会の存在と民衆の多様性

この事実が示唆するのは、権力闘争を内包する公共領域の外に、そこより広い「社会」が存在するという事実である。そこは私的領域と公共領域とをつなぐ緩衝領域であり、政治参加のリスクを負わず、さまざまな個人が自発性を発揮できるクラブ的空間として、政治に影響を与え得る社会的活動の場だったのである。

国民がきわめて多様な個人の集合でありながら、今日の政治は、選挙が政党の選択に転化したため、国民の多様性を十分に反映していない。公衆の意見を集約するはずの世論調査でさえ、調査会社の質問表に対する回答の集計結果に過ぎず、その範囲内でしか個人の意見や態度のスペクトルを表していないのである。

二〇世紀末から世界はグローバル化した市場と、それを支える政治に支配されているため、社会は背後に隠されてきた。世界各地を通信回線でつなぐ情報通信ネットワークが普及したとはいえ、ＳＮＳのコミュニケーションの増加は、社会の多様性を可視化したというより、通信サービスの消費量を示すに止まっている。とくに情報通信化の進んだ日本では市場が絶対化され、あらゆる権威と公共性が市場に従属することになった。

近代日本において国家と個人ないし家庭の中間に位置する社会は、十分な発達を遂げてこなかった。ほとんどの日本人にとって、社会とは労働や勉学の場である職場と学校のほかには、市場しか意味していない。多くの労働組合が企業別でしか組織されなかったことがそれを裏付けている。地方の地域共同体は過疎化と高齢化により活力を失った。都市の地域社会は歴史遺産と化した。宗教組織や職能団体ももはや個々人が自由な活動を享受できる場ではなくなった。近代国家における社会とは、欧米の社会奉仕団体や社交クラブ、自己啓発団体のような自発的な結社や友愛団体を意味するが、そのような場は日本ではきわめて少ない。

社会の可視化と公共善の確認

詳細は不明だが公的討論の場としてＥＵやドイツには経済社会評議会があるという。それは議会とは別の組織で、被治民が自己の生にもとづき意見交換を行う場であり、公共善あるいは公共害を可視化するものだとされる。社会問題の提起という意味では、日本においても一九七〇年代に、不条理な苦役を負った人々の救済を訴えるボランティアやＮＧＯの運動があった。水俣病の被害者救済運動はその好例である。確かに住民運動や社会運動は、問題の社会的可視化に貢献した。しかしその運動は「社会」を組織化するには至らなかった。

自己形成における外来知識と歴史経験

われわれ自身の受動性の原因究明には、歴史的与件と外部要因の検討が要る。日本人は、古代から自然環境の制約を受け、氏族共同体は口頭言語の限界をもっていた。その克服のために大和朝は中国から漢字と漢文を導入し、それを基礎として日本語の書字化を実現した。明治維新以後には西欧文化の吸収によって、近代的統治体制と経済システムの構築に成功した。いずれの場合も、外来文化の修得による自己形成は、伝統や慣習との葛藤をともなっていた。

そこで慎重な考慮を要するのは、外来文化の文献的理解と歴史事象への関与経験にもとづく知見の識別である。後者を歴史経験とよべば、それを多く含む言説ほど多くの人の納得を得やすい。それは歴史が経験の共有として継承されるからである。中国の儒学的統治も西欧の宗教改革や市民革命も、われわれの歴史経験の推論から理解できる事象ではない。したがって文献に記述された西欧モデルにもとづき日本の民主政の限界を分析しても、その知識は多くの人々の思考や行動様式を変える力にはならなかった。

このような認識をもとに、われわれの受動性をもたらす要因の解明を進めよう。そこでまずわれわれの自己形成の基底をなす歴史経験を検討し、つぎに日本人がモデルとしてきた古代中国の統治観、および民主政の原型とされる古代ギリシアと中世西欧の商業都市と日本との差異を確認する。それから日本の政治文化に内在する個人の社会化メカニズム、書字言語としての母語の制約を考察する。そして近代化の経験については明治期から現在に至る学校教育制度の特質、また現代経済のグローバル化がもたらした生活様式の変化を検討する。そして情報通信化革命がもたらした文化の商品化と社会的権威の弱体化を再考したうえで、民道主義の当面の課題を考えることにしよう。

第１章

日本人の受動性と歴史経験

一　統治される経験と知識としての自治

日本人は大和朝の律令国家以来、身分制秩序にもとづき統治されてきたので、統治者は統治し、被治者は統治される経験を積んだが、どちらも自治の経験はなかった。われわれは自治の観念を西洋思想から知ったとはいえ、その知識はみずからの経験から遊離していた。それが日本の民主政の脆弱性の原因となった。それを露呈した最初の試練が、一九六〇年の日米安保条約改正をめぐる与野党の対立が国民的大衆デモにまで発展した事態だった。この事件をもとに、政治学者の辻清明東大教授は『政治を考える指標』を著し、日本の民主政の弱点を指摘した。この診断は今日からほぼ六〇年前のものだが、まずそれを材料に日本の民主政を考えることにしよう。

日本の民主政最初の試練―六〇年安保

一九六〇年、当時の岸信介首相は日米安保条約の不平等性を是正する改正案を、国会に提出したが、それが未曽有の与野党対立を生んだ。この条約は、一九五一年に大戦後のサンフランシスコ対日講話条約と抱合せで締結され、米国軍政期の米軍の特権を大幅に残していた。岸首相の目的は対等な日米関係の構築にあった。しかし激化する冷戦のもとで、事実上の日米軍事同盟の結成を意味する条約改正は、条約自体への反対論を高めたのである。

岸は現在の安倍晋三首相の祖父で、民族主義的反共主義者として知られる人物であった。反共主義者は政府に異義を唱える個人や集団を、自発的な行為主体でなく外部の敵対勢力の代弁者と見る傾向が強く、岸も反対派を自国民の少数派とはみていなかった。そこで野党の反対論を無視して強行採決に踏切り、安保条約改正を実現した。野党側は前年から国会周辺で安保反対のデモを展開していたが、国会での強行採決に反発した国民が、安保条約の反対というより、岸内閣の退陣を求めてデモに参加した。その参加者は、五月頃から国会を包囲するほど激増し、来日途上のアイゼンハワー米国大統領が米軍政下にあった沖縄に立ち寄ったまま訪日計画の中止を余儀なくされた。こうした事態を受け、岸首相は退陣を表明し、六〇年の安保対立は収束に向かった。

庶民のたかり根性とエリートの大衆蔑視―辻教授の診断（1）

同年末、辻教授は前掲の自著で、岸内閣の態度に無理があったと指摘した。教授は、安保条約の改正で日本が米国と対等な法的立場を得たことは、日本の責任が重くなったことを意味すると述べ、日本は国民的合意が不十分なまま「要塞国家」に向うのか、国民の自発性を尊重して自治の精神にもとづく「自立国家」をめざすのかの岐路に立っていると論じた。そして自主、自治という観点から国民に「受益者意識」からの脱却を求めた。他方政府に対しては、国民の自発性を尊重すること、多様な意見の違いを認識して具体的な事実関係にもとづき合意形成を図るべきことを力説した。これは非常に上品な表現だが、有り体にいえば庶民のたかり根性とエリートの大衆蔑視を問題にしていた。

自治とは平等を原則とする政治行動である。しかし日本人は長らく不平等社会での生活を経験してきた。上下関係の秩序を基礎とする社会では、政治は統治と同義となる。日本人の大半は民主主義の時代になっても被治者意識から抜けきれなかった。辻教授の説く国民の自発性や自治の精神を生かすには、国民の政治経験がまだまだ不十分だったのである。

米軍の占領統治という経験―辻教授の診断（２）

この本は、また自治の精神にもとづく「自立国家」のイメージを示して、国民が自発性を発揮するための条件を論じた。そもそも日米安保条約は、第二次大戦後の東西冷戦が実戦となった朝鮮戦争を契機として締結された。敗戦国民として米軍の占領により軍政下で暮らしていた日本人は、ほとんど国際政治の変化を認識できず、冷戦は実生活からかけ離れた出来事であった。

教授は、日本人が占領軍による民主化の衝撃を引きずっていたと述べた。戦前・戦中世代は伝統的な社会生活を維持していたため、民主化を他人事として受け容れたが、その心情を「借家住まいの気持」だったと表現した。日本国民は善きにつけ悪しきにつけ「万事家主のせいにできる安易感」を抱いていた。それゆえ米国の軍政から講和・安保への時代の変化を「民主改革の借家」から「安保条約の借家」に移転したような気分で迎えたと評した。

このような国民感情のもとで「自立国家」を築くには、国民がみずから自己意識を変えねばならない。しかし国民が受益者に止まるかぎり力にはならない。新憲法は国民主権を定めており、それは自治の原理にもとづくものであるから、国民の自発性が尊重されるべきであると説く。

自立国家の条件—辻教授の診断(3)

教授はこの論理から自立国家の条件を三つあげ、その第一に「国民の自発性の尊重」を提起した。第二の条件は「国家や法秩序が多元的構造をもつこと」であった。その根底には法は国家の強制手段ではないという法概念があった。「法の存在理由は物理的強制力」ではなく「社会の諸勢力がつくりだした規範を承認する精神的慣習」に求められるとして、「法がまもられる根拠は、社会の多元的な集団の要求が最小限法のなかに反映されていると信じるところにある」と述べた。第三に少数意見の尊重をあげた。議会に少数派と多数派が存在することは、社会勢力の多様性を反映するためのものであり、議会は合意を形成する弁証法的過程の場であるから、多数決原理は多数派の決定権を意味するものではないというのである。また教授は岸内閣の態度について三つの問題点をあげた。国民の自発性の無視、抽象的言辞による反対意見の黙殺、多数決原理を議会多数派の決定権とみなす民主主義原理の単純化である。

辻教授の記述で気になるのは書名の「考える指標」や「国民の自発性の尊重」という述語の主語がないことである。考えるのは誰なのか。尊重するのは誰なのか。著者はそれを明言していない。儒学的世界では身分的上下関係しか存在しないので、統治はあっても政治はなかった。政治は人間の平等を前提とする活動だからである。儒学の世界で対等の他者とは敵を意味した。日本は儒教化社会ではなかったが、身分秩序の伝統をもつ。丸山眞男は『忠誠と反逆』で、近代への転換期における日本人の政治的態度を、忠誠と反逆という座標で記述した。歴史経験からみて国民の自発的政治行動といえるのは農民一揆や明治期の自由民権運動ぐらいしかなかった。

西欧的法観念と日本人の伝統的法意識の差異

国家や法秩序の多元的構造とは、利害関心の異なる多数の勢力が共存しているという政治状況の記述であり、意見の多様性を受け容れながら共存を志向する共和主義の表明でもある。ヨーロッパの法体系は制定法中心の大陸法と慣習法を基礎とするコモンローとに分れるが、慣習を法としてみる伝統は共有されてきた。辻教授が記述した法秩序の定義はヨーロッパ法の伝統にもとづくものであった。

それに比べ東アジアで儒学の影響が強かった諸国では、慣習を法と捉え、それを体系化する文化が育たなかった。そのため私法や行政法のみならず訴訟法が発達しなかった。法はほとんど刑法に限定され、君主の統治手段でしかなかった。

法の普遍性という文化をもたない専制的社会において、統治者に対する異議異論は、反逆か私的な欲求に等しい瑣末なものとしかみられなかった。被治者からの異議は、天下や国家、現代風にいえば国益とか法秩序など抽象的言辞によって黙殺されてきた。

近世以後にヒト・イエ・ムラ・クニが天下を構成するという国家イメージが定着したといわれるが、個人を核に同心円状に拡張される国家像からみて、日本に多元的社会といえるものは実在しなかったといってよい。多数決原理における少数意見の尊重も、自治の経験がない人々に実践できることではなかった。

国民の自発性を阻害する教育と地方自治―辻教授の診断（４）

では戦後生まれの世代は前世代より自発性を発揮しただろうか。今日からみれば答は否である。確かに七〇年代まで日本で労働運動と学生運動が盛んであった。この運動はイデオロギー闘争の側面と生活条件の改善要求という二面性をもっていた。前者は権力の不正を究明するという意義があったが、冷戦の強い影響を受けリーダーたちは階級とか独占資本という抽象的言辞で体制批判に明け暮れ、国民的合意の形成には熱意をみせなかった。やがて運動は反抗という行為自体を目的化して、自己の思考の内省を欠いたセクトの主導権争いに退化した。第二の側面は資源配分に係わるので、経済成長により物質的欲求が充たされると運動は目標を失ない、経済システムに吸収された。

国民の自発性が抑えられている状態に関連して、辻教授は自立国家の観点から教育と地方自治について触れている。日本の教育は明治以来国家教育の伝統が定着し、教育を統治機能の一環とみなす通念が成立した。そのため戦後導入された自立精神の涵養という原則がないがしろにされてきたと述べる。つまり戦後世代も精神的自立を積む経験に乏しかった。地方自治に関して、行政の末端を担う地域社会が伝統的人間関係に支配され「事前一致の事後承認」を踏襲し、自治が形骸化している現実を示した。ここでも自分の意見を明らかにせず、状況への適応を選好する国民の消極姿勢が伺える。

未熟な政党組織—辻教授の診断（5）

辻教授は日本の政党が選挙と国会でしか機能していないと指摘し、その理由として日本の政党の歴史の浅さと組織の弱さをあげた。そして西欧の主要政党の党員数が日本より圧倒的に多い事実と対比した。日本の政党の弱さを補う形で圧力団体が台頭してきたと述べているが、米国のロビイストにも言及していて、圧力団体が議会政治の障害であるのかどうかは明らかではない。とまれ議会の多数決原理は政党の強行採決や審議拒否という活動に収斂するものではなく、議事手続や審議慣習に反映され進化すべきものだと説いている。

日本は身分関係を重視する文化を受け継いできたため、党派性は忠誠と反逆の対立軸に取り込まれてきた。政党は政権の獲得を目的とするから、党員はこぞって権力闘争にまきこまれる。したがって入党には相当の覚悟が要る。とくに野党は保守派の政府や与党勢力からみれば反逆者か謀反人と同義であるから、入党はきわめてリスクの高い選択となる。日本人の間に政党との関係を敬遠する傾向が強いのはそのせいであろう。圧力団体は権力志向をもたず特定利益の獲得だけを目的にするので、加入のリスクは政党より小さいと考えられる。

党派性リスクの低い欧米諸国—カナダの野党の事例

先述のように代議制民主主義は二重の多数決原理によって成立する。そこで政党が国民的合意形成に重要な役割をもつことになる。欧米では党派性リスクが日本ほど高くないので、野党の役割が日本とは異なっている。

例えば英連邦に属すカナダは議院内閣制をとる国であるが、野党は政府与党の失政に備える代替組織とみなされている。第一野党の党首には「カナダ女王のための反対党党首」として特別給が支給され、影の内閣の閣僚格議員は閣僚候補者として処遇される。そして議会討論は与野党政治家が自論を発表するオーディションとなった。カナダの野党は政権を担当する用意のある集団であって、反逆者集団とはみなされていない。

国家統治と被治者の視点

辻教授の提示した自立国家のイメージは半世紀以上も前のものであるから、今日でも有意か否かはもちろん再考の余地があろう。しかしこの提言の語法には政治学の伝統的バイアスが感じられる。教授は「考える」主体を明示しなかった。国民の自発性を与件として力説しているが、その記述は個々の国民を恰も考えない主体とみているように読める。それゆえ教授が想定した主体は、統治者あるいは政治家と推定できよう。

政治を統治者の視点からみるのか、被治者の視点からみるのかという視点の違いに無神経であれば、政治論は統治論に陥りやすい。統治者の行動は記述しやすいが、被治者の行動は把握しにくいからである。政治学の伝統的バイアスとは、政治を統治者の視点からみる性向である。理想的統治の追求は古今東西の論者に共通する課題であった。古代以来日本は中国の統治モデルを信奉してきた。それが日本人の政治姿勢の受動性の一因となった。第二次大戦後は西欧の民主政が模範になった。そしてわれわれは、その原型が古代ギリシアの民主政と西欧中世に出現した自由都市であることを学んだ。とはいえ辻教授の教説にもみられる文献的知識は、日本人の歴史経験にもとづく知見とは乖離していた。われわれの受動性の原因を突き止めるには、その相違を確認する必要がある。

二　古代ギリシアの民主政と中国の儒学的統治観

古代ギリシアの哲人も春秋戦国期の中国の思想家も共に国の統治を論じた。どちらも古代の国家は城塞で囲まれた都市共同体を指していた。ギリシア人はポリスの政体が王政、貴族政そして民主政から僭主政に移った変化を経験していた。それに対し中国人は君主政しか知らなかった。プラトンやアリストテレスの言説には統治形態の比較考量が暗黙の前提にあるが、中国の識者は統治形式を論ずることなくもっぱら君主政の統治を論じた。したがってどちらも統治者の視点に立っていたとはいえ、その論述には微妙な相違がある。

そのうえ政治と宗教との関係もきわだって異なっていた。中国王朝は漢の儒学国学化以来、儒学の統治モデルを踏襲してきた。儒家は宗教の呪術思考を拒否し、先験的要因を思考から排除したので、思考形式を思考の対象とはしなかった。そのため論理形式が軽視され、抽象的思考の自律化が進まなかった。こうして中国の君主政は、きわめて世俗主義的いいかえれば即物的性格をもつことになった。他方ギリシアでは宗教は国教化されなかったが論理の先験性を重視し、涜神を罪とみなす強い市民感情が存在していた。人知の及ばない存在への畏怖とその論理的好奇心が、ギリシア人の知的発展の原動力であった。この違いが以後の歴史展開を異なるものにしたのである。

古代ギリシア人の論理的思考と民主政の原型

ギリシアで民主政を実現したのはアテナイである。そこでは民会が戦争、講和、財政、立法そして公共事業などを決定した。すべての市民は民会に出席することができ、出席者は平等の発言権が認められていた。それは彼らが論理的思考を重視し、討論が合理的結論を生むと信じていたからである。そして決定事項の執行もすべて市民が行なった。官僚制はなく、ポリス所有のわずかな奴隷が議事録、法令、決定の通達、各種の記録など公文書の作成と保存にあたった。行政実務は細分化され各業務は輪番制により分担された。ポリスの最高責任者や軍司令官、外交使節などの要職は抽選で選ばれ一年任期で交代した。裁判は陪審制をとり陪審員も市民から選任された。国策に係わる意思決定を全市民の公開の議論で行ない、市民はその執行に責任を負うという統治形式は世界で初めてギリシア人によって創り出された。近代の西欧人は、これを民主政の原型と考えていた。

近代民主政とポリス政治との相違

ポリスの政治は近代民主政とは著しく異なっていた。M・I・フィンリーは著書『民主主義』でその違いを四つあげた。第一に意思決定も執行も市民が直接実施する二重の直接性をもっていたこと。第二にポリスの人口規模も領土面積もきわめて小さく、人口が密集する共同体であったこと、そのため第三に民会の決定や執行実務のみならずあらゆるコミュニケーションが口頭で行なわれていたこと。第四に民会は野外で開催され、市民の一体感が保持されたが、群集心理がはたらきやすかったことである。

アテナイでは民主制の悪用を防止する対策もとられていた。その一つは危険人物を十年間市外に追放する陶片追放の制度である。これは過大な影響力をもつためにポリスに危険をもたらすと思われる人物を市民の秘密投票により市外へ追放するものであった。もう一つは民会で違法提案を行なった市民を告発し、法廷で審理する制度で、民会が国政を誤ることを避ける予防手段であった。

民主政の退廃と貴族政の台頭

民会の出席はかなり時間の要る仕事だった。自分の提言を民会に採択させるには、もちろん多くの支持者を得なければならない。そこでアテナイでは弁論術が流行した。それを広めたのがソフィストという弁論技術の専門家である。その技術を身につけた職業的政治家も出現し、商業の発達にともない市民の関心が私的な経済利益に集中すると、民会の出席者は都市の富裕層と時間に余裕のある高齢者が増加した。多くの市民が政治への関心を失ない、知的関心が低下した民会に、私欲や権力欲に駆られ私腹を肥やそうする野心家が登場した。彼らはデマゴーグとよばれ僭主政への道を開いた。デマゴーグとは国政を誤った方向に導く指導者を意味するが、スパルタとのペロポネソス戦争で敗北した後、アテナイ市民はこうした政治家の煽動にのり破滅の道を歩んだ。

ポリスの没落を観察したプラトンやアリストテレスは、無知で自己規律に欠ける民衆による統治をデモクラシーとよび、民主政や野心家による僭主政を国家に厄災を招くものとして嫌悪した。哲人たちは、とくにデモクラシーを否定すべき統治形態と断じ、教育の高い知的エリートが統治する寡頭制（貴族政）の正当性を力説した。それはローマ時代にも受け継がれた。ローマ帝政の卓越性は、皇帝と元老院とともに民会が協働していたことにあり、それは君主政と寡頭政に民主政の長所を統合したものとされる。

古代中国における統治モデルの売り込み競争と諸子百家

中国の知識人の統治観はどうだったろうか。革命で殷を打倒した周王朝は一族の功臣に封土（国）与え、その知行権を認めるとともに、王室の護衛と氏族祭祀の参加義務を課す分権的な封建制を確立した。それは王家の家産体制を安定化する目的をもっていた。しかし春秋時代になると、封国の農業発展と世代交代による同族意識の低下のために、君主の権威が弱体化し、封国諸侯が氏族秩序を軽視するようになった。そして各地の諸侯が覇権を狙って国力の増強と政略に鎬を削った。

そこに理想的統治モデルの売り込みを競う知識人が相次いで出現した。彼らは諸子とよばれ、それぞれ学派をつくって自説を売り込んだ。そのような知識人が多かったので彼らは諸子百家といわれ、有力学派には孔子の儒家、墨子の墨家、李斯と韓非子の法家があった。儒家は周の統治を理想とし、統治手段として王朝儀礼と君主教育の重要性を力説した。墨家は儒家の消費主義と仁徳を批判し兼愛・非攻を掲げた。法家は違法行為を成文法にもとづき厳罰に処す法治を訴えた。

秦の法家重用から漢の儒学国学化へ

戦国の世を収拾し天下統一を果した秦は、周の封建制を改め、集権的な郡県制の確立をめざし法家の人材を重用した。秦朝は版図拡大策を続け、外地遠征を長期にわたり継続した。それにともなう兵役と戦費負担の増大により、地方貴族や農民は不満を募らせた。しかし法治主義をとる秦朝は批判者を厳罰に処し、その治世は苛斂誅求をきわめた。その象徴的史実が焚書坑儒であった。

結局秦朝は貴族と農民の叛乱によって滅亡した。その後を襲った漢は秦の郡県制を緩め、儒者を登用して儒学を国学とした。以後二千年にわたり儒学は中国のみならず周辺国を含む中華文明圏に広がり専制君主の統治を正当化するイデオロギーとして存続した。

儒家の統治観と君主の神格化

儒学は中国の歴代王朝が公認してきた統治論であるが、時代の推移によりその内容は変化した。孔子が活動した春秋末期は、周の封建制が崩れ、君主（天子・帝・皇）＝諸侯（王）＝卿大夫・士＝庶人という身分序列が動揺していた。儒家は周の朝廷儀礼の復活により、秩序の回復ができると力説した。

中国史学の泰斗貝塚茂樹は、孔子の礼学の革新性は、時代の政治的分裂状態を道徳的危機と捉えた点にあると指摘した。中国では、王朝を文明と世界の中心とみる中華思想が定着していた。中華思想はあらゆる善の根源を、天子の存在におく前提に立つ。したがって君主権の弱体化にともなうアノミーと暴力的権力闘争は、蛮族の習俗とみなされ、悪の具現として嫌悪された。貝塚は儒学の礼教論は、氏族祭祀に代るものとして構想されたと指摘する。

孔子は、法家の主張が法理にもとづく平等主義をもたらし、君臣秩序を乱すものとして厳しく批判した。そして訴訟や裁判を憎悪したという。儒家の礼とは儀式、作法、制度、文物などを含む生活規範を総称したもので、その道徳性は故事文献の学習と実践によって修得できると説かれた。儒者は理想的君子を聖人とよび、人間は誰でも修養によって聖人になれると論じた。そして儒家は君主を神格化する礼教論によって王朝の専制を支えたのである。

儒学における王朝儀礼と社会規範

儒家は王朝儀礼を社会規範と同一視した。儀礼が遵守されれば臣民を君主の権威に服従させ、治世を安定化できるというのである。孔子は廃れていた周礼が復活すれば、乱れた君臣秩序は回復すると力説した。浅野裕一の『古代中国の文明観』によれば儀礼とは「服装、車馬、邸宅、器物などに明確な等級を設けて身分の差が一目で分るようにする手段により、社会秩序を固定化するものであった」という。序列上の地位は格とか品とよばれ支配層は「礼儀三百威儀三千」といわれる儀礼の細則に拘束された。格があがるほど細目規定が増え、それにともなう支出が上昇する仕組みになっていた。墨家の儒家批判は支配層の無制限な消費性向に向けられていた。

礼による統治は武力や暴力をともなわないので、儒者はそれを徳治として礼賛した。孟子は力による統治を覇道として斥け、徳治こそ王道であると主張した。アーレントは、政治とは異質な存在を平等という視点から組織化する行為だと述べた。この伝で儒学の統治形式を表現すれば、同質な存在を序列化することになろう。孟子は性善説にたち君主の自制心を仁とし君主教育の意義を強調した。とはいえ仁は身分秩序を維持するためのものであり、血縁関係の親疎や君臣関係の緊密さに応じて愛情の深さに順序差等をつけることを意味した。孟子が墨家の掲げる兼愛の無差別性を批判した理由はそこにあった。

統治者の天命と革命

中国には天の信仰があったため、君主が仁徳を失なえば統治権を失なうという暗黙の了解が広く受け容れられていた。天命により選ばれた一族は統治が許されるが、人心が離れると、天は命を革《か》え王朝（王家の姓）を易《か》える（交代させる）。これが易姓革命という政権交代の公的方式の通念として定着し、儒者もそれを肯定していた。したがって歴代王朝は革命を避け治世を安定化するために、伝承や史実に教訓を求め、故事来歴の学習を重視した。朝廷実務を担う官吏に多数の儒者が登用され、科挙制度が確立すると、王朝は儒家官僚が支配するところとなった。こうして中華文化圏では身分秩序を価値とし、統治の正統性を史実や伝統に求める尚古主義的な主知主義社会が成立した。

儒学の階級制

孔子は商業にも平等主義をみて否定的であった。中国に慣習を尊重する文化はあったが、法的思考は発達しなかった。契約にもとづく商取引がなければ、すべての経済活動は権力的資源配分となる。実際、教育を受けて支配層の一員となれたのは卿や士大夫という都市在住の貴族や読書人で、彼らは序列に応じた特権により農民より裕福な暮らしを享受できた。

武内義雄や津田左右吉ら中国史の碩学は、儒教倫理は普遍的な人間存在に係わるものではなく、治民道徳と国家体制の維持を目的にしたものであったと指摘している。家族道徳として子の父に対する孝が強調されたが、それは家長が家族を権力的に支配していた家で実践されたに過ぎず、支配者層の家に限られていたという。つまり儒学の倫理観は庶民の実生活から遊離したものであった。

地史学者カール・ウィットフォーゲルは、『東洋的社会の理論』において、仁政の統治形式が整っていたとはいえ、農民の実生活は抑圧だったと論じた。王朝の徳治の内実は、反法治主義とは正反対の刑罰による威嚇の支配だった。農民は服従のマナーをいわば義務として徹底的に躾けられたうえ、官憲の総力テロに晒され、全面服従と完全な孤絶を強いられた。この孤絶は農民の生活の場である郷・里における連帯責任と相互監視・密告の制度により、人間としての自由を奪われただけでなく、巻き添えの恐怖から世界に対する絶対的無関心に封じ込まれたという。以上の検討から儒学の統治論が君主専制を支え、口頭コミュニケーションよりも識字能力を重視していたことは明らかである。

古代ギリシア・中国と日本―エリート主義の存在と不在

西欧と中国の古典に記された統治論を瞥見すると、日本はヨーロッパとも中国とも著しく異なっていたことが分かる。第一に古典古代の西欧も中国の王朝も、統治領域である共同体が都市だったことである。しかし日本で基本的統治領域とされたのは農村であった。日本の都市は古代は奈良と京だけであり、中世に鎌倉が発展し、近世に江戸と大坂が出現したとはいえ、統治の中心領域は都や城下町より農村地域であった。第二に日本では統治権と祭祀権の併存があった。日本の国家の原型は氏族的祭祀共同体とされた。奈良期には祭祀権をもつ天皇が統治の実権を握っていた。平安期以後統治権は公家や武家に移行したが、天皇は祭祀権をもちつづけた。第三に日本は中国と異なり、西欧ほどではないにせよ法による限定的統治を行なっていた。とくに鎌倉より江戸時代にかけて土地の所有権に係わる訴訟は、幕府と諸藩の重要職務の一つであった。第四に日本には、西欧や中国のような貴族勢力が存在しなかった。名門武家は貴族といえないこともないが、特権的消費を自由にできる身分ではなかった。また西欧のように宗教家や商人が貴族に転じたこともなかった。第五に中世以後も平安貴族の子孫は公家という身分として存続したが、彼らは伝統文化を維持し伝承する知識人であった。公家以外の学者には僧侶や神職など宗教家や武家・商家出の者もいたが、知識人が社会勢力を形成することはなかった。

要するに日本では西欧や中国のようなエリート主義が育たなかった。もちろん日本にも身分的序列という垂直的秩序は存在した。しかし身分差は職能の分業として受容されていた。西欧には古典古代以来自由民と不自由民の区別があった。奴隷制は時代の推移につれ次第に消滅したが農奴制は一九世紀まで存続した。日本にも賤民という身分があったが、彼らは専業をもつ職能民でもあった。ただしこの職能は身分と結合し固定化された。したがってこの身分制は近代以後差別の要因として否定されることになった。

近代日本への道―身分を超える国民像の発見

身分区別のない国民という人間像が、日本の知識人エリートに意識されるようになったのは、西欧列強の圧力を受けて進められた近代国家の形成期であった。自己の身分よりも国家成員であることを自覚し、国家に献身する国民が存在しなければ国家の独立は覚束ない。このような危機感から国民形成の重要性を論じたのは、水戸学派の儒学者会沢正志斎や蘭学者の福沢諭吉らであった。会沢は『新論』において、水戸学派の歴史観にもとづき日本という国家が天皇を祭司とする祭祀共同体であると認識し、天皇に忠誠心をもつ国民が構成する国家像を示した。この国家観は後に維新政府が唱える国体イデオロギーの嚆矢となった。他方、福沢諭吉は『文明論之概略』において文明の意義を個人の精神的自立にあると説き、自由で能動的な国民が形成する国家をモデルに掲げた。いずれも国民という語は英語のネーションの訳語として登場したのである。

三　日本の被治民の受動性と西欧中世都市民の自立性

明治政府が立憲君主制を導入した帝国憲法では国家成員を臣民と記した。注意を要するのは臣と民が異なることである。両者とも君主の家系に属さないという共通点はあるが、臣は君主の臣下を意味し統治身分であるのに対し民は支配される人々を意味する。日本でも古代の民は土地に隷属し農耕を義務づけられる人々を指した。民と土地は統治者の所有するモノにすぎなかった。中世に民は自由民と不自由民（下民）に分かれ、次第に自由民を指すようになった。日本語の日常語に庶民があるが、中国古典で民の同義語は庶人であり、どちらも支配者への服従を義務づけられた農民を意味する。近世に徳川幕府は士農工商の身分制を敷き、民を農民、職人、商人に細分化したが、人口の大半は農民であった。民百姓という語が広く使われるようになるが、この語感には自分たちの生活をみずからの労働で支えているという農民たちの矜持がある。柳田邦男ら民俗学者は庶民が草の根文化の担い手であった点に注目して常民とよんだ。国民という語は、ナショナリズムの高まりにつれ定着し、第二次大戦後には憲法でも使用している。国民のほかに道府県民とか市町村民という語もあるが、それは当該地の居住者を指すものである。また国民には国籍をもつ人の意味もある。社会主義国で人民という語が使われたが日本では一般化しなかった。

現代日本の平均的国民像

七〇代以降リベラル派の知識人やメディアが市民という語を使いはじめた。当時日本の人口の過半数が都市に居住していたので、市民という記述は誤りとはいえないが、この言辞は社会的不平等や権力の不正を追及しようする人々を、自立した個人として記す理念的用語であるように思われる。そこで統計をみてみよう。

第二次大戦前まで人口の過半数が農業就業者であったから、この時代の国民は主に農民を指していたといえる。林業と漁業を加えた第一次産業の就業者数は大戦直後まで過半数を維持したが、六〇年代には三分の一に低下し、七〇年代には五分の一を切った。第二次および第三次産業の就業者のほとんどは都市に居住し、そのうち雇用者は七〇年代には六〇パーセント、自営業と家族従業者はそれぞれ二〇パーセントであった。以後雇用者比率は上昇をつづけ二〇〇〇年には九〇パーセントに達した。学歴をみると、六〇年代には高校進学率が五〇パーセントを超え、七〇年代にはほぼ全入となった。大学短大の進学率は六〇年代の一〇パーセントから九〇年代には四〇パーセントに、二〇〇〇年には五〇パーセントに上昇した。

以上のデータから分かることは、次のような事実である。つまり今日、日本国民の三分の二は都市に居住する給与生活者であり、ほぼ全員が高校を卒業し、うち半数は大学ないし短大を卒業した人々である。これらの人々の大半は国会議員や閣僚、政府の幹部職員ではなく、また大企業の経営者でもないので、国家の統治者層には属さない。そして所得水準からみて富裕層には含まれないと考えられる。その意味でこれらの人々を、標準的国民つまり庶民といってよい。だがこのような一般国民は依然として被治民という存在に止まっている。

市民ということばの語感には、国民や庶民ということばと違う異質感がある。それは市民という言辞が内包する西欧都市民の歴史経験とわれわれ日本人の都市生活の経験との差違である。

ヨーロッパの封建領主の武力抗争と領民保護

西欧の商業都市の原型は、商人と手工業者が集って形成した共同体であり、円滑な商業活動の秩序維持のため同業組合やギルドが居住地を統治したことからはじまった。

中世の西欧世界は王権・諸侯の世俗勢力と教会勢力が、それぞれ所領を知行する半ば独立の政体として並存していた。各領主は領内荘園の農業生産を経済基盤とし、領内の徴税権、商業統制権や裁判権をもち自領を統治した。封建領主はたがいに武力抗争を繰返していたため、弱小領主は大領主と臣従誓約を結び、軍役義務を代償に所領の安全を確保する主従関係を保った。大都市の司教座教会や郊外の大修道院も、それぞれ所領をもち封建領主の身分をもっていた。

こうした状況のもとで王権は、武力や威嚇、買収や押領などの手段によって、教会や諸侯の領地を蚕食し、その領主権を吸収しながら権力の強化を進めていた。その過程で形成されたのがネーションにほかならない。王権は武力を傭兵に依存したので、財源確保のため領内商人の支持が不可欠だった。そこで彼らは商人や手工業者を保護したのである。また黒死病による人口激減のため農奴の身分拘束を緩和した。自由都市は封建領主が領民を必要とする政治状況のもとで出現した。そして都市の自立化を促したのは、ルネサンス後期に北西イタリアの商業都市ではじまった市民の自治権獲得闘争であった。

商業都市の市場機能と自治権獲得闘争

この地方では教会の領主権が形骸化し、都市の無政府状態が発生した。在地の商人組合や手工業者ギルドは、仲間とかコムーネとよぶ団体を結成して、領主を兼ねる司教に市の自治権を認めさせる闘争を起こした。その結果として成立したのが市民集会（議会）と参事会（政府）をもつ自由都市である。遠隔地貿易が盛んなヴェネチアやジェノバは商船の航路防衛のため海軍力を強化し、さらに対外通商権や開戦権を確立して、王権と対等な都市国家を樹立した。その後、自由都市はフランス、ドイツ、フランドルなどにも生まれ、その増加にともない、西欧の都市住民の間に自治意識が広がった。

商業都市で商人層が自治を求めた理由は、都市の生活様式が農村とまったく異なることにあった。農村は荘園制によって必要な生活物資をほとんど自給していた。それにひきかえ都市は、食料に止まらず生活用水や燃料などあらゆる物資を、市外から調達していた。

さらに重要なことは、都市が市場機構を抱えていたことである。そのため都市には農村にはない各種の施設が設けられていた。物流の集配地として荷捌きスペースのある船着き場や荷馬車の駐車場、商品を保管する倉庫、卸売や小売のための商品展示場や店舗、さらに金融や送金を行なう金融機関や、契約手続きを請け負う公証人や弁護士の事務所もおかれていた。これらの施設とサービスは、商取引の当事者が共に享受するものであり、それは上下水道や道路などと同等の都市インフラにほかならなかった。

商人組合はこの都市機能の維持と効率化に責任を負い、市内の秩序維持のため規範と慣習を重視した。商人と密接な関係にあった手工業者ギルドも同様の責務を担った。加工業は職種によっては有毒物質を使用し、廃棄物も排出するので工房の設置運営には特別の配慮を要するからである。商業都市にとって自然災害以外の最大の脅威は、外部の武装勢力による襲撃と略奪であり、資産を強奪する犯罪であった。

したがって市政の最優先事項は、軍事的防衛と治安の維持であった。防衛策としては市壁の建設と市内に通じる道路通行の統制、それに民兵の養成と軍の編成・配備があった。兵力不足の場合に備え傭兵の利用も準備された。防犯も市の重要な職務であった。商業都市は大量の在庫品を保蔵するので、放火や窃盗などの犯罪は商業活動にとって大きな厄災であった。豪商にとっては誘拐も懸念すべき災禍だった。身代金目的の誘拐の不安は本人だけでなく家族や親しい知人にも及んだ。防犯策には私的防護や保険のほか、さまざまな手段が考案され実施された。市政府は犯罪者を拘束し、収容する堅固な監獄ももっていた。

商業の発展と都市民の自立化

自由都市を樹立する運動が拡大したのは、それが商人だけでなく他の生活者の利益とも合致したからである。その理由をあげると、第一に商業は一ヶ所で完結する活動ではないこと、第二に商業の発達にともなう収穫逓増、すなわち商品の多様化が外部効果を生み、さまざまの業者に利益をもたらしたこと、第三に都市の市場機構やインフラは特定商人や居住者のみならず他の人々にも利便性を付与する公共財だったこと、そして第四に封建領主が市場や都市の公共性を理解していなかったことである。

それは商業が荘園領主や王侯との臣従関係から自由な活動だったからである。経済学者Ｊ・ヒックスは『経済史の理論』において、封建社会の経済活動は慣習と指令にもとづいていたと指摘し、交換を原理とする商業経済と性格がまったく異なっていたと説く。商業が発展した中世末は「慣習・指令経済」から「商人的経済」への転換期にあたるという。

商業都市の市民はインフラや市場機構をみずからのコスト負担と労役によって建設し、維持した。封建領主が都市の公共施設に無関心である限り、市民は自力でそれを守るほかなかった。イタリアの自由都市の発展はヨーロッパの他の都市民に勇気を与えるものであった。

宗教改革以後、封建社会を動揺させたのは貴族や高位聖職者に属さない人々であった。後にフランス革命を起したのは第三身分とよばれた都市商人層（ブルジョワジー）である。彼らはすべての人間は自由にして平等であり不可侵の人権をもつと宣言し、みずからを主権者とする新たな政治勢力を形成した。このような歴史経験から、欧米の近代国家は自立的国家成員を示す語として市民が定着し、英国でさえ臣民に替る法律用語として採用している。

統治者の居住地だった日本の都市

われわれ日本人には自分たちの居住地防衛のため民兵として戦ったという歴史経験はない。また貿易で巨万の富を得た商人組合が自由都市を樹立し政治・軍事的に統治者と対峙したという歴史ももたない。日本の伝統的な統治対象は農村を中心にしており都市は例外的な領域であった。ほとんどの都市は朝廷や幕府あるいは大名の居城が所在する場所であり、社会インフラは権力者が直接建設し維持した。中世には大寺社の門前町が出現したが、それも商人たちが形成したものではなかった。都市が権力と一体化したため、住民が自発性を発揮する余地は限られていた。明治以後、日本の地方自治は事実上農村地域の統治を意味した。一次産業に依存してきた地方は、自給自足的な経済を維持していたが、都市と同等の社会インフラが必要になったとき、地元経済には投資資金がなく、政府に頼らざるを得なかった。

要するに日本の都市と農村の住民は、まず自然環境に依存する経済活動と、上下関係を規範とする統治体制のもとで暮らした経験を重ねてきた。したがって日本人の自己形成は歴史的与件に拘束されてきた。それは現在でも政治文化のなかに残存している。そこで次に政治文化を検討することにしよう。

第2章

日本の政治文化再考

政治文化はかつて国民性とか政治風土とよばれた。しかしこの用語は地域特性を固定的に捉える分類学的なものとされ、地域住民の政治意識や態度の変化を含む概念として政治文化が登場した。共同体意識は成員の生活様式に根差しているので、政治文化とは地域住民が歴史経験として形成してきた価値観、地域感情および政治的態度を指すといえる。

大和朝が積極的に中国文化を導入して以来、日本人の生活様式は中国の強い影響を受けてきた。そのうちもっとも顕著なものは、文字、統治制度および仏教であり、とりわけ影響が広範に及んだのは文字である。日本社会は漢字の導入によって書字化したが、これは政治文化の枠を超える問題なので次章で扱うことにして、本章では日本の政治文化を以下の側面から考察したい。日本社会の物理的制約と価値観の成立、律令制の定着と貴族政の解体、中世社会の分権性と身分意識の呪縛、日本人の宗教観と知的権威、および日本文化論のアンビバレンスである。

一　日本社会の物理的制約と日本的価値観の成立

ヨーロッパ人や中国人と日本人との決定的な感覚の相違は、大陸と島嶼地という居住地の違いに由来する。

アーレントは『人間の条件』において、人間の生存条件を論じ、複数性・生命それ自体・可死性（誕生と死）・世界性および地球をあげた。生物として生まれた人間は、個体として限られた生存期間を、地球上で集団の一員として生きざるを得ない。ただし人間は言語を獲得したために、交換による生存の仕組みを発達させてきた。そして自然と人間で構成する世界という意識が、生活様式を共有する共同体を成長させたという。彼女があげた条件は一般論であるから、そこに時間と空間の違いを加味すると、居住地の異なる人々の生活様式はもちろん多様なものになる。複数性という条件も人間が家族や血縁集団を形成して共同生活を送ってきたという事象だけでなく、自分たちと文化の異なる他者集団との共存を含めると、場所や時代によりそのあり方はさらに複雑になる。生存条件としての地球も、地域を特定すれば、気候帯や地形の違いにより居住者の生活様式は大きく変わる。

日本人の生存領域―異文化接触が限られた島嶼地

日本人が島嶼地に暮らしてきたという経験は、われわれの生活様式と思考範囲に深い影響を与えてきた。大陸人はつねに異文化民と接触していた。それは武力抗争や物資の交換としてあるいは文化の交流として生じた。しかし島嶼地はまったく異なる環境にあった。日本列島は、敵対する可能性のある他者勢力の武力が海洋で遮断される距離にあった。したがって日本人の異文化民との接触は、中国と朝鮮半島との交易や異文化受容という形で行われた。交易を担ったのは官人か朝廷の保護を受けた商人であり、異文化受容の担い手は学僧であった。それは朝廷が求めた先進文化の中心が仏教だったからである。

日本の生活環境の有限性と資源の有効活用

日本人の生活意識の第一の特徴は、空間と資源の有限性に対する敏感さである。大陸人にとって生活可能な空間は無限の広がりをもつものとしてあった。大きな気候変動とか自然災害や長期にわたる戦争が起きても、彼らにはどこかに避難できる場所が存在したか、少なくとも避難場所の可能性が信じられた。現在ヨーロッパで起きている難民問題も、大陸で発生している事象である。大陸人は、物資が欠乏しても、それを獲得できる場所がどこかにあるはずだと信じられる経験を積んでいた。

これに対し島嶼地は、居住民が利用可能な土地も移住の機会も限られていた。農作だけが生活基盤だった時代、土地は唯一の生産手段であった。日本列島は耕作可能な土地が少なく、しかもその大半は有力者に占有されていた。したがって庶民は、山地や海浜の共用（入会）地をのぞいて、ごくわずかな土地にしがみついて暮らさざるを得なかった。

宮本常一は『庶民の発見』のなかで、日本の庶民は貧しかったが、おかれた環境のもとで自然を最大限利用しようと工夫に工夫を重ねてきた実例を記している。山地の棚田、芋類や雑穀の栽培、山菜や茸類など野草の利用、海産物加工、藁や竹でつくる農具や生活什器、土地の木材を利用する建築術は長期にわたる庶民の経験蓄積から生まれ育ったものである。日本人は限られた空間と資源の利用法のみならず、その再利用法をも追求してきた。資源の有効活用を促す言辞として国際的認知を得た「モッタイナイ」の原点は日本の絶対的な資源の欠乏にあったのだ。

勤勉性の尊重―日本的価値観の基底

このような歴史経験から日本人が身につけた価値意識にみられる第二の特徴は、勤勉性の尊重である。宮本常一は日本の庶民は貧しかったが、その境遇のもとでみずからの暮らしを向上させようと黙々と働きつづけてきた事実を強調した。昭和三〇年代頃まで二宮尊徳像が校庭に建っている学校をよくみかけた。これは勤勉を尊重する日本人の価値観をよく表している。日本人は勤労を徳とし、勤勉な人物に敬意をはらい、労働を価値とする文化を維持してきた。倹約もまた勤勉にならぶ徳として奨励された。

これはヨーロッパや中国・朝鮮とは対照的である。アーレントは、古代ギリシアのポリス市民が労働から自由だったことを力説し、労働は生活の必要に強いられる行為であり、単純作業の反復であるから、自由民のなすべきことではなかったと指摘した。生活必需品の生産やサービスの供給は奴隷の専業とされたからである。キリスト教国教化後のローマ帝政以来、キリスト教的労働観がヨーロッパに定着した。労働は原罪により人間に課された神罰であるという論理から、神の赦しは労働からの解放を指し、労働は罪人の懲罰とされた。中世西欧人の精神世界を支配したカトリック教会は、人間を「祈る人、守る人、働く人」の三身分に分け、労働する人間をもっとも低い身分とみなした。近代にアダム・スミスやマルクスなど経済学者が労働価値説を論じたが、労働自体を価値と考えてはいなかった。

他方儒学を国学化した中国や儒学的制度を確立した朝鮮でも、理想的人間像を聖人としていた。それは労働に無縁な読書人であった。統治者は儒学の礼教論にもとづき、あらゆる個人を身分、年齢、性別、民族により序列化しただけでなく、職業の職種にも等級を定め、被治者に身分序列に応じて職責（分）を課した。そのため庶民は上昇志向を強め、上位職種への転業に熱意を示した。韓国に老舗が少いのはそのせいだという。柳宗悦が朝鮮民族美術館の設立運動をはじめたとき、現地の朝鮮人知識層の反応は冷淡だったという。それは、科挙に合格した身分（両班）に属さない職人風情の作品は、卑賤の器物にすぎないとみなされたからであった。中国にも朝鮮にも職人の技術を評価する伝統はきわめて弱かった。

日本人の意識傾向—思考と行動の受動性

日本人と大陸人との違いとして第三にあげるべきことは思考と行動の受動性である。丸山眞男は『日本の思想』において「であること」と「すること」の違いを強調した。この指摘は、デカルトの「我思う、ゆえに我あり」という言説と比べると示唆的である。デカルトは「思う（する）」という行為の結末として「我あり」つまり自己の存在を確信したのだ。しかし日本人は与えられた境遇に「あること」を意識し、それから行動するのである。島嶼地という空間の限定性は、長らく日本人の島国根性の原因といわれてきた。

しかし思考の受動性や能動性は相対的なものであって絶対的なものではない。主体的で自立した個人というヨーロッパの人間像は、日本人が学ぶべき近代人のモデルとされてきた。しかし一六世紀半ばフランスの法律家で思想家でもあったエティエンヌ・ド・ラ・ボエシは『自発的隷従論』を著していた。ごく最近では日系英国人作家カズオ・イシグロが『日の名残り』で、自発的に従属を選んだ英国人の姿を描いている。西欧のエリート主義にはキリスト教のメシア信仰が内在している。神に選ばれた者こそ、苦境に喘ぐ民衆を救える真の指導者であるとする意識のもとで、民衆はただ救世主を待ち望む存在として現出した。ヒトラーを受け容れた人々はそのような受動性をもっていた。

とまれ日本人の受動性は共同体での歴史経験と農業生産の慣習により意識の深層に固着し、それが人々の自発性を阻んできたことは疑いない。日本人の生活様式は多くの先人の経験から生まれ、その伝承を踏襲することが重視された。庶民が伝統をまもることは善であり正しい態度とされた。旧習を変更できるのは特別な人々に限られていた。社会活動の方向や選択範囲の決定権は、身分や地位に付与される資格（分際）にもとづくという意識が、人々の態度を受動的にした。実際「出る杭は打たれ」たのである。つまり思考や行動の自由は地位によって与えられると思われてきたのだ。

さらにある目標に到る経過段階が一種の資格とみなされることもあった。組織活動の長期目標は達成までに長い時間を要する。そこでしばしば組織活動において、目的と手段の混乱が起こる。つまり手段の獲得が当面の目的となり、集団行動は手段獲得という目的の連鎖に変化する。このとき目的化した手段が、次の活動のための条件や資格とみなされ、それが物神化するのである。その好例は旧帝国海軍の大鑑巨砲主義であろう。巨大戦艦の保有自体が価値ある目的として信じられたのであった。第二次大戦中の日本海軍の敗因が制空権の喪失にあったことが知られているにもかかわらず、敗戦後七〇年余を経ても、なお大鑑巨砲主義は生きていた。アニメ映画宇宙戦艦ヤマトである。

外来思想解釈の多様性と日本文化の固有性

第四に考慮すべきことは、われわれの意識に内在する価値の多様性である。日本人は先進的な中国文化を吸収してきた。しかし異文化受容の経験は、外来文化の解釈の多様化をもたらした。この解釈は上下関係を重視とする規範にもとづいていたため、日本固有の文化は他国より下位にあるという序列意識を深め、それがコンプレックスを生んだ。外国との接触が途絶えた江戸期の人々は、戦乱の多い中国と幕府による太平の世を対比し自信を深めた。

しかし幕末以後の西洋文化の流入により、日本人はみずからの後進性を痛感させられ、西欧文化の吸収に全力を傾注した。その成功に少なからぬ自信を得たものの、自分たちは欧米先進国と後進国のアジアとの中間にあるという状態に苛立ちを覚えつづけた。それは福沢諭吉の唱えた脱亜入欧がもたらした文化的葛藤であった。文化変容がもたらした多様性が西欧へのコンプレックスとなり、日本人が思考「すること」をいっそ受動的にしたのである。

それは戦後でもみられた事象である。例えば保守政治家は、しばしば国連安全保障理事会の常任理事国入りを、自分たちの悲願として表明した。それは彼らの念頭にある世界の国家序列にもとづき、国連安保理の常任理事国を大国で「あること」の国際的認知と捉えたからである。国連で何をしたいのかを彼らは何も明らかにしていない。

別の例としては日本の社会主義者や革新政党にみられた受動性がある。マルクス主義の史的唯物論では、共産主義社会を歴史発展の最終段階と措定し、そこに到る段階をさまざまに論じた。共産主義社会の前段階に社会主義社会、ブルジョワ民主主義社会、そして封建制社会という歴史段階があり、歴史は支配階級と被支配階級との階級闘争により段階的に進歩する。それは科学理論による必然であると説かれた。日本の社会主義者の多くが、その発展段階を序列と解した。革命経験をもたない日本は、社会主義国はもとより西欧の民主主義国よりも遅れた存在ではないのか。日本の進歩主義者は、歴史発展の序列意識ゆえに、自国が後進的「である」という観念にとりつかれた。そこで西欧の社会主義者の主張を模倣したり、社会主義政党が社会主義国に批判されて謝罪する態度をみせた。革命政権を樹立した中国、キューバ、ベトナムなど共産主義を標榜する途上国、イスラム教国家体制に移行したイランに対する彼らの態度はアンビバレンスに満ちていた。

そもそも日本は革命とは無縁な国家だった。中国文化の吸収に積極的だった大和朝は、易姓革命の思想を拒んだが、浅野裕一は『諸子百家』のなかで、日本には中国的な「天」の信仰がなかったことと、古代から皇族が姓をもたなかったことをあげ、日本には易姓革命の条件がなかったと述べている。

日本人は異文化の受容において受動性と能動性の葛藤を繰返してきた。子安宣邦の国家祭祀や本居宣長に関する論考、さらに山崎正和の『不機嫌な時代』などは、そうした日本人知識人の苦闘を描いている。それは日本人の価値観の多様性を反映していた。

二　律令制の定着と生活様式の共有化

律令制は大和朝の定めた律令法にもとづく集権的な官僚統治体制を指す。朝廷は農業を基礎とする家産国家の形成を目指して、支配領域を国、郡、里（郷）という行政区画に分け、貴族・官人による官僚統治を実施した。そして公地公民制にもとづき、土地と住民を管理し農業生産の拡大を図った。

律令制は古代から近代に至るまで日本人社会に多大の影響を残した。それは国家成員と領土の統治に止まらず、文化や社会行事を共有化し、また人々に身分意識の呪縛をもたらした。それゆえ律令制の遺産を検討するには、政治的側面と文化社会的側面の両方からみる必要がある。そこでまず政治的影響を検討しよう。

律令制の与えた政治的影響として重要なものは五点ある。天皇位の確定、身分制の導入、官制の確立、氏族祭祀の統合と宗教化、および漢文と漢字による国内の書字化であるが、書字化については次章で検討する。

律令制の遺産（１）―天皇の祭祀権

天皇位は氏族共同体を統合する統治者を指す。大和朝成立期の天皇は、祭司を兼ねる各地氏族の族長を統率する祭司長であった。氏族集団は農耕共同体として支配地に定住したが、その発展とともに一族の祖霊と居住地の地神の鎮魂を祈願する祭礼が形成された。農業生産は天候に左右されるので、自然災害は共同体にとって最大の脅威であった。また家族や血縁者に疫病が蔓延することも同様である。これらの厄災の原因が祖霊や地神の怨嗟にあると考えられたため、その鎮静を願う祭儀が繰り返された。その習俗が氏族祭祀の源泉であった。それは信仰というより氏族の結束を強める行事だったので、氏族集団の統治活動にほかならなかった。

五穀豊穣と無病息災という全氏族の願望を祖霊や地神に伝えることにより、天皇は統治権者としての地位を確立した。律令法は統治権を行使する太政官とは別に、中国にはない神祇官を置く二官制を定めた。これは天皇の祭祀権を重視したからであった。中国には天の信仰にもとづく統治権の受命という観念があったが、日本では国家祭祀の主宰者であることが統治権者の資格となった。それゆえ天皇位は皇室祭事の継続により維持されるという慣習が確立した。大和朝が中国の革命思想を拒否したのは、それが天皇の祭祀権を否定するものだったからである。

統治権は平安期には摂関家へ、鎌倉以後は武家に移行したが、天皇は統治権者の正統性を認証する権原を保持していた。つまり祭祀権は統治権の正統性を付与する形而上的権力を意味した。したがって天皇位の存在は、明治以後の憲法でも継承されたのである。ただし天皇の祭祀権は、寺社などの宗教組織や各種の文化団体および地域社会を統率する権威ではなかった。

律令制の遺産（2）—身分制の定着と序列意識

身分制は律令法により確立した。国家成員は身分別に区分され、それに応じた特権と義務が定められた。その結果、人はすべて身分的存在となった。天皇の臣下とされた皇族や貴族（服属した豪族が多い）は卿とよばれる支配階層を構成し、位階と官位により序列化された。公地公民制のもとで被治者はすべて民とされ、良民（自由民・公民）と賤民（不自由民、さらに五身分に細分化された）に分け戸籍登録された。班田収受法により、民は身分に応じ一定の田畑を割り当てられ農耕の役務を負った。出挙《すいこ》という種籾の貸付制度により、民に種籾が配給され、収穫を公定比率にもとづき貢納する税（租）が課された。良民は身体的自由を認められ、納税と公的夫役の義務を負った。賤民は身体的拘束を受け、移動や転職のみならず結婚して家族をもつことも許されなかった。ただし拘束の程度は隷属する主人の位階による違いがあった。いずれの身分に属するにせよ律令国家の成員は、すべて自然人のもつ自由を失ったのである。

律令制の遺産（3）—官位の世襲化と無責任制の成立

律令法の二官のうち神祇官は氏族祭祀に係わる神事や暦法、天候の卜占などを所管した。また各地の氏族祭祀を統一した。それは農耕民の自然崇拝と祖霊信仰が混合した習俗から形成された。氏族の首長は居住地周辺の山林や海浜の聖地に社祠を建て、春の豊作や大漁の祈願、秋の収穫感謝のほか正月や盆には祭事を行なっていた。

神祇官は氏神の社を管理下におき、各社に等級（社格）をつけ、それに応じて社領を定めた。社領に封戸を与え、神社の徴税権を公認した（それは後に社領の不入権の根源となる）。祭儀の様式を幣帛供進など宮中祭儀の形式に統一し、稲作祭事と農耕暦に則して再編した。こうして神道祭儀が確定し、神道は宮中行事を踏襲しながら、皇室祭祀から独立した宗教となった。

神社は国土鎮護の役割を与えられ、祭事の中心は祖霊祭祀から地神祭礼に変移した。神道は口承と祭儀慣習により伝承したので体系的教義をもたず、その祭儀様式もきわめて素朴なものであった。それは在地集落の共同生活に秩序をもたらす規範となったが、大きな厄災を防ぐ力に欠けていた。そこで神道を凌ぐ呪力をもつと思われた仏教に期待が寄せられたのである。

太政官は左右大臣の所管する八省の官庁を統轄した。その職務は民衆の生活に密着していた。とくに民部省は徴税を所管し、実務を担当する国守を監督した。税には租のほかに庸調があった。庸は良民男子に毎年課される一定期日の公的賦役である（賤民は免除された）。調は特産品の貢納義務として地方ごとに課された。庸調は身分や地域によって負担に違いがあり、徴税実務は国守の指示により郡司や郷・里の下官が実施した。朝廷は税収として農産物を取得しただけでなく、各地の職能民を集め手工業をも支配した。技能をもつ者や見習いを雑戸として登用または臨時雇用し、職能民の養成も行なった。例えば宮内省の木工寮、中務省図書寮の紙戸、治部省雅楽寮の楽戸、兵部省造兵司などがあった。

律令制の官職は平安期に専門分化が進み、特定職務を専業とする貴族の世襲となった。神祇官の職務は、暦法や卜占などが分化し、それぞれ一、二の貴族の家業となり、神道祭礼は各地神社の主宰となった。そのためこの職位は有名無実化した。太政官職も摂政や関白が実務を掌握し、その人事が権門貴族に固定したため世襲化した。

世襲制の人事では能力や資質を問われることはない。そのためこの官制は職務に責任を負わない制度として定着した。それは律令体制の内部に責任を問う役職がないからである。無責任性は朝廷官制の伝統となった。しかも祭祀権を握る朝廷は、宗教を行政にもち込むことによって無責任性を増幅した。朝廷が社格の高い神社を監督する権限は仏教にも及び、寺の開山、僧侶資格授与を行う戒壇の設置や僧位の認可権も握った。それが宗教のもつ超現実的思考を統治実務に混入する原因となった。

律令制の遺産（4）―季節感と年中行事の共有

律令制の文化社会的影響としては、国家成員の時間的、空間的および情動的経験の共有がある。律令制は地域社会と個人の日常生活を、時間的・空間的にコントロールしただけでなく情動的経験の共有をもたらした。中央と地方との経済的関係はヒックスのいう慣習・指令経済の段階にあった。農民が納税や賦役義務を実際に履行したのは、朝廷の命令を伝える役人の指示によっていた。官庁内部で書字化が進んでいたとはいえ、識字率の低かった当時、地方はほぼ口頭言語の世界であり、農民の集団生活は慣習と伝統に支えられていた。

律令制が人々の生活様式に与えた影響として、第一にあげられるのは暦制の統一による季節感の共有である。氏神祭礼が暦制に取り込まれた結果、各地に季節祭事が定着した。皇室には季節の変わり目に神慮に応える節供《せちぐ》の神事があり、宮中で節会《せちえ》の祭礼として祝われていた。その慣習が節句として暦に加えられ国家的祭日となった。節句は農民が労働を休める祝賀行事として定着した。供物を神社や自宅の神棚に供え、家族や一族で会食をする慣習が確立した。正月は新しい年を迎える祝日という意味だけでなく、人々が歳を加える時でもあった。年齢を重ねることは先祖つまり神に近づくことを意味するので、万民の祝日となった。盂蘭盆も大切な祭礼として祭られた。これは仏教に由来する祭事であっただけでなく、古来からの先祖供養や祖霊来訪の民俗信仰が習合した祭事として地域の伝統行事となった。

律令制の遺産（５）—聖域としての寺社領の保護

第二に寺社境内が聖域として維持されたことがあげられる。社祠は氏神や地神の住処であり、祭儀を行なう聖所である。社の所在地は地神がいる鎮守の杜とよばれ、山林や大木（神木とされた）のある場所が多い。朝廷はこのような場所を社領として保護した。後に仏寺が建立されると、朝廷は寺領も社領と同様に保護し、鎌倉以後幕府もそれを踏襲した。仏教は俗界から距離をおく教理的理由と、寺が山号をもつ中国仏教の伝統に倣ったため、深山の奥地に寺を建立した。こうして日本の国土には神社仏閣がいたる所に所在することになった。

この景勝はヨーロッパのキリスト教会、東南アジアの仏教寺院が宗教施設であることと異なる意味をもっている。それは日本の神社仏閣が宗教施設であるだけでなく、境内一帯が樹林によって俗界から隔離された聖域という意味空間であるからである。とくに仏教宗派の本山は山地に広大な境内をもつ。都市に所在する明治神宮のような大社も広大な社林を擁する。そこは人為性という穢れと無縁な浄められた場所である。人文地理学者イーフー・トゥアンは『空間の経験』において、空間は人々の経験をとおして「場所」となり、文化の一端を形成すると論じた。この経験蓄積が抽象化され、特定の場所を人々が愛着するようになると、そこが母国の象徴になるという。神社仏閣は日本人の心のふるさとという心象風景の原点となった。

律令制の遺産（６）—自然風物に対する情動的共感

第三にあげられるのは、自然の風物に対する情動的感性の共有である。朝廷は書字化を進めるにあたり和歌の表現力向上を重視し勅撰和歌集を編纂した。歌会が宮中行事だけでなく貴族や僧侶の私的遊宴でも開かれ、そこで季節ごとの花鳥風月を愛でる歌が数多く作られた。作歌は文化人の教養となり、季節行事が鎌倉期には武家社会に普及し、室町以後は町人や農民にも浸透した。また花見や紅葉狩りなどの季節行事は和歌による感情表現に支えられていた。こうして日本人は季節感と心象風景のみならず情動を共有し自然との共生という文化を生んだのである。

確かに律令制は日本人の国家的統合を実現し、共通の生活様式をもたらした。しかしこの体制は経済的には公地公民制にもとづく農業生産に依存していた。とくに個人や家族ひいては地域社会の日常生活は、役人の指示により統制された。そのうえ精神的にも身分制にともなう慣習や伝統の拘束を受けていた。したがって古代人の生活態度はきわめて受動的だった。しかしその閉塞状況が中世に崩壊した。その原因は、土地の私有化、武家勢力の台頭、商業の発展、職能民の自立化、および仏教の大衆化にあった。

三　中世社会の分権性と身分意識の呪縛

公地公民制は朝廷が配分できる土地の減少によって自然消滅した。すでに平安末期には高官を務める在京貴族は実権を失い、各地の行政は地方官の手に移行していた。朝廷が墾田の私有を認めると、権門貴族、大寺社のみならず各地の有力者が所領の拡大に鎬を削った。彼らは私有地を不入権をもつ荘園に再編し、それぞれが自領を統治する半自治的な共同体を形成した。そして荘園制は律令体制の経済的基礎を解体した。このとき自領拡大を積極的に進めたのが武家勢力にほかならない。

公地公民制の崩壊と鎌倉幕府の御家人保護

武家には皇族の末裔とされる家もあったが、職能的には国守の下僚、開発領主や国衙の在庁官人のほか在地の自営農であった。彼らは自分たちの土地使用権を死守するために武装し、血縁関係を軸に結束して家を形成し、所領の維持拡大のために武力闘争を繰り返した。有力武家は他家を家臣としたり、一族の連合に加えて、自家勢力の拡大に精力を傾注した。こうして源氏と平家の二大勢力が全国を二分することになった。西国に拠点をもつ平清盛は、瀬戸内から北九州沿海を支配する海賊を臣従させ海上権を掌握した。それにより外国貿易を独占し、貴族勢力を財力で圧倒した。平家は武力と財力を背景に貴族身分を獲得し、さらに天皇の外戚となり統治権を掌握した。

他方、源氏は東国各地の荘園領主や大小の武家勢力を結集し、平家に匹敵する兵力を蓄えていた。平家が朝廷貴族として権力の頂点を目指したのに対して、頼朝の関心はもっぱら東国統治の確立にあった。そもそも律令制の官制は西国では規模においても組織的にも発達していたが、東国には朝廷も貴族も寺社勢力も存在せず、官制は無いに等しかった。頼朝の意図は、武家の自由な領地拡張を統制し、東国に土地の所有権にもとづく規範的秩序を構築することにあった。それは西国の統治とは質を異にしていた。西国では身分制が確立していたが、東国に身分序列の制度はなく、武家は対等の存在だったのである。武家同士の抗争を収拾するには、律令法とは別の規範概念、すなわち平等性含む原理が必要だった。

頼朝は幕府樹立に際して、皇族との縁戚関係を謀ることなく、将軍職を得て直ちに統治権を行使した。そして御家人（家臣）に接収した平家所領を与え、臣従した武家の治領を安堵（保障）して、そこを彼らに知行させた。西国については朝廷勢力の軍事的統制と諸勢力の宥和を重視した。幕府の成立以後、律令制の遺産として残ったのは、天皇の祭祀権に関わる皇室祭事だけとなった。

鎌倉幕府の成立は、律令制の公民概念を否定し、私人の土地所有を基礎とする規範秩序形成の発端となった。幕府への土地をめぐる訴訟の増加はそれを反映していた。頼朝の家系断絶後、幕府の実権を握った北条氏は、将軍職に皇族を招いて名目化し、幕府を合議体に変え、みずからは執権として御家人を統率した。注目すべきことは幕府が武家社会の慣習を成文化し、法的に統治したことである。三代執権、泰時は律令法とは別に独自の武家法（御成敗式目）を制定した。当時土地は唯一の生産財であり、家や一族にとって貴重な資産であった。源氏の戦勝は、平家所領の没収に止まらず、朝廷・貴族や寺社の土地所有権をも動揺させた。所有期間がきわめて短かったり、取得経緯に不自然な土地も少なくなかった。そのうえ戦乱により住民の移動も多発したため所有権が不明な土地も多かったからである。

こうした背景のもとで地権を主張する訴えが急増し、幕府は訴訟を扱う機関を設けて積極的に対処した。訴訟の裁定の適切性が武士たちに受け入れられるにつれ、幕府の治世は安定化した。訴訟は時代が下ると農民にも広がった。身分にもとづく免責権を根拠に、地頭や寺社の課税や賦役の不法性を訴えた西国農民の記録が数多く残されている。訴訟の増加は日本人の自発性の高まりを反映していた。

統治権者の東国移転―商業の発達と職能民の自立化

中世人の自発性を促したもう一つの要因は商業の発達である。京で定期市が開かれたとはいえ、商業といえる規模には程遠かった。平安末期には大口の需要者だった朝廷や権門貴族、寺社のニーズが低下し、役所や大寺社の抱える職人は開店休業の状態にあった。金属製品、建築・建材や家具など技術を要する物品やサービスは、需要の弾力性が高いからである。すでに武家勢力の出現と戦乱の頻発により武器や武具の需要が増加していた。幕府の開設は鎌倉をはじめ東国の都市化をもたらした。そのうえ新仏教宗派の出現は寺院の建設ブームを生んだ。こうした需要に対応できる供給力は、京を中心とする西国に限られていた。西国の手工芸品の供給と物流の増加が市場の成長をもたらした。その結果、経済活動は官庁の指令や慣習的統制から解放されたのである。

市場の成立は職能民や農民の生産活動を自立化した。職人と芸能民は役所の下官か大寺の下僧を務めていたが、時世の変化により職を失った。そこで彼らは需要を求めて各地を巡業した。職人が行商して自活したり、また職人を監督する寺僧が商業に従事することも珍しくなくなった。職業団体を結成した業種には、たたら製鉄、鋳物、炭焼き、木こり、製材、建築、窯業、漁業などがあり、また陸海の運送業も出現した。商業の成長は西国の生産者の分業をもたらし、それにより市場はさらに拡大した。当時日本国内では貨幣鋳造が行われておらず、中国の輸入銭が流通していた。朝廷や西国の大商人は宋銭を大量輸入して国内の貨幣需要に備えた。土倉とよばれた金融業者が大量の貨幣取引を手がけていた。職農民には定住しない者も多く、彼らは大寺社の無縁所に蝟集した。また寺社祭礼を支える芸能民も個人あるいは集団として各地の寺社を巡り芸を披露した。

農民も換金作物や小麦の栽培、コメの二期作などに取り組むようになった。換金作物ではとくに禅僧の栄西が中国からもちかえったという茶の栽培が広まった。地質や地形などの条件から稲作に不向きな土地では小麦の栽培も行われ、稲の裏作として二毛作を行う地方も出現した。布や藁・竹などの手工芸品や加工食品をつくり町や市で売出していた。

仏教の大衆化—神仏習合と新仏教の出現

中世人の積極性をさらに後押したのが仏教の大衆化である。それは神仏習合の進展と新仏教の布教を発端とする。仏教は民衆のみならず貴族にとっても近寄り難い存在であった。禅学者鈴木大拙は『日本の霊性』において、旧仏教は土地から遊離していたと批判し、高僧の経典解釈も大寺の仏事法要も、庶民の日常生活からまったく乖離していたと力説した。そもそも仏教は出家信徒を主体とし、彼らに厳格な戒律の厳守と高度な教義理解を求めていた。読経の言語は日本語ではなかったし、教義内容もきわめて抽象的で俗人の理解を超えていた。しかし神仏習合が仏教を俗人にも親しみのあるものにした。

逵日出典の『神仏習合』によると、元来日本には高山を神の住処とする信仰があり、そこに山岳修行の習俗が形成された。仏教の伝来により中国仏教の修行法に山岳修行があることが知られると、仏教教義と伝統的山岳修行が混合した修験道が生まれ、それが神仏習合の発端になったという。

無文字社会に生まれた氏神信仰は祭儀も単純で教義を欠いていた。やがて自身の神通力の弱さゆえに悪霊に苦しむ神が、仏により救われたという伝説が生まれた。この伝承にもとづき神仏を祀る神社が出現した。七世紀には各地に神宮寺という寺を擁する神社の建立が相次ぎ、八世紀には八幡神信仰が広まった。その起源に定説はないが八幡神を菩薩とする信仰が多くの人を集め、豊後の宇佐に本宮の宇佐八幡宮を建立する規模に発展した。

平城京に遷都した大和朝は仏教を国家鎮護のため保護し、東大寺を国寺の本山として各国府に国分寺と国分尼寺を建立した。聖武天皇の発願で東大寺の大仏造立が計画され、朝廷はこの国家事業に総力を結集した。伊勢神宮をはじめ神社にその完成を祈願するとともに、八幡神社や私度僧行基にまで協力を求め、農民を動員して大仏造立に尽力した。この経験で仏教は多くの農民にも馴染み深い存在となった。

一〇世紀には仏は神の姿で来日したという本地垂迹説《ほんちすいじゃくせつ》が成立し、社殿と仏堂を併置する寺社が急増した。新仏教の開祖である法然や栄西の回心も、神のお告げを聴いた体験によるという。彼らの関心は、国家鎮護から離れ、個人の精神的救済に向けられていた。とくに浄土宗系の各派は、民衆への布教に専念した結果、多くの農民が浄土宗に帰依した。身分制秩序のなかで、誰もが極楽往生できると説く浄土宗の教説は、人々に衆生平等の確信を与え、自己の生を積極化させる契機をもたらした。

中世日本人の自律化と身分制の呪縛

鈴木大拙は、中世は日本人が自己意識をもつようになった歴史的転換期であったと指摘した。そして平安貴族の男は泣いてばかりいたと、態度の受動性と行為の情緒性を批判している。貴族制の崩壊という時世の変化は社会に強い衝撃を与え、それが人々に内省の機会をもたらし、中世人は以前には見られなかった自発性を発揮するようになったと論じた。大拙が注目したのは、新仏教の興隆にみられた日本人の仏教信仰の変化である。旧仏教は仏典の文献学的学修や身体的苦痛をともなう修業を重視したが、それが個人の宗教体験につながったのは高僧や特別の修行僧だけだった。寺社の檀家は貴族層が中心だったが、彼らは仏教教義を知識として解釈するだけの受動的信者に過ぎなかった。新仏教の開祖が、個人的な生の苦悩から脱却した神秘経験をもとに、新たな法理を説いたとき、それを聴いた多くの民衆も、自己の内省をとおして信仰に開眼し、みずからの生活に規律をもつようになった。それは、日本人がはじめて掴んだ信仰による自律性だったという。

とはいえ武士や農民はみずからの身分に執着した。そもそも身分とは、社会秩序を地位や職種の序列で構成するものであり、各個人の格付けは出自、血統、職種などで定められた。人々が身分にこだわった理由は、不平等社会において身分が自己の社会的位置を証明する基準であり、それにより対人関係を安定化させ、個人として意思決定ができたからである。とくに職人や商人の多くは強い不安を抱えていた。それは彼らが身分的に律令制から外れた存在だったためである。そこで彼らは祖先の身分を措定し、その擬制的身分をもとに自己のアイデンティティを確立した。だが身分観念にもとづくアイデンティティの確認形式は、自己意識に受動性をもちこむことになった。それは被治者のみならず統治者にもみられた態度だった。将軍でさえ律令制の官職に正統性の保障を求めたのである。自己の存在理由を身分に求める態度は、自律性とは裏腹に自己を拘束する秩序へ依存するというパラドクスを内包する。それゆえ皇族・貴族から賤民に到るまで日本人は受動性を免れなかった。

四　日本人の宗教観と知的権威

宗教は善悪の根源を示し、人々の日常生活に規律をもたらすという点で、道徳や社会倫理とならぶ規範的秩序の基礎をなす。その意味で宗教観は政治文化を構成する主要な要素であることは疑いない。とはいえ現代日本人の宗教観は古来からの先祖崇拝や地神鎮魂と仏教、儒学さらにはキリスト教思想も絡んだためにきわめて複雑である。『日本仏教史』の著者末木文美士は、日本の仏教の歴史には、インドや中国および朝鮮の史実が日本人の信仰生活に加わったために複雑化し、全体像の把握が難しいものになったと指摘した。仏教だけも難問であるから、宗教全般を把握するというのは至難の技である。とはいえ宗教学や宗教史が解明した知見があるので、それをもとに一定の傾向性を探ることにしよう。

自然宗教の信仰と拝礼作法

一般に宗教は創唱宗教と自然宗教に分けられるが、前者はカリスマ的宗教家が神の啓示やお告げを聞いたり、生の神秘を悟ったという宗教体験から得た教訓をもとに、道徳や自己規律の格率を公衆に伝え、広めたものである。後者は自然のなかで暮らす人々のうち超自然的な存在を感知する霊能者が、近親者の生死や自然災害に直面して、自然物に宿る邪鬼に災禍の鎮静を願ったり、神霊に農作の豊穣や一族の息災など恩恵の感謝を伝える呪術的祭儀や祭祀行為から形成されたものである。アニミズム信仰をもつ血縁集団が成立すると、氏族の祖先が神霊と交わったという神話や伝説が口承され祖霊信仰が成立した。氏族祭祀は祖霊とともに居住地の地神を守護神として祀る慣習と習合したため、その信仰は汎神論的傾向をもっていた。

日本人の信仰生活の基底にアニミズム的伝統があるので、われわれの宗教観が多神論的傾向を帯びているのは当然である。ここで改めて注意すべきことは、宗教や信仰という言辞が同じでも、自然宗教と創唱宗教には大きな隔たりがあることである。信仰の概念は創唱宗教においては確立しているといえるが、自然宗教の信仰とは意味内容に大きな違いがある。

宗教活動は祭儀の挙行と教義の理解に大別される。自然宗教は教義を欠くため、教義体系が発展しなかった。それは氏族宗教が無文字社会に出現し、祭祀の言語的意味づけよりも祭儀様式の伝承が重視されたからである。しかも祭礼は個人的活動ではなく、氏族や共同体の集団活動であった。そこで個人に求められたのは拝礼作法である。祭礼は暦制によって定められ、神社の宮司が神事を主宰することで地域社会と住民個人の生活に秩序をもたらした。カミの存在は認識の対象ではなく、感知すべきものとされ、それは祭儀のなかで暗示されるものであった。仏教の伝来後、仏事も暦制に取り込まれたが、祭礼はサービス経済の地理的限定性をもっていた。そのような年中行事が広域化したのは、律令制にともなう書字化の結果であった。自然に超越性を感じる日本人は祭事慣習と拝礼作法を信仰として守ってきた。

創唱宗教は自然宗教と異なり教義体系をもつ。もちろん創唱宗教にも祭儀があるが、それは教義を反映して複雑化した。仏教の日本伝来は、氏族祭祀の共同体連合だった律令国家に、体系的な祭儀と教義をもつ宗教活動をもたらした。朝廷が仏教を尊重したのは密教のもつ呪術的パワーにあった。とくに天皇の仏教への帰依が、后妃や皇子の発病や夭折を契機とし、僧侶による加持祈祷や死者供養が頼りにされたのである。日本で仏教は仏事の祭儀様式の修得からはじまった。

新仏教の大衆布教—菩薩信仰と禅思想の定着

仏教の教義つまり仏法の理解が日本で進んだのは、渡来人と唐留学から帰朝した学僧の増加により漢文知識が蓄積され、仏典研究が本格化してからであった。創唱宗教は信仰の対象である神や超越的存在が人格性をもつという教義上の理由から、集団よりも個人の精神的救済を重視する。平安末期に貴族層の心を捉えたのは、浄土思想の高まりとともに広まった菩薩信仰であった。鎌倉時代には法然を皮切りに親鸞らの浄土系宗派と栄西・道元らの禅宗が興隆し、幕府を批判する日蓮宗も多くの信徒を獲得した。

これらの新仏教に共通してみられる特徴は三つある。第一に新宗派は開祖の個人的宗教経験にもとづき個人的苦悩の救済を重視していた。第二にどの宗派も教義の体系化よりも単純化、つまり論理的理解より経験的会得を重視した。浄土系宗派はいずれも称名念仏という行為の意義を唱導した。日蓮宗でも御題目の朗誦を教義の主要要素とした。禅宗はいずれも坐禅を信仰生活の基本とした。そして第三に新宗派は、出家信者よりも在家の民衆への布教に尽力した。こうして仏教信仰が日本人の生活に定着した。しかしその背景には神仏習合という仏教祭儀の土俗化が先行していた。したがって日本人信者に仏法理解が浸透するには至らなかった。その原因は、宗派指導者がみずからの教団組織を教義の制度と認識しなかったことにある。

日本の仏教組織と僧職の教育制度

そもそも日本人の知的文化には、思想や知識を作者から切り離す発想がなく、仏教組織においても権力から独立した知的権威を形成する伝統がなかった。

西欧においては古典古代からキリスト教国教化後のローマを経て、ヨーロッパ中世から現代に至るまで、エリート層は知識人の育成と知的権威の形成に、並々ならぬエネルギーを注いできた。その結果学校と学術的討論の制度が発達したのである。中国の儒学も国学としての学校制度をもっていた。日本では鎌倉期以降、武家が子弟教育のために各地で学校を開校したが、朝廷と宗教団体は学校を必要としなかった。世襲制となった貴族の世界では後継者は家族内で躾けられ、学問的知識や宗教教義は秘伝として師弟関係の口承で伝えられたからである。知識や技術は部分的にしか公開されず討論の様式は形成されなかった。

ミシェル・フーコーは『言語表現の秩序』において、東洋と西欧の知識文化の違いを指摘した。東洋の専制においてエリートは秘匿と独占により知識を支配したのに対し、西欧では知識の普遍的伝達と言語の無制限で自由な交換が実現していたと述べる。ただし一般的に言明の交換と伝達は複雑な制約システムのなかで実行された。そしてとくにその制約を可視化した形式が儀式であると指摘した。儀式のなかでことばを発する人は、対話、質問、暗誦などを分担する役を割り当てられ、各自の身振り、所作、式場内の立ち位置、ことばの表象などのすべてが形式的安定を与え、メッセージの慣習的意義を保障したと論じた。

フーコーに則して考えれば、律令制は儀式が内包する知的受動性を維持する役割を果たしたといえる。しかも朝廷が博士の職位や僧位の認可権を握ったうえ、知識を支配したので、朝廷の外にはいかなる知的権威も存在しなかった。中世から幕末まで天皇位は祭祀権により存続したが、天皇は各地の寺社の教義を体系づける権威ではなかった。

近代日本の国体イデオロギーと天皇制のパラドクス

天皇位は統治活動の外部に存在し、統治の正統性の後見人としての役割を果たしていた。そこに天皇の形而上的権力という意味があった。しかし明治維新の王政復古により、律令制の伝統は、西欧的絶対主義の形式をもつ国体イデオロギーとして復活した。それが帝国憲法にパラドクスをもたらした。絶対主義的君主権の無限性と立憲主義の「法の支配」の原理が混合するシステムとして構成されたからである。

そのジレンマは帝国議会の開設と教育勅語の導入によって現実化した。そのうえ維新政府が進めた明治天皇の神格化が、国体イデオロギーの内部矛盾を増幅した。倒幕運動の指導層は、国民国家の構築という改革目的を共有していた。それはいうまでもなく西欧のネーション・ステートを意味した。倒幕の実現後、日本の国民形成が喫緊の課題となった。ネーションという用語の訳語には国家、国民、民族があるが、それは西欧においても多義的であった。西洋中世史家のパトリック・ギアリは『ネイションという神話』においてその史実を明らかにしている。したがって国民の意味内容は論者により異なっている。いずれにせよ統治者を支持する国民が必要とされたという事実は、日本国家が統治から政治への移行期にあったことを意味している。その主体となる国民とは公共精神を備えた存在でなければならない。公共精神を上下関係の道徳観と捉えたのが政府を支える国権派であり、個人の自律的人格形成に求めたのが福沢諭吉らの民権派であった。

当時の民衆は藩に統治された経験しかなく、中央政府はまったく無縁な存在であった。儒学的価値観に立つ国権派は、国家事案に無関心な民衆を、私利私欲に走り道徳観を欠く存在であるとの認識を深め、それを道徳的危機と解した。そこで維新政府が着手したのが、明治天皇の神格化であった。

明治天皇の神格化と国家行事の祭礼化

一般に国体イデオロギーは帝国憲法の制定と、教育勅語の学校教育への導入により天皇制に結実したとされる。日本思想史家の八木公生は『天皇と日本近代』において、それに「御真影」を加え、維新政府による政治の祭礼化の意義を強調した。明治天皇の神格化は、それ自体が天皇位の近代化にほかならなかった。そもそも天皇は幕末まで近親者や近習以外に素顔を見せない存在であった。高位の臣下の謁見でさえ、宮中作法により御簾越しにしか対面が許されなかった。八木は明治天皇が部外者にはじめて素顔を見せた相手は外交使節だったと指摘した。彼らが残した記録によると、謁見のとき明治天皇は巫女装束をつけていたという。天皇が国家の中心であることを国民に周知させるには、天皇が身体を現さねばならない。ではどのような姿で天皇を現前させるか。政府内での検討の結果、西欧の王族に倣って軍服姿の天皇像とすることにした。この天皇のイメージを国民に植え付ける手段が、御真影つまり天皇の写真の配布だった。政府は写真そのものよりも、その扱い方を重視し、それを厳重に監視した。御真影を天皇拝礼の作法対象としたのである。そのうえで政府は東北地方を皮切りに天皇の巡幸を実施した。多くの国民は国家的行事を伝統的な宗教祭儀と同様の拝礼作法で受け入れた。こうして明治天皇の神格化は大成功をおさめた。それは地域社会にまで浸透していた。広島県福山市の鞆の浦は三月の雛祭りに町をあげて雛人形を展示するが、軍服姿の内裏雛が今日でも飾られている。

こうして維新政府は天皇の祭祀権を統治権に吸収する形で律令制の伝統を復活させた。天皇位の絶対性を定めた帝国憲法は、軍の統帥権を天皇位に直属させたことにより、そのパラドクスを現実化した。統帥権の独立が、軍事行動と統治活動の分裂を招く原因となったのである。

日本の宗教教団における知的権威の不在と知識活動の受動性

宗教の祭儀性を重視する日本人の宗教観を引き継ぎながら、帝国政府は宗教団体の教義活動を国家儀典と峻別した。すでに仏教は徳川幕府のキリスト教禁制を担う寺請制により、民衆の精神的拠り所とはならず、学僧の研究も低迷していた。それに代わって興隆した儒学と国学は幕府や藩の保護を受けていたが、これらの学派もみずからの学徒の教育や研究を自力で支える権威を確立するに至らなかった。明治五年政府が学制を導入したことによって、帝国大学を頂点とする研究と教育の序列体制が成立した。近代日本は独立した知的権威を欠く国家となり、知識は国権に依存することになった。信仰を教義にもとづく知識活動とする伝統が育たなかったために、日本人の知的生活は受動性の慣性に支配されてきた。それを変革する力は外部からの衝撃以外になかった。みずからの知的権威を確立しなかったことは、勤勉性を重んじてきた日本人が、知識活動の面ではきわめて怠惰だったことを示している。

五　日本文化論の再検討

日本人の生活態度について、内外の専門家がそれを類型化して日本人論や日本文化論を展開してきた。その言説にはほぼ共通の論点がみられる。代表的なものをあげれば、恥の文化と罪の文化の相違、タテ社会の構造、ホンネとタテマエの使い分け、あるいは精神構造の二重性、個人より集団を重視する集団主義などがある。

西洋人の日本文化論の解釈と近代合理主義―作田啓一の解釈例

近代合理主義の視点から西洋人の日本文化論を解釈した好例は社会学者の作田啓一である。彼は『価値の社会学』で文化を理念的文化と制度的文化とに分け、前者を超越的ないし普遍主義的原理、罪の文化、タテマエ、個人の自律と思考の整合性など含むものとし、後者の内容を温情的家父長主義や一般原則の個別的適用、恥の文化、ホンネなどと規定した。

そしていかなる社会もこの二つの文化が完全に分離した形で定着したことはなく、混在してきたと述べた。ただしどちらかが他方の文化に浸透する関係にあった。西欧社会ではキリスト教的理念が圧倒し、その普遍的原理がゲルマン的伝統をひく制度的文化に影響を与えたが、ゲルマン的伝統が普遍的原理を左右することはなかった。つまり浸透は一方向に進んだ。ところが日本ではどちらの文化も構造的に不安定で相互浸透がみられるという。

作田は日本の制度的文化の脆弱性の原因として、全体社会（国家）と個人（国家成員）との中間に位置する環節集団の自立性が低いことをあげる。環節集団とは全体社会を構成する集団のことで、家族、職能団体、地域自治組織などを含む。ただしこれらの集団は分業の進化にともなう職能団体の細分化や社会変動に起因する小家族の増加のような増殖傾向がある。環節という社会学用語はあまり一般的でないないので以下では構成集団と記すことにする。作田は自立性の高い構成集団として西欧の権門貴族、職能団体（ギルド）、不入権をもつ寺院（司教座教会や修道院）、および自由都市をあげ、これらの構成集団は外部の中央集権化の攻勢に抵抗する制度的文化が強力だったと述べた。これは近代合理主義の座標にもとづく解釈といえよう。

社会構成集団の資源制約と経済的自立性

作田は、西欧に比べ日本では構成集団である村落共同体（惣村）、寺社、家族が外部の超越的理念に対抗できる生活様式（制度的文化）をもたなかったと述べ、その理由として日本の地域社会や血縁集団が経済的アウタルキーとして自活できる資源に恵まれなかったことをあげた。構成集団が経済的に自給自足できなければ、成員は全体社会を統治する中央権力に依存せざるを得ない。支配者は温情として庇護を提供することにより、道徳的権威をもつ存在になった。それゆえ構成集団とその成員は経済と精神の両次元においてジレンマにおかれたという。

日本の家父長的集団は、外部慣習からの逸脱という非難や攻撃を受けた身内を守りきれなかった。その論難に対して、所属集団の主人は恥をかかせたとの理由で、成員を形式的に処分した。これは集団の内部規律が脆弱で外部規範に屈しやすい体質を示しており、日本の社会には矛盾した組織原理が並存していた。通常、構成集団は家族主義的原理により成員を庇護したが、自力が及ばないケースでは外部原理にもとづく処置を容認した。ただし外部原理をタテマエとして棚上げ（形式化）し、その内部適用は集団規律の観点から例外扱いとした。しかし強い中央志向をもつ成員が外部的価値を信奉することは黙認せざるを得なかった。概して外部の超越的ないし普遍主義的原理は外来文化だったから、中央を志向した人々は文化的葛藤を経験したと述べる。

資源制約と苦闘した日本人の歴史経験―常民文化研究の知見

以上のような作田の考察を日本人の歴史経験から再検討してみよう。われわれはまず島嶼地という居住空間と資源制約のもとで勤勉に自然利用の極大化を図ってきた。確かに日本の農村は資源に恵まれていなかったが、農民は自給自足を目指していて、統治者に庇護を求めることは稀だったと思われる。宮本常一は『庶民の発見』のなかで、中世から近世にかけての農村の歴史は、記録文書の比率からみて、年貢減免の嘆願と境界決定に集中していたと指摘している。農民たちは結束して村に留まる以外に生存の可能性がなかった。作田は村落のなかで家族の自立性が欠けていたと指摘し、その原因として生産力の未熟さをあげたが、その原因が資源制約なのか技術要因にあるのか明言していない。科学知識が未発達でその知識が普及していない時代、農業生産の向上は農地の拡大しかなかった。

宮本の『日本の村・海をひらいた人々』によると、西国の農家では長男が世帯をもつと、家長は隠居して家田畑を長男に譲り、次三男を連れ別の土地で農地開拓を進めたという。新田畑の開発は村人の共同作業なしには実行不可能な大事業だった。江戸時代に幕府や諸藩が新田開発を熱心に進めたが、そこに生まれた村落では農民の結束が強かった。その理由として宮本があげたのは、第一に住宅の建築・改修に村人の協力が不可欠だったことである。移住した農民には住宅建築を自力で賄える資産をもつ者は少なかった。したがってまず自分の所有地や近隣の山林などで建材を集め、それから家屋を建てなければならなかった。しかしその工事は家族だけで完遂できないため、村民の相互協力システムが形成された。築後の改修も同様で、屋根の葺き替えのため講をつくった村もあった。第二に農作業の協力があった。稲作は短期集中的な作業を要する時期がある。田植えや稲刈りは天候と作物の発育状態で期日が決まる。そこで農作業を共同で行なう結いの慣習が形成された。そのほかにも農業用水の確保と分水など農業インフラの保守管理があった。第三に村落の寺社祭礼と農家の冠婚葬祭も村人の協力で行われた。共同作業は多くの人手がかかるので、協力の形態も多様であった。労働力の提供だけでなく、建材の提供や農具の貸し出し、集った男衆の食事の世話から料理・食材を提供するため女衆も参加した。手伝いを頼んだ家は、協力者の名前や協力内容を帳面に記録し、後の他家の手伝いに備えた。

村の共同作業の予定、準備、役割分担、実施などは、輪番制の慣習で決められているものと、新たに判断を要する事案があった。後者の場合、村の寄合により合意形成が図られた。宮本は『忘れられた日本人』で対馬の漁村の例をあげ、村の寄合は古くから行なわれ、そこでは郷士（武士身分の自作農）と百姓の別なく発言権が認められたという。幕藩体制では領主・藩士・百姓の身分秩序が存在し、村の区長（江戸期村落の下知役）は郷士の家の戸主が務めた。農中とか公役人とよばれた百姓の世話役を代表したのは総代であった。区長と総代が村落の意思決定を行なったが、事前に村人の合意を得る習慣があった。寄合は合意ができるまで延々とつづけられ、合意が成立すると、談合の結果と議論の経過を記録し、鍵のかかる帳箱に入れ保管した。宮本は箱のなかに三百年前の記録があったのを目にしたと述べている。これは希少な資源の共同利用を農民たちがいかに重視してきたかを示している。

作田は、日本の家族が結束を重視し外部的価値を内部化しなかったと論じた。しかし貧困の極にあった農民たちが、村落生活の共同化により生存を図ってきたことについては、なにも触れていない。宮本は農民が村落内の資源配分に神経質だっただけでなく、より広い外の世界への関心も旺盛だったと記している。村落経済の改善に有益な情報は外部の来訪者からもたらされた。そこで旅が尊重された。当時農民に人気の旅先は伊勢であった。伊勢社が各地の暦を統一し、農耕暦と日の吉凶を示す暦を発行していた。この暦は農民にとって生活情報の基本であり、日常生活に規律をもたらす規範ともなっていた。農民たちは伊勢社を幕府外の権威とみて参詣を切望した。そして伊勢信仰は、幕藩体制の枠外で多くの村の農民たちを結びつけるネットワークを生んだという。この指摘は、作田が力説するほど農村の制度文化が脆弱ではなかったことを物語る。

商業の発達につれて、村落内の農民の結束が弛みはじめた。それは都市に労働市場が成立し出稼ぎの機会が増えたからである。漁民や樵の労働は移動をともなうが、農作業は定住により成立する。したがって農民の出稼ぎは、農閑期の季節労働と働く田畑のない次三男の就労に分れていた。それは次第に熟練や技能を要する職種に特化し、酒造、凍豆腐、寒天の生産や農業土木などの職人として町の商家との契約関係が定着した。こうして現金収入を得た農家は村落の共同作業から離脱した。自宅の改修などを業者に依頼できるようになったからである。このような農家は明治末以降子女の教育にも熱意をみせ、後継者は高学歴化した。高度な知識や技術を身につけて帰郷した青年たちのなかから、篤農家や技術指導者として村の発展に尽力する人々も出現した。宮本の記した日本社会の構成集団を詳細にみると、村落の制度文化は受動性と能動性のアンビバレンスを抱えながらも、商業発展につれて変容したことがわかる。

西欧人集団の自立性と攻撃性

作田が考察した日本の事象は近世以降のものであり、その原型はほぼ一八世紀に成立したと記している。他方で日本と対比した西欧の史実には、中世の封建社会を含めている。作田は西欧の普遍主義的理念の特徴として、思考の論理性や態度の整合性を強調したが、それは西欧人自身が記述した自己認識にもとづいていた。構成集団の経済的自立性を示す例として自由都市をあげたが、商業都市は経済的アウタルキーではなかった。確かに西欧の商業都市は通商によって富を得ていたが、その活動は商取引だけに限らなかった。自由都市は自前の軍隊をもち、自領防衛に止まらず時には異邦人を征服した。西欧の構成集団にも資源制約はあったが、彼らがとった方策には異民族や異教徒の土地への侵略や植民地の建設があった。それを正当化した根拠が理念だった。それはキリスト教の教理やイデオロギー的言説として発達し、個人や集団の行動を合理化した。罪の文化は内省する個人においてはネガティブ・フィードバックが機能したが、その理念は信仰や信条にもとづく他者への攻撃を正当化する二重基準をもっていた。理念的文化の制度的文化への一方的浸透は、支配勢力が展開した言論攻勢の結果でもあった。とくにローマ教会は、異端に対して激しい敵意を抱き、その排斥に執念を燃やしつづけた。宗教裁判の熾烈さだけでなく絶え間ない神学論争がそれを示している。神学とはキリスト教的タテマエとゲルマン人のホンネとの精神的格闘の記録だったとさえいえよう。

西欧社会の階級性と名誉倫理

日本人の根強い性向として序列意識があげられてきた。律令制の影響のもとでだれもが自分の身分にこだわったが、タテ社会は日本だけの特徴ではなかった。ヨーロッパの民衆も教会の精神的支配と封建領主の統治を経験していた。カトリック教会は、神の支配という宇宙観のもとに、世界を聖界と俗界に分け、被造物の世界である俗界を聖職者=王侯貴族=平民=奴隷の身分秩序として記述した。近世に成立した君主国は貴族や軍人・官僚を厳格な位階制により統制した。彼らの帰属集団では人間の価値と道徳的責任は地位により定められていた。このような階級意識は現代にも残っているが、カナダ人哲学者チャールズ・テイラーは『自我の源泉』において、それを名誉倫理とよび、人間の平等性原理に反するものであると論じた。地位が人間の価値の源泉であるとすれば、女性、障害者、子ども、老齢者や文化的マイノリティなどは存在意義がないことになるからである。テイラーは名誉倫理に代えて尊厳の価値を力説し、すべての人間存在の尊厳に人権の根拠をおいた。この教説はとくに日本人に向けたものではない。しかし名誉倫理という価値意識は日本人にもみられるものである。それは相撲界における横綱や大関の責任ということばによく現われている。

西欧の自発的結社と神秘主義

西欧社会にもタテ社会があったが、日本と異なる点は対抗勢力がヨコ社会を形成していたことである。注目すべきことは、階級より小規模な非公式集団の存在である。秘密結社といわれるフリーメイソンがアメリカ革命やフランス革命で暗躍したことは日本でもよく知られているが、組織の実体は謎めいている。他にも聖堂騎士団や英国のクラブのような閉鎖的集団が独自の制度的文化をもち、えてして体制に抵抗したことは事実のようである。このような集団は、神秘主義的儀典と厳格な内部規律の伝統をもっていた。現代ではよりオープンなロータリー・クラブのような社会奉仕団体が、倫理綱領を定め、人前での発言の訓練など社会活動技能の自己啓発を通して強い結束力を維持している。これについては後に検討する。

ヨーロッパ社会の深層に伏在する反合理主義的な価値意識は西欧の普遍主義的タテマエと表裏一体のものとして存続してきた。ウンベルト・エーコの『フーコーの振り子』は、そのような断面を記している。またヨーロッパでは学界や芸術界で専門分化が進行し、それぞれの分野で権威が確立した。それが構成集団の自立性を高める原動力ともなった。こうした権威はしばしば教皇や王権と対立したが、教権や王権の恣意的統治に反発していた世俗勢力に支持された。

西欧における倫理の二重基準と修辞技術

タテマエとホンネの使い分けという行動様式が、日本独特のものでないことを二〇一六年の米国大統領選挙が明らかにした。ＳＮＳのツブヤキで感情的ホンネを流しつづけた共和党のトランプ候補が勝利したことは記憶に新しい。しかしそのような行動は西洋史によくみられた事象であった。その好例は王族・貴族の政略結婚と宮廷作法や婉曲語法である。王国の外交は軍事や政治あるいは経済的関心だけでなく、閨閥拡大の思惑が絡んでいた。王族の結婚は本人にとってもまた親族や王国にとっても一大慶事であるが、皇子皇女の結婚を政治手段として利用するハプスブルク家のような王家が存在した。

宮廷の社交では、国王と貴族の君臣関係というタテ関係と貴族間のヨコの関係が錯綜していた。宮廷行事は上流階級の親交を深める機会だったが、国王の好意を得たり、王権や教権に対し圧力をかける権力闘争の場でもあった。外交儀礼や宮廷作法は、当事者のホンネを一定の形式に包み隠す手立てであり、夜会や行事に列席する王族貴族や聖職者は親密さを装いながら、ホンネの実現にさまざまな技巧を駆使した。このような二重基準は聖職者にもみられた。王族の離婚についての教皇の裁定は一貫していたとはいえないし、聖職売買や聖職者妻帯は公然の秘密だった。

理念的文化と制度的文化が混在する状況のなかで、聖職者や王侯そして知識人や市民は、ともにみずからの考えや行動を言語化し書字化した。マキアベリの言説の意義は政治の現実を隠蔽するカトリック的婉曲語法の破壊にあったともいえよう。

西欧社会では社会的ジレンマを棚上げする婉曲語法が発達した。その修辞法は哲学にも反映された。哲学は知的真理を求める理性の所産とみなされたが、実在の世界には形式的に捉えきれない矛盾が数多く存在する。哲学者は世界から矛盾を一掃するため形式思考を拡張し、新しい概念を創出した。とくに進歩という価値概念は近代社会を牽引するものとなった。その到達点が弁証法という魔法であった。哲学者のうちとくにヘーゲルは、世界と歴史を統合する弁証法の思考を、社会的矛盾を止揚する歴史発展の法則として力説した。そして西欧文明こそ進歩の頂点にあると断じた。しかし実在する矛盾を解消したのは、大規模災害や戦争あるいは革命に現出した物理的パワーにほかならなかった。

言語文化に見られる東西ギャップ

西欧と対比すると、儒学的文化や日本の伝統主義的文化には、そもそも概念という概念を欠いていた。それゆえ進歩という歴史観は出現せず、矛盾を克服する弁証法という発想も生まれなかった。儒学的文化が根強く仏教が大衆化しなかった中国や朝鮮では、人間の平等観は定着せず、すべての人を上下関係で捉えていた。とはいえ西欧の平等主義も一種の擬制にほかならなかった。実在の人間は平等ではないからである。したがって人間の平等という理念の構築には抽象的言辞による手の込んだ記述を要した。啓蒙主義の意義はそこにあった。

日本の伝統主義的社会では身分的秩序が重視された。それゆえ日本では強いタテ社会の作法が発達した。しかし他方で仏教が衆生平等の観念をもたらしてもいた。日本人は不平等を当然視する文化と平等主義のアンビバレンスにおかれていたが、それを書字化しようとはしなかった。ヨーロッパ人は思考のみならず感情の動きまでをも記述し、そのような言語文化を育んできた。その最たるものが音楽の記譜法である。それと対照的に東アジアの知識人や宗教集団は、みずからの思考や感情を記述する言語文化を発達させようとはしなかった。日本人社会は同質性が強いために自己を言語表現する必要がなかったとはいえる。しかし日本人は母語による認識と思考形成において言語、とりわけ書字言語としての日本語の制約を受けていた。

第3章

日本語の表記法と言語システムの形成

一　漢字かな交じり文の成立と言語意識の変容

文字をもたなかった日本人は漢語文献の伝来によって文字を知り、その学習を通して漢語の読み書きを覚えた。

言語の形態別分類法によると、日本語は膠着語、ヨーロッパ語は屈折語、中国語は孤立語に属するとされる。膠着語は、語を語幹と接辞（語尾）とに分割でき、接辞が文法的な意味を示し、両者の結合により語と語の文法的関係が定まる構造をもつ。これに対し屈折語は語幹と語尾が分離不能で、語尾変化により二つ以上の文法的意味を表わす点に特徴がある。他方孤立語は語が単音節で成立し、語形の変化がなく、文法関係は語順により決定される。語に性や数の区別がなく、語の品詞も語順によって定まる言語である。

日本語の書字化のはじまり—漢語の修得から訓読み・借字の創出

日本人の識字化はこのような漢語の修得からはじまった。すでに三世紀には漢語を理解する日本人がいたことを中国の史書「魏史倭人伝」が伝えている。邪馬台国の女王卑弥呼が魏に使節を派遣したという。四世紀に成立した大和朝は、七世紀に中国の官制を導入し統治権の拡充を図った。そして漢語の書字能力をもつ人材を集めた。大陸からの渡来人もいたが識字教育を受けた日本人は漢語の読み書きができ、漢文で文を書いていた。つまり日本で作文は漢語の構文規則にしたがっていた。これが長らく日本人の作文法の規範となった。

中国語は一語を一字で表わす孤立語に属し、表記に使用する漢字は一字ごとに字義を表す表意文字である。日本の知識人は、漢文読解のためにまず漢字の字義を日本語と対応し、漢字の訓読みを生みだした。そして日本語に対応する漢字がない場合、和製漢字つまり国字を創作した。しかし漢字表記ができない日本の神名や人名、地名などの表記には、漢字の字義を捨象し日本語と同音の漢字をあてる借字の手法を考案した。やがて借字は万葉仮名として標準化された。

今野真二は『正書法のない日本語』において、漢文で日本語を書く万葉集成立期の表記法には、字義を生かして漢字を使う方法と、漢字の読みだけを利用する二つの選択肢があり、前者の場合主語や述語にあたる語に漢語を使い、助詞などの接辞に借字を使ったと述べている。そして万葉集の収録作品にみられる表記法は、現在の漢字かな交じり文と原理的に同じものだという。ただし万葉仮名は文字としては漢字であった。万葉集は歌集なので、短歌一首の三十一字五七五七七のように、記述形式があるため字義をもつ漢字と音を表す借字の判別に支障はなかった。

漢文の訓読法とかなの発達

しかし散文となると万葉仮名の記述は、漢字の羅列となり理解し難くなる。そこで天皇の詔書を漢文で記すとき、日本語の接辞を万葉仮名で小書きする宣命《せんみょう》書きという形式が考案された。和歌はすべて万葉仮名で書かれ、平安期になると草書で書かれるようになった。九世紀にはそれが平仮名に統一され、和歌のかな書きの習慣が生まれた。奈良末期には漢文を邦語で読解する訓読法が出現した。仏僧や漢学者が漢訳仏典や漢籍を理解するため、行間に語順を変える返り点や接辞を意味する訓点をうつ方法が生み出され、さらに接辞を示す万葉仮名の字画を省略した小書きが使われた。一〇世紀には訓読法の接辞符号が片仮名に進化した。

仮名の誕生により日本語の仮名書きは急速に普及したが、歌人でさえ仮名は正式の文字ではないという意識が強く、藤原定家は日記『明月記』を漢文で書いていた。平安時代の女流作家はかな文で作品を書き、日本語の表現に新基軸をもたらしたが、漢字を完全に排除したわけではなく、漢語は漢字で書くという習慣を踏襲していた。やがて文を読みやすくするために、日付けや地名、人名、官職名など和製漢語も漢字で記し、それ以外をひらがなで書く「漢字かな交じり文」の文体が整えられていった。とはいえ平安貴族の言語生活は、漢語と日本語（和語）の併用であった。彼らは和歌だけでなく漢詩も愛好し、その詞章を訓読で歌唱していた。雅楽の歌い物といわれる詩歌は、藤原公任の選定による『和漢朗詠集』に残されている。漢詩の朗詠はその後詩吟という芸能となった。

日本語記述法の確立―漢字仮名交じり文の標準化

訓読が定着した頃から日本人は漢文で文章を書くのをやめ、和文の語順で漢字かな交じり文を書くようになった。平安中期の将門記や鎌倉時代の平家物語などの軍紀物は、漢語を多用する作品であるが、これらも和文形式によって記された。以後室町時代の能や狂言、江戸期の芭蕉や近松・西鶴の作品から明治維新を経て現代に至る文芸作品や記録文書は、漢字かな交じり文の形式で記述された。仏法論は平安期まで漢文で書く慣習があったが、鎌倉時代の禅僧道元は著作『正法眼蔵』を和文で記している。このような日本人の記述経験の蓄積は日本語の表記法が漢字、平仮名および片仮名の三種の文字の混用によって形成されたことを示している。それは日本語記述法の標準として定着した。

日本人の言語意識の深化と辞書編纂

日本社会の書字化を担った知識人は、漢語と母語との差違を漢字によって打開する経験を重ねてきた。そこから漢語と和語という二つの言語をそれぞれ別の体系として捉えるようになった。こうした言語意識の伸長を示すのが、辞書と文法の出現である。

辞書の歴史について今野真二の『辞書からみた日本語の歴史』をみてみよう。日本の辞書編纂は平安中期からはじまった。漢文の作文には漢語知識が必要なため、まず実用目的の辞書がつくられた。日本で最初の辞書は仏僧昌住が作った『新撰字鏡』である。これは漢字を部首別に分類し、字音、字義、和訓を記した字引である。その後、源順が『和名類聚抄』を著した。それは自然、人間、社会などの意味区分により漢語を分類し、出典、字音、和訓と語釈を示した漢和辞典である。それから同類の漢和辞典『類聚名義抄』(編者不明)が出現したが、これは百科事典的特徴をもっていた。これらの辞書の成立から分ることは、平安貴族の言語への関心がもっぱら漢文に集中していたことである。

平安中期には子どもの識字学習(手習い)のために、日本語の基本音(字母)を四十七字のかなで表す伊呂波歌や五十音図も生まれた。これは日本人が母語の音全体を把握したことを示している。一二世紀に橘忠兼が和語をイロハ順に収録した国語辞典『色葉字類抄』を出した。それは和漢辞典を兼ねたもので、和語に対応する漢語も収録している。この辞書は鎌倉期に多くの人に筆写されるとともに増補された。室町後期には『節用集』という国語辞典（編者未詳）が出現した。これは当代の日常語をイロハ順に収録し、語の漢字表記、語釈、語源を示したものである。中世の日本人は、平安貴族より日本語への関心を強めていたが、それは和語と漢語の差違意識に由来していた。室町期にポルトガル人宣教師が日葡辞書をつくったが、西洋人の作った辞書は日本人の言語生活にほとんど影響を与えなかった。

国学の登場と日本語研究の興隆

江戸時代には、木版印刷の普及により、日本社会の書字化がさらに進んだ。多くの和書とともに辞書も出版されるものになった。

江戸中期に日本の古典研究の分野に国学が出現した。国学は真言宗の僧、契沖の古典研究からはじまったとされる。国学者は儒学や仏教の伝来以前の日本文化や価値観を探求するため、神道、歴史、歌学、宮廷祭儀、言語などを、文献学的で実証的な方法により研究した。彼らは和語の時代差、すなわち古文辞と当代語との違いに注目し、古語辞典の編纂にのりだした。谷川士清《たにがわことすが》の編んだ『和訓栞《わくんのしおり》』は、上代語、平安文辞と俗語（口語と方言）を収録し、語釈を加えた大部な辞書だった。江戸後期には石川雅望が『雅言集覧』を出した。これは平安文学を中心に古事記、万葉集などから古語用例を収集したもので、明治以降の国語辞典編集でも参照された。江戸末期に漢学者太田全斎が口語と方言を集め『俚諺集覧』を編んでいる。これらの国語辞典は、日本語の時代差や地域差を捨象して、日本語の語彙全体を把握しようとする姿勢を示している。それは日本人が母語の表現力を拡大しようとする運動の一端であった。

辞書編纂は明治期になると、西洋語辞典の刺激を受けさらに活発化した。その頂点が大槻文彦の『言海』（後に改訂増補版『大言海』となった）の刊行である。明治政府は国語辞典を近代国家の一大シンボルと考え、辞典編纂を国家事業として計画した。そこで文部省職員だった大槻にその編集を命じたのである。彼の父は漢学者磐渓、祖父は杉田玄白・前田良沢門下の蘭学者玄沢であった。文彦は、江戸開成所や仙台藩校で蘭学や英学を学び、漢学と洋学に通じた国語学者として文部省に入省していた。『言海』刊行の祝賀会には伊藤博文まで出席したという。

中世末までの日本人の言語経験―和漢両語の異同認識とその進化

国語辞典に次ぐ日本人の母語への関心は、日本語文法の構築にあった。その契機となったのは、いうまでもなくヨーロッパ語文法の流入である。それ以前の日本人は文法の観念が弱かった。中世末まで日本人は漢文の読解や作文で、和漢両語の異同と苦闘する経験を重ねていた。彼らは早くから語順の違いに気づいていたが、とくに強い印象を受けたのは漢文にテニヲハがないという発見だった。彼らはテニヲハが日本語固有の語であると確信した。しかしそれを品詞として認識しなかった。品詞の識別は、文が語により構成されるという構文概念の存在が前提となる。ところが話しことば（言）にせよ書きことば（文）にせよ、平安貴族は言語表現に慣用句を尊重したので、語を言文から分離する発想に至らなかった。鎌倉時代の人々には、万葉や平安文学はもはや難解なものとなっていた。そこで古今集などの注釈や和歌制作のためのテニヲハ学習が必要とされた。語を機能別に分類することは、複雑な文章を読解する手がかりとなる。文法の意識はなかったが、連歌論に語の品詞分類の萌芽がみられるという。それは後世の品詞名でいう体言（名詞）、用言（動詞、形容詞など）およびテニヲハの区別であった。

国学者による日本語文法の研究

文法を本格的な研究対象としたのは江戸中期の国学者である。本居宣長は係り結びを研究し、動詞活用の形式性を分析した。この研究は、長男春庭や門弟鈴木朖によってさらに精緻化した。宣長と同世代の富士谷成章は、語の品詞を体言、用言、接頭辞、および接尾辞に四分類し、その下位分類として現代文法の名詞、動詞、形容詞、助詞などにあたる品詞をおき、日本語を構造的に捉えるとともに、文章を構成する文（単文）の意味構成機能を解明しようとした。成章の着想は、言語学者斉木美千世と鷲尾龍一が共著書『日本文法の系譜学』において、現代言語学の理論に附合すると評価している。

西欧語の流入と近代日本語文法の形成

日本語文法の研究は近世にはじまったが、近代文法論が形成されたのは明治末以後である。幕末以来日本はヨーロッパ語、とくにオランダ語と英語の奔流にまきこまれ、それとともに西洋文法も流入した。そこでヨーロッパ語文法をモデルに日本語文法を構築しようとする学者が出現した。それに反発し国学の伝統を重視する国語学者も文法論を展開した。西洋文法を範とする文法論を模倣文典とよぶ国学派と洋学派との間で激論が交わされ、日本語文法は長らく論争の渦中にあった。

近代日本語文法論の展開

斉木らの著作から日本語文法の形成過程を辿り、文法論争の論点を整理しておこう。近代日本語文法の端緒は模倣文典であった。漢学者中根淑が明治九（一八七六年）に英文法の枠組みを応用して『日本文典』を発表した。これは模倣文典の代表としてしばしば批判された。それから二十年後の明治三〇年『言海』の編者大槻文彦が『廣日本文典』を刊行した。大槻文法は近代日本語文法の基礎を築いた古典として現在でも評価される。その特徴は模倣文典と国学流の折衷といわれる。明治二八年にドイツ留学から帰国した上田萬年《うえだかずとし》が東京帝国大学で言語学講座を担当し、その門下から文法学の橋本進吉や国語学の新村出《しんむらいずる》らが輩出した。この学統とは独立に山田孝雄《やまだよしお》と松下大三郎も日本文法の研究を進めていた。山田孝雄は、西洋文典を参考にしながら独学で国学の伝統を継ぐ文法書『日本文法論』（明治四一年）を刊行した。松下大三郎は西洋文典の普遍文法にもとづく『標準日本文法』（大正一二年）を著した。橋本進吉は『國語法要覧』（昭和一〇年）を、時枝誠記《ときえだもとき》も『日本文法・口語編』（同二五年）、『同・文語編』（同二九年）を刊行した。こうして山田、松下、橋本、時枝の四大文法が出揃った。日本語文法は、明治末から大正、昭和初期の戦前期を経て戦後に至る実に七十余年をかけて形成されたのである。

日本の文法論争と西欧の二大言語学説

斉木らによると、日本文法史における西洋文法派と国学派との対立は、普遍言語主義と個別言語主義という言語観の違いに起因するという。前者は、およそすべての言語には社会生活に必要な共通の機能があるとの前提から、あらゆる言語に共通する普遍文法が存在するという原理にたち、個別文法を普遍文法の下位体系と規定した。これに対して個別言語主義は、いかなる言語もそれぞれ固有の構造をもち、文法はそれを反映するとして普遍文法の存在を否定した。普遍文法は一七世紀のフランスでポールロワイヤル学派が生んだ理論で、形態論だけでなく統語（構文）論を含むとともに、言語の差を超える人間一般の思考形式まで取り込んでいた。そして普遍文法は科学であるのに対し、個別文法は技術であると力説した。

しかし一九世紀に普遍言語主義を否定する比較言語学が出現した。それは、文法に共通点がある諸言語の祖語を措定し、個別言語を祖語からの歴史的発展とみる学説である。その要点は、ヨーロッパ語が他の語族より高度な印欧語族に属し、もっとも進化した言語であるとの論証にあった。上田萬年がドイツで学んだのはこの言語学である。彼が東京帝大教授として言語学講座を担当したために、国学派の伝統に馴染む個別言語主義的な橋本文法や山田文法が、日本文法論の主導権を握った。これに対して普遍言語主義を貫いた松下大三郎は学界の主流とはなれなかった。

構造言語学と普遍文法

この対立が解消に向かうのは、昭和三年言語学者の小林英夫が、ソシュール言語学の基本文献『一般言語学講義』の邦訳を出した後のことである。ソシュールの言語論は構造言語学とよばれる。その特徴は人間の言語行動に時間軸を導入し、時間差のない場を共時性とよび、時間経過を含む言語行動を通時性として区別したことにある。そして共時的言語行動のみが比較可能であると説き、普遍文法の意義を再評価した。一九五〇年代にはノーム・チョムスキーが、生成文法論を展開し普遍文法を拡張した。これは人間はだれも有限の語彙を使って無限の表現を実現する文法をもつとの考えから生まれたものである。

国語文法の非実用性

日本の文法論争におけるもう一つの争点は、品詞の設定と分類に関する問題であった。標準的な英文法では、名詞、代名詞、動詞、副詞、形容詞、接続詞、間投詞、前置詞に冠詞を加えた九品詞をおく。これに比し日本の学校文法では、名詞から接続詞までの六品詞は英語と共通するが、日本語固有の品詞として、助詞、助動詞、形容動詞、連体詞を加えている。文法学者の間で、助詞を品詞に加えることに異論はなかったが、助動詞と形容動詞を、単一の語とみるのか語尾変化とみるのかという点で意見が分れた。要するにこの論争は、膠着語である日本語の接辞の扱いに関する問題であった。

文法学者の仲間内で激論を生んだにせよ、国語文法は一般日本人の言語生活に役立つ状態には程遠いのである。とくに文の構成法はほとんど無視され、その影響は学校での国語教育にも及んだ。

二　日本語の国語化と国語教育

維新政府は教育への強い関心をもっていた。明治四年に文部省を設置し、翌五年「学制」を公布したが、学校教育で日本語の教科を導入するまでかなりの年月を要した。その理由は、学校制度の整備に全国的な教育状況の調査と府県との調整を必要としたことと、日本語の話しことばも書字言語も分裂状態にあったことにあった。幕末まで江戸には幕府の所管する儒学、国学、東西医学、洋学をそれぞれ専門とする学校が存在しており、地方諸藩にも江戸の学校をモデルとする藩校が設置されていた。これらは武士の子弟のみを対象とする学校だったが、庶民の教育には手習い所（寺子屋）が各地に多数開かれていた。文部省が学制を実施するには、まず府県に残存する旧来の学校や寺子屋の実態を把握する必要があった。そのうえ府県の教育界には、維新後の教育制度について漢学派、国学派と洋学派の間に反目があり、学校教育の実施には一定の合意が必要だった。

維新政府による学校教育の制度形成

近代化を急ぐ政府は、西欧諸国の学校制度を研究して、結局西欧の制度をモデルに学校制度を整備する方針をうちだした。学制は、教育行政を文部省の専管とすることと、全国八大学区の下に中学区と小学区をおく学区制の導入を定めていた。文部省は大学八校、中学校二五六校、小学校五万四〇〇〇校弱を設置する計画を策定した。しかしこの計画は、財政難と府県の消極姿勢のため完全実施には至らなかった。そこで文部省は明治一二年「学校令」を定め、学区制を廃止し町村を単位とする小学校の設置を進めるとともに、明治一四年には教科内容や授業時間を明示し、小学校教育の全国的統一を図った。明治一九年には学校令を改正し「帝国大学令」から「小学校令」までの学校種ごとの諸学校令を公布した。これにより帝国大学、師範学校、専門学校、中学校および小学校で構成される学校制度が確定した。

文部省は、識字化の遅れていた一般国民の教育を重視し、小学校を初等教育の基礎と位置づけた。学制は小学校を下等（六～九歳）と上等（一〇～一三歳）に分け、就学期間をそれぞれ四年と定め、下等小学校を男女平等の義務教育とした。学制は学校運営費の民費負担を原則としたため、義務教育でも授業料を徴収した。その額が庶民の生活水準からみてかなり高額だったため、就学率は三割に満たなかった。やがて政府は小学校に補助金を出し、漸次それを増額し、小学校令公布時に義務教育を無償化した。その結果、下等小学校から尋常小学校に改称された小学校の就学率は八割超に達した。しかし国語教育はまだはじまらなかった。それは国語国字問題という国家的論争と言文一致運動が起きたからである。

国語国字論争と国語改良

国語国字問題とは日本語表記をめぐる論争であった。幕末に前島密が将軍徳川慶喜に漢字廃止論を建議したのがその発端である。日本の近代化を進めるうえで、国民の識字率を引き上げねばならないが、そのためには簡素な文字の使用が効率的であるというのがその趣旨であった。その後前島は維新政府にひらがなの国字化を提言している。明治七年には西周《にしあまね》が日本語のローマ字化を主張した。また後に初代文部大臣を務めた森有礼《もりありのり》は、日本語を廃止し英語を国語化すべきであると論じた。

他方、伝統を重視する国学派は漢字制限やかなづかいの統一など国語改良案を提案した。国字問題は効率性の観点から漢字廃止と表記のローマ字化ないし仮名文字化を主張する改革派と、伝統的表記法を維持しつつ国語改良を説く保守派との論争に集約された。しかし改革派は、漢字廃止による混乱、例えば同姓同名の人名や同音異義語の増加について説得力ある解決策を提示できなかった。そこで日本語の表記方式は、結果的に保守派の改良路線を歩むことになった。

言文一致運動の衝撃

国字問題とは別に、新聞記者や文筆家の間から言文一致の必要性を訴える意見が相次いで出された。この主張は多くの人々の共感をよび、言文一致運動が一世を風靡した。明治初期の新聞記事や文学作品の文章は文語体で書かれていた。その文体は人々が日常生活で話すことばから懸け離れていた。つまり言文不一致の状態にあった。

言文一致運動を再考した加賀野井秀一は『日本語は進化する』のなかで、言文不一致の記述には文体に止まらず書き手の思考に分裂がみられるという。当時の口語は猥雑で粗野な表現が多く、卑近な世間話や私的な日常会話に使うものであり、公的な発言やタテマエの表明に使う文語体と明確に使い分けられていた。文語体は漢文章句を尊重する慣習に縛られ、決り文句を繰り返す表現しかできなかった。

例えば小説のテーマは勧善懲悪の形式に単純化され、その記述は和風の漢字かな交じり文、俗語や方言の多い会話体、漢字訓読体などの定型表現を、情景に合わせて組み合わせる約束に縛られていた。ストーリーは、人物の心理も時世の変化も捨象して、過去の出来事と同じ表現で記述され、情景の多様な変化や時代の特徴を描くことはなかった。そのうえ口語は、身分や社会的地位、職業、学歴による語彙語法の違いのほか方言があり、さらに男女ことばの区別があった。

日本語は共通性を欠く分裂状態にあり、文章表現に使える口語体はまだ生まれていなかった。使い古された文体は、新時代に相応しい思考を生まず、人々の暮らしや社会の現実を描写する表現力を欠いていた。言文一致運動は文筆家にとって口語体というまったく新たな文体の創作にほかならなかった。坪内逍遥はこの時代を表現苦の時代とよんだという。

加賀野井によれば言文一致への突破口になったのは、西洋文学の翻訳と、西洋語の訳語として創作された新造漢語だった。英米の大衆文学や児童文学の訳本はかなりの読者を獲得した。訳者は翻訳にあたり漢語章句の使用を避け原文の逐語訳を貫徹した。それは伝統的表現には存在しなかった西洋風の心理描写や発想法を、日本語表現に取り込むためだった。多くの作家が試行錯誤を重ね口語体の作品を創作した。加賀野井は、二葉亭四迷の『浮雲』（明治二〇年）を皮切りに、夏目漱石の『我輩は猫である』（明治三八年）をもって口語体が成立したと述べる。

学校教育における国語教科の成立

日清戦争後にナショナリズムが高揚すると、日本語の統一を論じる声が高まった。上田萬年は国語統一という自論を力説し、政府主導の国語改革を強力に支持した。こうした状況を踏まえて、文部省は明治二六年国語学者数名に国語問題の調査を諮問した。その答申にもとづき明治三三年小学校令の施行規則を定め、かな字体、漢字の読み方（音・訓読）と送りがな、［旧］かなづかいを統一するとともに、漢字を一二〇〇字に制限することに決定した。

この規則にもとづき文部省は小学校の教科に「国語」を導入したのである。それ以前は、読みかた、作文、習字などに分れていた科目を国語に一本化し、読み方、書き方、綴り方（かなづかい）を体系的に教える教科とした。

国語教育の開始と同時に教科書の国定制が導入され、小学校の国語教科書も刊行された。国語科目の導入は、政府の国語統一政策の一環であった。その最大の目的は口語体の標準形成と方言の矯正にあった。それは日清戦争中に、方言が軍隊内のコミュケーションに支障をもたらした経験にも由来していた。

国語教科は、口語を基本として全国民に通用する標準語の普及を目指すものとされたが、標準語は確立されておらず、とくに口頭言語の統一はなかなかはかどらなかった。要するに国語科目は、言語の体系性を欠いたまま、話す、聞く、読む、書くという言語指導が混在したものとなっていた。そのため授業は目標が具体化されないまま、教員の裁量に委ねられた。教員は口頭言語の指導に戸惑ったといわれるが、いずれにせよ現場の教員がいちばん自信があったのは読解の指導だったから、国語の授業は例文の読解が中心になった。

明治四〇年文部省は尋常小学校の学修年限を二年延長して六年とした。この頃には標準語は書字言語として定着していた。新聞雑誌の記事や文学作品に口語文が増え、国定教科書も口語体が中心になった。文部省は国語を児童生徒に対する国家的アイデンティティの教化手段とみなしたので、教材の内容は国策に左右された。ただしそのイデオロギー性は、時世により濃淡があった。大正から昭和初期にかけて国粋主義が高揚すると、古典文学や漢文が重視された。大正一四年にラジオ放送がはじまり、昭和にはラジオの普及とともに話しことばの標準語が形成され、庶民の日常会話にも浸透していった。

国語審議会の設置と国語改革

明治三五年文部省は、先の国語問題の調査委員を中心に国語調査委員会を設置した。この組織は後の国語審議会（現文化審議会国語分科会）の母体となった。その後アジア主義的国家意識の高揚を背景に、文部省は国語政策強化のために、大正二年国語調査会を廃止し、大正一〇年に臨時国語調査会を設置した後、昭和九年にはそれを国語審議会に改組した。そして同審議会を国語の統制と調査・政策に係る専管機関と定め、国語改革を諮問した。以後国語審議会は終戦までの間に、仮名づかいの改定、漢字の字体整理、「常用・準常用・特別」の三種の標準漢字表、横書きの規定などを答申した。

第二次大戦の敗戦により、日本は米国政府の民主化政策の一環として教育改革を受け容れた。国語教育に関しては、米国教育使節団の助言により、国語表記のローマ字化が再燃し、小中学校にローマ字表記の実習を導入した。しかし国語国字論争の時代と異なり、日本の識字率はすでに大正初期に九割を超えており、書字言語の口語体が定着していた。したがって漢字廃止を望む声は大きくはなかった。それでもローマ字化やかな文字化の運動が燻りつづけたが、一九六〇年代半ばに文部省は、国語表記の基本形式が漢字かな交じり文がであることを再確認した。

国語審議会は戦後改革に一早く対応し、敗戦の翌年に字画を簡略化した漢字の新字体の導入のほか新たな漢字制限と現代かなづかいを決定した。すなわち漢字制限として当用漢字一八五〇字を定め、うち八八一字を義務教育用の教育漢字とした。かなづかいは助詞の「は」と「へ」および「を」を除いて現代語音とし、「ゑ」「ゐ」を廃止した。その後漢字制限を緩和し、当用漢字を常用漢字と改称して一九四五字に、教育漢字は約一〇〇〇字とした。

戦後の教育改革で児童生徒の自発性の尊重が謳われたが、国語科目が国語習得の基礎であるとする文部省の方針に変りはなかった。文部省は国語教育において、知識のインプットとアウトプットのバランスを考慮するより、インプットを重視した。ただし習得すべき邦文の種類と範囲は、小中学校と高校別の幅をもたせ、高校には現代文と古文を選択科目に加えた。

学習指導要領の改正と伝統文化の継承

二一世紀になると、文部科学省は、教育内容を新しい社会ニーズに合わせるため、中央教育審議会に学習指導要領の検討を諮問した。その答申にもとづき同省は二〇〇七年に指導要領を改訂し、その国語篇で国語政策の基本方針を明らかにした。それによると、まず教育の目標として「生きる力」という理念の共有を強調し、基礎的知識と技能の習得とともに思考力・判断力・表現力の育成が掲げた。国語を学習活動の基盤科目と位置づけ、小学校の低中学年においては音読、暗唱、漢字の読み書き能力の定着を目標とした。また小学校から高校までの国語科目は、現行の話す、聞く、書く、読むという言語活動の領域構成を維持するとともに「我が国の言語文化を享受し継承・発展させる態度を育てる」ことに重点を置いて内容の改善を図ることとした。

就学率がほぼ一〇〇パーセントに達した高校は、普通教育の最終課程である。社会人として身につける国語力は高校の学習で決まる。文科省は国語科目において古典と敬語を重視する方向を示したが、それは日本語の「話す・書く」能力よりも「聞く・読む」能力の強化を意味していた。そして古典の教育について、小学校でも「易しい古文や漢詩・漢文について音読や暗唱を重視する」ことにしたのである。

文科省は高校の国語教科を、必修の「国語総合」と選択の「国語表現」「現代文Ａ・Ｂ」「古典Ａ・Ｂ」に分けたが、いずれの科目にも「伝統的な言語文化と国語の特質に関する事項」を加え、すべての科目について言語活動の四領域と「伝統文化」のうち重点をおくべき領域を示した。国語総合はそのすべてを重視すべき科目とした。

高校の国語科目の授業単位数は、国語総合、現代文Ｂ、古典Ｂがそれぞれ四単位、国語表現が三単位、現代文Ａと古典Ａが二単位となっている。文科省の規定では、一単位とは五〇分の学習時間を年三五回行うこととされる。高校の年間授業週数は三五週を標準とするので、一単位の週あたり学習時間数は五〇分になる。したがって四単位科目の週あたり学習時間数は二〇〇分、四時間弱である。学習時間には予習や復習に宿題など自習時間を含めることが認められるので、これを三割とみて差し引くと、四単位科目の授業時間は週三時間弱、年間一〇〇時間程度と推定できる。

「国語総合」は国語のあらゆる領域をカバーする必修科目とされるが、授業時間数から推察すれば、現代文や古典の例文読解に終始しているのが実態であろう。選択科目を全て履修すると単位数は一九となり、必修科目のみの履修生の約四倍となる。それでも授業時間数は年間を通して四〇〇時間に過ぎない。

つまり学校教育の国語教科は、言語技能の修得というより、語彙の暗記や例文の読解をとおして文化的アイデンティティを教化することを目指していると考えられる。明らかなのは国語は国民のものではなく国家から付与されるものであることである。それゆえ国語はわれわれの思考手段とはなり得ないシステムとして存在しているといえる。

学校文法と統語論の除外

こうした国語のバイアスをいっそう鮮明に示しているのが文法教育である。現在学校教育において、文法は中学の国語科目に含まれている。新学習指導要領は「伝統的な文化と国語の特質に関する事項」のなかで文法に言及し、文法学習の目的は生徒に語の品詞の区別、動詞の活用、助詞・助動詞の機能、文の構成を理解させることにあると記し、口語文法のみならず文語文法の習得をも求めている。

国語科で習う文法は学校文法とよばれ、橋本文法の系統に属するとされる。橋本進吉は国語音韻史を体系化した国語学者で、文節論にもとづく文法論を構築した。文節とは音韻の区切りで文を分割する文の構成単位で、それを文の構成要素とするのが橋本文法である。橋本は旧制中学用に文法の国定教科書を昭和六年以後三度にわたり執筆した。その教科書では口語文法を文語文法の基礎と位置づけ、文法学習の目的を日本的思考や日本的表現の理解においていた。新学習指導要領が「伝統的文化」の項で文法について触れたことは、文法教育の目的が古典学習を目指すことを示している。文法の知識にもとづき、文の構成を文節や品詞単位に分析させることで、生徒の古文理解を向上させようというのである。

一般に文法の理論は形態論と統語（構文）論とに分けられる。統語論は文章の構成に関する言語のルールを体系化したもので、ヨーロッパ語文法ではひじょうに重視されている。しかし日本の学校文法は文の形態を重視し、構文については形態ほど考慮していない。とくに文語文法は文章作成を誘導する体系ではない。文語で文章を書くことは考えられないからである。このように文法教育からみても、国語教育は学習者の自発的思考や自律性を促す言語学習システムにはなっていないといえよう。

ちなみにカナダの英語州の英語教育では、小学一年から高校三年まで学年ごとの習得単語と構文構成レベルが定められている。したがって作文によって生徒の言語技能の修得レベルが評価できる仕組みになっている。高校の国語の授業時間数は年八〇〇時間で日本の倍以上である。

三　書字言語としての現代日本語

現代日本語は言語学者以外の日本の知識人の間ですこぶる評判が悪い。日本語は感覚的であるとか、あいまいな表現が多いとか、論理的記述に適さないという言説がいたるところで論じられてきた。

森有正による日本語論の波紋

現代日本語への不満が燻る風潮のもとで、哲学者森有正が指摘した日本語の欠陥は、かなりの反響をよんだ。この人は明治初頭に日本語廃止論を唱えた森有礼の孫である。彼はフランス哲学の研究のため長らく現地に在住し、日本文学作品のフランス語訳やフランス人学生の日本語教育などで、日本語と格闘し日本語の特質を経験的に捉えた人物である。

森有正の哲学でよく知られているのは、人間の体験と経験とを区別する認識である。体験は自己の存在を前提に成立する行為であるのに対して、経験は自己を形成するものであり、体験が言語化され内省を通してのみ行為者自身の固有の経験となるという。したがって経験は言語と密接な関係をもつと論じた。森は、日本人が自己を日本語によって中立的に定義できないと主張し、日本語による人間存在の記述は、上下関係にたつ二項関係を含意すると指摘した。そして日本語が身分秩序のなかだけで使用されてきたために、言語が共同体内部に埋没し文法的性格が希薄になったという。

日本語がその内部で言語主体を対象化したのは、オランダ語との接触を契機としており、日本語文法はオランダ語文法の影響を受けて形成された。それに対してフランス語は、文法的に反省し操作できる言語であり、その祖語であるラテン語文法の特徴を継承していると、日仏の言語を対比した。そして日本語文法は日本語を話したり、書いたりするのに役立たなかったというみずからの経験を披瀝している。日本語文法が文章を書くのに役立たないという経験は、文法学者松下大三郎が少年時代に抱いた認識と同じである。松下は、それが文法研究に進む動機となったと記している。

日本語の歴史と日本人の言語経験

ここで注意を要するのは、森有正が批判の対象とした邦文の時代や作品分野と日本語文法の学統を特定していないことである。書字言語としての日本語、とくに口語体や日本語文法は成立してからまだ百年余の歴史しかもっていない。森は現代日本語による人間存在の記述に、身分社会の慣習を感知した。その指摘に腑におちる思いをした文筆家や学者、ジャーナリストは少なくはなかった。しかしこのような感想は、日本語の歴史からみれば愚痴のようなものである。そこで以下では加賀野井の論じた日本語の歴史的足跡をみながら、現代日本語の問題点を検討しよう。

国語学者で言語学者でもある金田一春彦は『日本語の特質』において、日本語は、確定した同族語をもたない孤立した言語であること、音韻構造の地域差が大きいこと、漢字・漢語を表記に利用したため表記法がきわめて複雑化したこと、そのような歴史をもつために多様な表現法をもつことを、日本語の言語的特徴としてあげている。他方で膠着語の特性ゆえに、日本語の構文は述語を文末におくので、主語と述語の結びつきや、肯定と否定が分りにくくなるという短所をもつと述べた。しかし日本語の特質を知ることによって、その短所は克服できると説いている。今日、日本語の作文技法について多くのガイドブックがある。その要点は日本語の叙述をできる限り短い短文で構成することにある。膠着語である日本語は、文が長くなるほど主語と述語の関係が混乱しやすいからである。

日本の社会構造と敬語の歴史的変容

森有正は日本語の敬語表現によって行為主体の意志が社会関係のなかに溶解してしまうと指摘した。しかし身分秩序が厳しかった中世に書かれた能や狂言の曲には、登場人物が自己の意志を明確に述べている記述が少なくない。

例えば能の『自然居士《じねんこじ》』では、寺の勧進のために七日の説法を祈願したシテの自然居士は、最終日の説法を中止して人買いに拘束された少女を救済する。この曲は、多数の敬語を使いながらも、シテが身分関係や社会通念にとらわれず、ただ仏教的理念にもとづきみずからの意志を貫徹したことを物語っている。狂言になると、身分関係はギャグのネタにさえなった。『蚊相撲』でシテの大名が召し抱えた相撲取りは勝負強い蚊の化身だったし、『朝比奈』のシテは鎌倉武士の猛将朝比奈三郎義秀で、数多くの敵武者を手に掛けた罪で地獄に落とされたが、その入口に待ち構えた閻魔王を屈服させ極楽へ案内させるのである。

こうした人物表現をみると、敬語法が時代によって変化したことが分る。加賀野井は前掲の著書のなかで、敬語と女性語は平安貴族の間で発達し、その後敬語法が社会規範に進化したと記している。そして室町時代には丁寧語の使用範囲が拡大し、江戸時代には士農工商という身分の細分化を反映してきわめて複雑なものになったという。

日本語のあいまい表現の発達

では日本語のあいまいさや非論理性はどのように変化したのか。そもそもどの言語でも語彙の数は有限であるのに対し、表現すべき事象は無限にあるから、言語表現にはあいまいさがつきまとう。ただし日本人はそのあいまいさを利用して語義の内包を拡大し、連想による言語表現を発達させてきた。

その好例が和歌の歌語である。能楽師安田登は『ワキから見る能世界』において、歌語とは掛詞や縁語という修辞法により語のコノテーション（含意）を拡張する言辞であり「記紀歌謡から万葉、古今、新古今を経て今に連なる連綿たる歌の歴史的記憶をその胎内に内蔵させ、それを歌の中に投げ込むだけで、その歴史的記憶を一瞬にして今ここに開花させる力を持つ」と述べる。加賀野井は歌語のお陰で「和歌や俳句の洗錬も、高度な言葉遊びも、見事にこなすことができるのだが、いかんせん、約束事を学ぶのにひどく時間がとられたり、約束事から離れた物の見方ができなくなったりする」と論じた。

この言説から正岡子規や高浜虚子が短歌や俳句の改革運動を起こした理由がよく分る。和歌や俳句が慣用表現に拘束され、作者の心情を表現できないという彼らの閉塞感は言文一致運動と通底するものであった。このような表現形式は慣習的に形成されたものであり、文法的ルールで構成できないことは明らかであろう。

日本語のあいまいさの原因は、短歌の修辞法だけでなく漢字の使用にも内在していた。古代中国語である漢語は孤立語に属し、語の品詞は語順によってしか決まらない。そのうえ漢字は語義の異なる字や同音の字の借用などによる六書という造字法によって語彙を増やしてきた。そのため漢字は字義のコノテーションを拡大する性向をもつ。漢字が日本に導入されると、漢文体を正書とする慣習が成立し、漢文の記述は内容の表現だけでなく権威の表象にもなった。漢字かな交じり文が定着した後代には、漢字使用がある種のファッションとなった。こうした日本語の風潮は、明治期に出現した和製の新造漢字熟語の使用でもみられた。原義を知らないまま漢語を流行語として使うことが起こるのである。漢字史学の第一人者である白川静は、『漢字百話』のなかで、漢字は古代中国社会の呪術性を内包し、多義的であるとともに複合語の成立によって語彙を増加してきた。そのため漢字はきわめて語義の広い文字となったという。日本語表現のあいまいさの一因は漢字の歴史性にもあったのである。

知識人の権威主義と難解な記述

難解な用語を使って自己の言説を権威づけようとした知識人は、ヨーロッパにもいた。その実例として有名なのが、ソーカル事件である。それは米国人物理学者アラン・ソーカルが一九九五年から数年にわたり起こした騒動として知られる。彼は当時一世を風靡していたポストモダニストによる科学用語の濫用が目に余るとして奇策を講じた。ポストモダン派の哲学者、社会学者、女性学学者が一知半解の科学用語を無神経に使用していること、それゆえ彼らの論述が意味不明なことを暴露するために、ソーカルは人文社会系の学術誌にポストモダン風の論述を投稿した。それはポストモダニストの言説を多数引用したこともあり、採択され投稿誌に掲載された。その二年後ソーカルは親しい数理物理学者と共著で『「知」の欺瞞』を著し、先の投稿記事がポストモダン派の言説を寄せ集めた、まったくデタラメな虚偽論文であることを公表した。そして彼らの執筆意図は、ポストモダニストの科学用語や数式の濫用を警告することにあったと述べた。共著者は数名のフランス人の著作をとりあげ、科学用語や数式の使用例を列挙し、その記述が不精確で誤謬に満ちており意味をなしていないと断じた。そのうえポストモダン派にみられる顕著な傾向を指摘して、原義を理解しようとせず、自作のあいまいさを数学的に粉飾したり、科学的な印象を与えようとするとともに、科学用語の使用を誇示する態度がみられると批判した。この事件が明らかにしたのは、記述のあいまいさが言語の特質だけでなく、書き手の意志や文章能力にも起因することであった。

外来文化の流入と日本語の分析的表現力の発達

つぎに日本語の論理的記述の問題を検討しよう。加賀野井は日本語の分析的表現力は歴史的経験を通して進化してきたという。上代の和語表現には否定形が存在せず、事象をストレートに表す単純な形式しかなかったが、仏典の訓読によって八世紀半ばにはじめて否定形が成立した。以後日本語の論理的表現は翻訳を契機に発達してきたと述べ、その史実として鎌倉時代の新仏教の台頭と幕末明治初期の西洋文化の流入をあげる。平安文学の叙述は、源氏物語のように、登場人物の情緒的反応に密着する情景描写に終始していた。そのため物語はエピソードの連鎖として記述されたが、個々の状況についての判断は示されなかった。したがって前後の因果関係を不明確にしたまま物語が展開された。鎌倉期になると接続詞が語として独立し、以前は「と」としか読まれなかった漢字「並」や「及」が「ならびに」や「および」と読まれ、懐疑を示しただけの漢語「若」「設如」を「もし…ならば」と読む仮定法表現も成立した。江戸末期には助動詞「だろう」が使われはじめ、明治末から大正期に推量表現が定着した。

加賀野井は、江戸から大正期にかけて日本語が急速に分析的になったと述べ、その理由を三つあげた。第一に社会の複雑化を反映して言語表現が分析的になる趨勢があったこと。第二に西洋語の影響を受けて日本語表現における主語の使用頻度が増加し、それにともない代名詞や形容詞の使用も増えたこと。加えて受動態や時制のアスペクト（動詞の意味の継続・完了・起動・終止・反復などを示す形式）まで取り入れられたこと、第三に標準語の形成過程で、方言のもつ情緒性や地方色よりも、論理性が選好されやすかったことを指摘した。さらに記述の厳密化のために、多義的な格助詞を後置詞に替える表現法も一般化した。

例えば、場所や手段を示す格助詞「で」を後置詞「において」や「によって」に置き替える表現である。このように日本語の歴史を瞥見しただけでも、日本語が分析的な方向へ進化してきたことが分る。

論理飛躍をもたらす日本語の罠―膠着語の特質と敬語の対偶表現

以上から加賀野井は、日本語はそれ自体としてはあいまいな言語ではなく、論理性を欠くわけでもないことを強調した。それにもかかわらず日本語が客観的記述より情緒的表現に陥りやすく、論述に論理の飛躍が紛れ込むことが今日でも珍しくはない。彼は、その原因として日本語に内在する二つの罠をあげた。第一は膠着語ゆえにもつ日本語の構文構造であり、第二に敬語の対偶表現がもたらす制約である。日本語が膠着語であるために構文に難点があることを、金田一春彦同様、加賀野井も認めている。ただし加賀野井は金田一より問題を深刻に捉えている。彼は日本語構文を詞辞二重構造とよび、それは書き手と読み手を思考停止に誘導する仕組みにもなると論じた。

詞辞構文の陥穽―印象と認識の混同

詞辞とは、学校文法の自立語と付属語にあたる国文学用語である。詞はそれ自体が意味をもつ名詞、動詞、形容詞、副詞などを指し、辞は接辞で助詞・助動詞にあたる。詞と辞で構成される日本語構文の形式は、漢文の訓読法から生まれたため、詞は外来語、辞は和語という構成となった。つまり詞辞構文は外来語と和語の結合という二重構造によって成立する。そのため日本語は外来語に対して開放的であり、それが日本語を発達させる要因となったが、この構文は詞の語義理解がなくても、辞との結合により文の形式を完結できる。そして一度成立した文は意味内容をブラックボックス化し、書き手と読み手になにかを分かったような気分にさせるのである。加賀野井は、それを詞辞構文のカセット効果とよび、思考停止をもたらす元凶と見る。彼のいう思考停止の状態とは、感覚的印象を認識と混同する思考作用のことである。日本語の歴史を考える材料はほとんど文学作品である。日本文学の原点は和歌、物語、随筆と日記などの古典にあるとされる。そのうち散文の模範とみられたのは物語である。この形式は歴史記述にも用いられた。しかし平家物語を読んでも読者に源平合戦の原因は分らない。にもかかわらず詞辞構文で書かれた物語は、源平の戦という事象を説明しているような印象を与えるのである。

漢文体が公式化した江戸時代には、半可通の武士たちが好んで故事成句を使用した。寺子屋が普及し、手習いの手本として漢籍の簡略本や抜粋が使われると、漢文体の常套句を使用する風潮が庶民にも浸透した。しかし彼らのほとんどは、章句を理解しないまま暗唱して、それを使っていた。日本語の詞辞構造は、西洋文化の吸収にも役立ったのだが、外来語の原義を知覚するには至らなかった。

西洋語の訳語の多義性

その原因は西洋語からの訳語が、日本語のなかで孤立していることにあった。原文の西洋語は、哲学用語のように抽象度が高いものでも、日常語との関連が想像可能な意味範囲にある。しかし漢字で創作された訳語は、日本人の日常語から離れ、漢字の字義とも異質な孤立したことばであった。それでも医学や経済に関する訳語は、人体や商取引のような具体的対象に密着するので、その理解は経験的に進化した。

しかし法律や政治、社会に関する用語は抽象的であるうえ普遍性と特殊性の語義的アンビバレンスを内包している。この種の語彙は、原理的な普遍性を表す意味をもつとはいえ、他方で土地の文化や慣習を含意する。このようなヨーロッパ語の邦訳語は、当然のことながら原義の一部を捨象し、日本人の生活様式を反映している。加賀野井は、明治に生まれた新造語の数をざっと一万と見積った。日本の近代化を担った政治家、官僚、知識人やジャーナリストは、こうした言辞を十分検討しないまま、思考や判断の基礎としたのである。加賀野井は、語義を理解できなくても詞辞構文で記述された文章はなにか呪術的表象として人々を引き込む魔力をもつと述べた。そのうえ第二次大戦中日本のエリートたちは、自分たちが望まない事態を表す語を排除したため、日本語は戦況の現実を認識し判断する能力を失なった。超国家主義時代の日本人は、勇壮遠大な言辞によって思考停止に導かれ、敗戦という結末を甘受せざるを得なかった。

敬語法の功罪—思考の拡散と主語省略による簡潔表現

つぎの問題は敬語法の制約である。加賀野井も森有正も敬語を日本語による思考の大きな障害とみていた。彼らに共通するのは、言語を思考の母体と捉える視点である。加賀野井はヴァレリーの言説を踏まえて言語を思考の身体と規定している。日本語の対偶表現は人間に係る表現に社会序列を反映する特徴をもつ。そのため日本語による思考は、自己の性別、年齢、地位などを絶えず考慮し、人称代名詞、敬語、男女ことばの選択を余儀なくされるので「周囲への配慮に手一杯で思考を拡散させ」客観的表現ができなくなるという。

加賀野井は日本語の性向を検討するため、森有正の言説を参照した。森もまた言語を思考のシステムと考えていた。森は言語と経験との係わりを重視し、「文章」が経験の主要な構成要素となると論じた。経験の契機となる事物との接触が、日本語では「語」であるのに対し、ヨーロッパ語は「文章」であるという、日本語の語に対する接触は直接的であり、それゆえ表現が蠱惑的つまり感覚的になるのに対し、ヨーロッパ語の文章的接触は間接的であるため、表現に判断が含まれると述べた。文章とは命題の真偽を判断できる記述であり、主体が自由に設定できるものである。したがって文章的接触は自由な思考システムを構成する契機となり得る。しかし日本語は、主体と対象が語という一点の接触で主客合一を起こすので、主体が自律性を失なうと論じた。これは先述した日本海軍の大鑑巨砲主義が戦艦ヤマトへの執着に表象されていることと附合する。森は敬語が人間存在を上下関係でしか表現できないことばであるゆえに、日本語は自由な思考システムを形成し得ないと論じた。

森の指摘に反証をあげると、最近のヨーロッパにおける極右政党や米国のトランプ大統領の言動は、特定の語に過剰反応をみせ、その政治的効果を狙っている。言語表現が蠱惑的になることは、ヨーロッパ言語でも起きている現象なのである。

とまれ加賀野井は森の言説を肯定したうえで、敬語と男女ことばを日本語からすべて排除することはできないと述べる。その理由を二つあげ、第一に敬語と男女ことばを一切なくすと、日本人の言語生活が無作法で粗野な表現だけになってしまうこと、第二に主語を省略した文において、敬語や男女ことばが人称や関係性を補完する文法的事実を構成していることを指摘した。彼は日本語の対偶表現が膠着語の特質に起因することを強調する。

膠着語は述語が文末にくるので、文が冗長になりやすく、論旨があいまいになりがちである。女性語や敬語は人称代名詞や関係性を含意するため、文の省略を可能にする。男女ことばは、平安貴族の漢語と和語の使い分けから発達した歴史があり、女性語の裏面には男ことばが存在するので、女性が男ことばを使うだけでは、男女ことばが内包する性差別は消えないと述べる。そこで加賀野井は男性も終助詞をつける話法などを使えば、親疎の別なく性差に中立なコミュニケーションが可能になると説く。そして敬語については、尊敬語、謙譲語、丁寧語のうち、尊譲語は詞にかかり上下尊卑を表すのに対し、丁寧語は辞にかかり話し手の聞き手に対する敬意を示すと述べ、丁寧語の意義を強調した。

敬語法をこのように整理すると、対偶表現による日本語の制約を軽減する可能性がみえてくる。そこで残る課題は、実用的な統語論の共有化になる。ところが情報技術の影響を受けて、われわれはまったく新しい言語環境におかれることになった。

情報技術の登場と言語統制

先述のように、日本人は日本語の体系化と表現力強化に長い歴史経験を積んできた。しかし日本語をわれわれの思考システムにするには、日本語の罠という課題が存在している。日本語のコンピュータ処理を実現した情報技術は、その解決手段を提供するものであるが、かな・漢字以外の文字や欧文表記記号の無制限な混入を許す要因にもなっている。

今世紀になって日本語の統制権は政府よりむしろ技術集団に移行したようにみえる。パソコンによる文書作成で漢字制限や記号の使用範囲は、ＪＩＳ（日本工業規格）の規則にしたがっている。かな漢字変換とならんで機械翻訳の技術は、日本語文法の精緻化と構文の論理化をいちだんと進め、日本語の新たな文法知識をもたらした。しかしこれらの知識はブラックボックス化した機器のなかに隠されており、日本語の一般使用者に分らないものとなっている。日本語は言語観の不明な技術の統制を受けているのである。

四　日本語文書のコンピュータ処理と表記法の標準化

日本語は中国語とならび文字数の多い言語であり、それが識字教育の阻害要因であるとして、かな文字化やローマ字化を主張する運動が展開されたことは先述した。他方、実務家たちの間に日本語の表記法が事務能率の低下を招いているという意識が広がっていた。一九世紀末、米国で実用化されたタイプライタ（以下タイプと略）がヨーロッパ語世界に普及し、文書処理の規格化と機械化が進んでいた。しかし文字数の多さゆえに、日本語のタイプはなかなか実現しなかった。ようやく大正四（一九一五）年、約二四〇〇字の活字板を内蔵する邦文タイプが開発された。しかし文字板から一字ずつ活字を拾って印字する方式は操作性が悪く、使用に熟練を要するため文書の清書用にしか使用されなかった。その八年後、英文タイプを利用したカナ・タイプが出現したが、全文カナ文字の表記は日本語の言語文化に馴染まず、まったく普及しなかった。カナタイプを使用した唯一の業種は電報の通信文であった。また日本語をローマ字表記して欧文タイプを使ったのは、国際電信の電文であり、とくに外務省は在外公館との公電にローマ字を使用していた。情報革命以前には日本語文書の機械処理はきわめて限られた業務でしか実施されていなかった。

情報革命の幕開け―パソコンの出現

情報革命とはマイクロエレクトロニクス技術がもたらした一九八〇年代以降の社会変動のことである。コンピュータは電子計算機（電算機）とよばれサイズもビルの一室を占めるほど大型でひじょうに高価だったために、使用分野は科学計算や工場の生産ラインの自動制御などに限られていた。

マイクロエレクトロニクス技術の出現により、電気回路の集積化と電子部品である素子の高性能化が実現し、コンピュータの大量生産とコスト削減が可能となった。七〇年代末にパソコンが出現し、コンピュータの利用分野が急速に拡大した。パソコンは九〇年代に通信と統合し、世界的規模の情報処理を可能とする通信システムにまで成長した。その結果、情報伝達を制約していた距離の壁が一気に縮小し、情報処理に要する時間も短縮した。

こうして世界中の人々が膨大な情報をほぼ同時に共有する環境が出現した。しかも情報技術は、文字、音声、画像、および動画という形態の情報を、すべて同一の電子符号に変換するデジタル技術を高度化させ、形態の異なる情報を自由に混合できる「情報通信」を実現した。そしてパソコンや電話など情報機器端末の低コスト化が、企業・政府や大学などだけでなく、家庭や個人をもネットワーク・ユーザにしたのである。

日本語情報処理の機械化と日本語ワープロの開発

一九七〇年代末にはじまった情報革命の端緒は、米国でのパソコン開発とその商品化にあった。ところが日本では、日本語ワードプロセッサ（ワープロ）の開発が情報化社会への突破口となった。情報化とは情報処理の高速化による社会生活の革新を意味するが、日本においてその最大の障害は日本語表記にあった。漢字かな交じり文という表記法のために、文章作成や文書処理の機械化は低迷していた。日本語ワープロの「かな漢字変換」技術は、日本語の伝統的表記法を維持しながら、文章作成、文書処理の機械化と日本語文のデータ通信を実現した。この技術は日本語の表記法と文法を含む日本語の解析なしには生まれなかった。

日本語ワープロの開発と商品化に初めて成功したのは東芝である。研究開発チームを率いた森健一がネットで発表した報告によると、この商品は会社の事業開発計画として当初から予定されたものではなかったという。そもそも日本語ワープロなるものが実在しなかったのだから当然のことだった。七〇年代初、森たちが担当した職務は電算機入力の効率化であった。当時データを電算処理するには、機械が分る形式にデータを書き換える必要があった。問題は電算機のデータ識別能力が未熟なことであった。そこで森たちは、手書きの数字を機械が読み取るパターン認識の研究を進めた。その成果をもとにして、彼らは郵便番号の自動読み取りと郵便物の自動仕分けを一括処理する装置の開発に成功した。このチームは研究をさらに進め、機械の手書き文字の認識能力を漢字三〇〇〇字にまで向上させた。

しかし文字認識能力だけでは情報処理の機械化は実現しない。機械に文章を理解させることがつぎの課題となった。そこで具体的な研究テーマとして機械翻訳が浮上した。しかし研究開始直後に英文の入力は機械でできるのに、日本語入力には使用可能なタイプライタが存在しないことが判明した。そこでこのチームは機械翻訳の前段階として「かな漢字変換方式」をテーマにしたのだった。

かな漢字変換システムの構築

東芝の開発チームが検討したのは、英文タイプのキーボードでカナないしローマ字を入力して日本文をかな書きした後、それを漢字に変換する方式であった。最大の問題は日本語に多い同音異義語の処理であった。それに付随して「かな漢字変換」に適した日本語文法と文を「書く」ための国語辞書の開発も必要であった。

同音異義語の処理は難問中の難問だった。かなで入力した単語は、モニターにかなの文字列として表示される。当初考えられたのは、変換の候補語をすべて表示して、ユーザが選択する多肢選択方式だった。しかしこの方式は同音異義語の出現頻度が多くなると同じ操作の繰り返しが煩わしくなる。そこで候補語の絞り込みと使用頻度順に候補語を表示する方法を検討した。その結果、文法の精緻化と機械に語の使用頻度を学習させる機能が焦点になった。文法の精緻化とは、単語の品詞区分を細分化することと、語群関係の分類によって当該語と意味関係の弱い単語の識別である。例えば動詞「する」を語尾につけると動詞化する名詞（これをサ行変格活用名詞といい、サ変名詞と略される）と他の名詞との区別である。またある語群に修飾語として出現する別の語群とを共起関係として分類し候補語を限定する方法も開発された。ユーザの使う語彙数が限られていることから、学習機能はすぐ実用化された。日本語ワープロの商品化には、国語辞典に収録されていない単語辞書も必要だった。共起関係辞書のほかに人名・地名などの固有名詞や企業で一般化している「貴社」などの実務用語と複合語の辞書である。

これらの課題をクリアして一九七八年、初の日本語ワープロが誕生したが、六〇〇万円超という価格とサイズが事務机ほどもあったため、一般には普及しないと見られていた。しかし八〇年代半ばにポータブルの英文タイプ・サイズで価格が一〇万円を切る商品が市販されると、日本語ワープロは瞬く間に普及した。パソコンの普及によりワープロ専用機の需要が減ったため生産は中止されたが、かな漢字変換ソフトは、パソコンや電話、ゲーム機などに実装され、日本人の言語生活の必需品となった。日本語の漢字かな交じり文の表記法は完全な市民権を確立し、ローマ字化やカナ文字化運動は終焉した。

機械翻訳技術の発展

九〇年代末には漢字かな交じり文の日本語がコンピュータで処理され、インターネットで使われることが、日本人の生活であたりまえの日常風景になった。外国語のニュースや情報の流入が激増し、翻訳のニーズも増加し、機械翻訳の技術も格段に進歩した。かな漢字変換の技術開発で日本語文法の解析が重視されたが、機械翻訳でも同様である。注目すべきことは、情報エンジニアが日本文を普遍文法から捉えたことである。翻訳ニーズの増加は貿易や科学技術・特許などの分野で著しかった。八〇年代には工作機械やプラント輸出の増加にともない製品の英文マニュアルが必要になった。その量は一〇〇〇万円台の機械でトラック数台分、プラントになると貨物輸送機数機分に及んだという。翻訳は当然複数の訳者が分担したが、専門用語の訳語統一だけでも大仕事になった。しかも商取引には納期があるので翻訳期間の短縮も求められた。

機械翻訳の利点は作業速度の速さと訳語統一の容易さにあった。問題は訳文の質である。機械翻訳の作業手順は、原文の構造解析・構文変換・訳文生成に分れるが、それ以外に人力による前編集・後編集を必要とした。この技術は現代言語学の言語概念にもとづいて発達してきた。言語を文法と辞書を中核にもつシステムと捉える見方である。訳文の質の向上のために、分野ごとの専門用語辞書が多数つくられた。語彙数が限られ定型文が使われる天気予報や株式市況の場合、辞書と例文集の参照によりかなり精度の高い訳文ができた。

しかし日常(自然)言語で表記された文章は、内容も構文も複雑であり、日本語と英語のように語族の違う言語間の文法的差違が翻訳の大きな障害となった。そこで考えられたのが、普遍文法にもとづく一種の人工言語をつくって、原文と訳文を媒介させる方法である。文法では一つのまとまりをもつ記述を文章とよび、その構成部分を文・文節・単語(品詞)に分割するが、現代言語学では単語をさらに、語義をもつ最小単位の形態素に分割し、文を形態素の構成物とみる。機械翻訳では最初の作業を原文の形態素解析とし、機械に形態素辞書と品詞接続表にしたがい原文を形態素に分割させる。つぎに処理済みの形態素を普遍文法にもとづき構文表記する。それを目的言語の文法規則にしたがい、構文変換を行なったうえで訳文を生成する。以上が機械翻訳プロセスの大雑把なイメージである。

市販の翻訳ソフトに組込まれる文法や構文構成の方式は、メーカーや商品価格により、使用される文法理論は多様であるが、「書く」ための文法が内装されている。日本語と英語の翻訳では、英日より日英の方が難しいことを多くの人が指摘する。それは詞辞構文で書かれた日本語原文に不明確な部分が多いからである。前編集とは、省略された代名詞を加えたり、重文や複文を単文に分割し接続詞でつないだりして原文を書き直す作業である。その作業量は作文の訓練を十分に積んだ人の文ほど少ないという。ほとんどの日本人の作文能力は、高校までに習得したものであるから、翻訳に二度手間をもたらす日本文の欠陥は国語教育に起因する。それはまた日本社会の合意形成を不効率にしている原因にもなっている。

日本語表記の工業規格依存

日本語表記について最近気になるのは漢字・かな以外の数字や各種記号の日本文への混入である。公文書にワープロ印字が認められ、官庁・企業や学校の文書はほとんどワープロ作成となった。現在日本語の表記ルールは国語審議会ではなく、ＪＩＳ規格に依拠している。漢字制限にＪＩＳ第一・第二水準などの規定があり、各種記号も同様である。公用文の表記法の標準を政府は内閣通達で示したが、ローマ字、数字、記号の扱いは明確ではない。西欧語では表記記号の使用規則が正書法で厳格に定められているが、日本語では句読点の使用慣習があるだけである。ワープロの普及で左ヨコ書きが増えたために、欧文の表記記号も日本文に混入してきた。ごく最近ではタテ書きの日本文に欧文のコロンがヨコ倒しで入った表記まで出現した。このような混乱は、学校での作文指導や実務文書の作成を滞らせ、無内容な流行語の蔓延を助長する一因にもなっている。

日本語の記述様式の混乱と標準モデルの不在

日本語に正書法はないが、記述様式の標準モデルをもつことは有益である。翻訳業団体の日本翻訳連盟がネット公開した『日本語標準スタイルガイド』はその参考例となる。それは漢字とかなの表記法のほか、送り仮名、文体統一、句読点、ローマ字、欧文表記記号、数字の表記標準を示し、ヨコ書きモデルを示している。日本語を書く環境が改善された他の例として、出版社が「書く」ための辞書である日本語シソーラスや類語辞典を刊行したこともあげられる。しかし「書く」ための文法は、学術書やパソコンソフトのなかに埋没しており、書式の標準も確立していない。日本語は多文字化を受け容れやすいため絵文字も発達したが、表記法の混乱も増幅した。とくにタテ書きの表記法は毛筆書きの慣習が根強いので、タテ書き用の記号表記ルールを明確化すべきである。スマホの出現は、消費者の言語生活を紙媒体から電子媒体に変え、口頭言語のみならず書字言語まで電子媒体の支配をもたらした。言語の統制権が技術者集団に委ねられたことを考えると、日本語の罠は温存されているといえる。一般の日本人の作文能力に弱点があることは確かだが、言語能力と思考力は与えられるものではなく各自が学びとるべきものである。そこでわれわれの学びのシステムの検討が必要となる。

第４章
行為主体の形成と国民教育

一　人間の成長と学校教育

どんな社会でも人間個人は生まれながらの身体能力と環境のもとで、生活慣習を習得し教育によって自己を形成する。無文字社会では子どもの人間形成は、家族と共同体の慣習および生活経験をとおして行なわれた。したがって言語能力は人間に不可欠のものとなった。人間の身体は遺伝するが、言語は遺伝しないから、教育は社会統合と秩序の維持に大きな意味をもつ。書字化社会が成立すると、識字能力のある人々が社会の実権を握った。さらに官僚制と市場の発達につれ、識字能力をもつ人材のニーズが高まった。そこで近代国家は学校教育を重視するようになった。

もちろん教育は子どもの社会化の過程であり、子どもにとっては感性の洗錬、知識の獲得、自己表現の拡大など自己の資質や能力をみつけ、それを伸ばす機会でもある。したがって教育を考えるにあたって、学校教育だけでなく学校外の学習や稽古事、修学後の自己研修も対象に加える必要がある。近年文部科学省は、教育を学校教育、社会教育、生涯教育（学習）に分けているのでそれに則して検討しよう。

人間の生涯とその精神史―神谷美恵子の分析

人間は哺乳動物として母体内での受胎から成長を開始し、誕生後に成熟すると肉体的成長が止まり、多くの人は子孫を残した後、身体の老化をたどり死滅する。ただし人は言語能力をもつために、身体と心の発達を経験する。

精神科医の神谷美恵子は『こころの旅』において人間の一生を心の発達から死に至る旅として記述した。彼女は人間を言語と文化と歴史をもつ人間存在として自己を形成すると捉え、その過程を精神分析家エリック・エリクソンの説く人生の八区分にしたがい説明した。その時期とは、乳児期（〇～一歳）、幼年期（二～三歳）、前学齢期（四～五歳）、学童期（六～一一歳）、思春期（一二～一八歳）、青年後期（一九～二五歳）、中年期（二〇代後半～五〇代）、老年期（六〇代以後）である。

この本が出たのは四〇年以上も前なので、日本の高齢化を考慮すると老年期はかなり伸びていると思われる。このうち学校教育と重なるのは、小学生時代の学童期と中学高校時代の思春期、それに大学で過す青年後期である。ただし大学生の場合、専攻分野の変更、大学院進学や就職後の転職などで再入学する人も稀ではないので、この時期がさらに延びる人もいるだろう。

個人の年代別精神特性

神谷はそれぞれの時期の特徴を以下のように論じている。まず前学齢期は子どもが「人間らしさ」を身につける時期である。親や家族からの「自我の分化」が起きるが、それは自律性の萌芽とみるべき現象である。あそびと言語の習得によって運動能力と感性が発達し、社会化の出発点に到達する。反抗により自己主張する子もいるが、それは自立心の現れである。学童期は「学ぶ人」である点に特徴がある。人生のなかで精神がもっとも安定する時期のひとつで、「学び」に集中する時期である。「あそび」と「あそび友だち」によって想像力や抽象思考が発達し、あそびが多様化するとともに抽象化する。かつて日本の子どもは兄弟が多かったので、家族のなかにあそび友だちがいた。ボールあそびも上級になると、チームを組んでルールにしたがうゲーム形式に進化するという。

やがて子どもは思春期を迎える。思春期は子どもがアイデンティティを確立する時期である。生後初めて「充分に発達した意識をもって自己のからだとこころに対面し、世界と社会の中における自己の位置と役割を」模索する年代である。この頃人間にしかみられない「自己対自己という精神構造の分化」が起こり「完全に人間性が開花する」という。それは自分の身体変化の自覚からはじまり、性的関心が強まるとともに、それに対する戸惑いも経験する。感情の起伏が激しくなり外向的になったり、内向的になったりする。不安や苦悩が不満となり、反抗が暴発することもある。親や近親者、学校の教師に話せないことを話せる「心の友」や助言者を求めるのもこの時期の子どもの性向である。アイデンティティの感覚を失った自我は、家庭や社会が要求する役割ないし生活様式を拒否するネガティブ・アイデンティティの行動をとり、それはしばしば非行や暴力行為として発生する。こうした行為は個人差や性差とともに文化の差により様態が違うが、古今東西を問わずみられる現象である。

自己形成期におけるアイデンティティの確立と抽象的思考力

神谷は、自我の混乱を克服した青年たちに共通する特徴は抽象的思考力の高さにあると指摘した。こうした青年は、対立する事態を価値という視点から比較し、自分にとって絶対的なものと相対的なものを識別できる。したがって彼らは自己主張を自分にとって絶対的なものに限定し、環境との摩擦を減らすよう行動を自制し、自由な意思決定ができるようになる。こうして彼らは自分に合った価値観を手にいれることになるという。

青年後期は青春時代の収束である。神谷は「人生本番へのハードルを超える試練の時」であると説く。難関は仕事と配偶者の選択である。配偶者については恋愛という感情の変動も絡んでいる。この年に達した男女とも生理学的には知力・体力ともに人生の頂点を迎えるので、結婚して親となっても不自然ではない。しかし日本の場合、高学歴化により身体と精神との発達のズレが長期化するので、青年たちはそのバランスをとるために苦闘せざるを得ない。そこで登校拒否や精神障害が多発する。ただし精神障害には心因性のものが多い。神谷は仕事の選択も結婚の決断もきわめて難しい問題であると述べ解決策を示していない。また教育年限の長期化に関連して、子どものアイデンティティ確立の観点から、親子関係における子どもの親離れと親とくに母親の子離れの重要性を強調した。確かに二〇代末から三〇代の男女は、就職、恋愛、結婚、子育てと変化の激しい生活を経験する。子どもをもった後、親としての自己意識をどう形成し精神を安定させるかも大切になる。

現代日本社会と教育制度―青少年期の人間形成の抑圧

神谷は、現代日本の社会と教育制度が、青少年のアイデンティティの確立を阻害し、職業選択を難しくしていると論じる。高校での進路指導、大学の教育体制、就職をめぐる求人側や学校、家族の対応に問題が多いという。彼女が力説したのは、人間の成長が身体と精神の自然な発達のみならず、各個人の意識的な判断と選択という自律性の形成過程であるという点にある。とくに思春期から青年期にかけてのアイデンティティの確立は、本人が自分で価値観を探り、自分に合ったものを自己の内部に形成しなければならない。では日本の学校教育を統轄する文部科学省は、どんな教育観をもっているのだろうか。そこで教育基本法とそれにもとづく学習指導要領から文科省の公的教育観をみてみよう。

日本の公的教育観の特徴（1）―公共精神の強調

前章で触れたように、二〇〇六年の教育基本法改正を受けて、翌年文科省は学習指導要領を改正した。教育基本法は前文で学校教育の目指す価値を表明している。旧法は「民主的で文化的な国家の建設」と「世界平和と人類の福祉への貢献」を担う人材の養成を謳っていた。改正法は旧法を踏襲しながら「公共精神の尊重」と「伝統の継承」を加えた。そして旧法では「教育の方針」としていた第二条を「教育の目標」に変更し複数の項目を提示し、それを生徒や学生個人に関する事項、価値観および国民形成の三つの視点からまとめている。学生生徒個人については、能力と創造性の向上、幅広い教養と知識の習得、健全な身体的成長、および勤労の尊重、適切な職業選択の促進、男女平等の尊重と自立精神の涵養をあげる。教育目標の根拠となる価値観として、道徳と公共精神を強調し、生命・自然環境と伝統文化の尊重を謳うとともに、郷土愛の向上を力説した。そして学生生徒に対して公共精神にもとづく国家・社会への貢献と、国民としての自己形成を求めた。

日本の公的教育観の特徴（2）―道徳教育の重視

新しい教育基本法の目標を具体化する学習指導要領をみると、中学で重視するのは「基礎的・基本的知識及び技能の確実な習得」と道徳教育である。そして道徳を郷土愛と愛国心の基礎としている。高校においても「基礎的・基本的内容の確実な定着」を求め、道徳教育の意義を強調している。指導要領は「生きる力」という理念と生徒の個性尊重に触れているが、思春期の子どもの関心の分化と、それにともなうアイデンティティ確立の多様性については言及していない。指導要領が道徳教育を生徒の価値選択と人格形成の鍵とみていることは明らかである。その道徳とは慣習ないし伝統への同化を指す。文科省の掲げる生徒の「人格的完成」とは、身体的成長と道徳心の定着にあり、教科学習と芸術は「幅広い知識と教養」に含めていることが分る。中学でも高校でも「基礎的・基本的内容」の習得が強調されていることは、学校教育における知識習得を最小限に留めているといえる、これは文科省が義務教育と後期中等教育および高等教育を明確に識別していないことを意味する。

義務教育と高等教育―日欧における歴史経験の相異

学校教育の歴史経験をみると、日本とヨーロッパには決定的な違いがある。それは西欧では高等教育が初等教育より先行していたのに対し、日本では順序が逆だったことである。

西欧には古典古代のギリシア・ローマ時代から近代に至るまで、自由学芸を核とする教育の伝統があった。自由学芸とは、ギリシア語・ラテン語文法、修辞学、論理学と、算術、幾何学、天文学に音楽を加えた知識で、知識人の資格を得る基本的教養とされた。中世の修道院もこの伝統を踏襲し司祭教育を行なっていた。ルネサンス末期に出現した大学は、俗人教育を目的としたが、自由学芸の伝統を継承しながら、専門分野の教科課程に学業成績の評価による課程終了と論文審査を導入し、それにもとづく学位授与制度を確立した。

日本の仏教では、比叡山が僧侶養成を行なったが、それは修行という師弟関係のもとでの慣習的訓練法であって大学ではなかった。幕府の設置した各種の学校もヨーロッパの大学のような教育システムをもっていなかった。

日本の義務教育導入はヨーロッパ先進諸国と比べ決して遅れていたわけではない。すでに述べたように日本に義務教育が導入されたのは明治五（一八七二）年の学制の公布による。世界でもっとも早く義務教育を取り入れたのは一八世紀後半のプロイセンであった。しかしドイツの領邦国家関係が不安定化し、プロイセンに替わって再編された統一ドイツが義務教育制を実施したのは二〇世紀初であった。英国の導入は一八八〇年の初等教育法の制定によるし、フランスでも同時期の教育改革からである。米国は連邦国家で教育行政は州の管轄事項なので、州による違いがあるが、過半数の州が義務教育を制度化したのは二〇世紀に入ってからである。

維新政府が富国強兵の方針にもとづき、義務教育を重視したのは、国民の識字力と算術計算能力とともに修身教科による国民の忠誠心の強化を意図していたからである。修身は孝行、服従、勤勉などの徳目の習得を内容とした。その徹底を図るため、政府は明治二三年教育勅語を発布し、全国の小学校に祭日での御真影の拝礼と勅語朗唱を義務づけた。教育勅語の徳目は農村文化に合致していた。日本国民の大半を占める農民は、居住集落での共同作業や入会地の共用とともに、祖霊祭祀や地神鎮魂の祭礼を継承していたからである。こうして義務教育は国民形成の手段として定着した。

日本の公的教育観の特徴（3）―義務教育中心主義

このような文部省の文教政策は、児童生徒の人間形成を義務教育の完結におく教育観を生んだ。明治四〇年に義務教育年限を二年延長して六年とし、以後第二次大戦の敗戦まで義務教育期間は尋常小学校（昭和一六年から敗戦までは国民学校に改称）の六年だった。戦後の教育改革により、新制中学校の三年を加えて九年となり現在に至っている。

七〇年代に高校進学率が一〇〇パーセントに達したので、高校は義務教育を延長した普通教育機関となった。それは義務教育に高度な教科科目を追加したものとみなされた。そのため教員が知識を教示し、生徒はそれをもっぱら暗記するという義務教育の学習方式が踏襲された。したがって授業で生徒の思考力を育成することは副次的なこととみなされていた。このような義務教育中心主義の教育観は大学にも投影されている。

文部省が旧制大学や旧制中学の卒業を官吏任用資格と定めたために、学校種の序列だけでなく国公私立の格付けが定着した。それでも戦前には帝国大学、高等師範学校、商業専門学校、工業専門学校のほか陸海軍大学校などが、各分野の最高学府としての地位を認められていた。しかし戦後の学制改革により東大を頂点とする一元的序列化が定着した。それはもっぱら入試の難易度ランキングに依存している。そこで注意を要するのは、記憶力にもとづく知識量は、学問的権威の認定や研究業績の評価の基準ではないことである。東大生を別格扱いにするテレビのクイズ番組は、義務教育レベルの知識を設問の基準としている。

大学の使命と学位授与権―研究と教育

日本では教育機関を知識の伝達と研究の場として捉える観念が希薄だったために、高等教育機関と中等教育機関の目的が不明確なまま存在してきた。

これに対して西欧諸国では高等教育機関と中等教育機関の目的は明確に区分されている。高等教育の目的は抽象的思考力の高い知識人とエリート養成におかれ、中等教育はエリート候補の育成と熟練労働者の訓練の二本立てとされた。英国やドイツではギリシア語とラテン語を教えるエリート育成専門の私立校が主流を占めた。

大革命後のフランス共和国政府は、教会の教育権を剥奪し、高等教育から初等教育までの教育制度を定めた。グランゼコール（高等師範学校や高等工学院などで、学位授与権はないが大学より難関とされる）と大学を高等教育機関とし、中等教育は日本と同様中学高校が、初等教育を小学校が行う全国的制度とした。小学校から中学までを義務教育とし、高校はエリート育成と労働者訓練の二本立てのコースが用意された。フランスも他の先進国と同様、工業化と都市化が進み社会人に求められる知識や技術が高度化したため、高校は普通教育機関となった。

ヨーロッパの名門大学は数百年の歴史があり、学位授与権をもつ。そのため大学の使命はエリートの育成と研究の亢進にあるとされてきた。フランスのグランゼコールに学位授与権はないが、研究分野でも大学に匹敵するか、あるいはそれを凌駕する業績を出している。大学において研究の中心となる組織はいうまでもなく大学院である。日本でも大学は最高学府とよばれ、教育と研究がその使命であると謳われてきたが、大学院は軽視されてきた。

日本の大学院教育の後進性

大学の学位には学士号のほかに修士と博士の学位がある。学士号を授与するのは学部だが、修士号と博士号を授与できるのは大学院である。日本の大学で発達が遅れているのは大学院の教育システムである。

学部と大学院の違いを簡単にいえば、学部の科目試験は「教員が出題し学生が解答する」ことにあるのに対し、大学院は「出題も解答も学生が行なう」ことにある。しかも学部試験の正解は教科書に記載されている。しかし大学院とくに博士課程では教科書にない問題への挑戦が前提となる。修士課程では指導教授の助言が得られることが博士課程との差である。

もちろん日本の帝国大学にも大学院が設置されていたが、大学院よりも講座助手の養成が優先され、大学院教育は二の次になっていた。文部省の所管でなかった軍の最高学府である陸・海軍大学校でさえ、教科課程や学習システムは義務教育に準じた制度をとり、学業評価も教官出題の試験成績にもとづいていた。

大学院は大学における研究の中心であり、研究課題の選定は研究者の自由に委ねられている。しかし日本でそのような研究環境を維持し得たのは、一部の医学・理工学系の大学院に限られている。その最大の理由は、官公庁も企業も博士や修士の学位取得者を採用する職種や職位を整備していないことにある。とくに文系の院生の就職機会は著しく少ない。

高校教育における生徒の進路選択とアイデンティティ形成

大学進学あるいは就職の前段階にあたる高校教育には、青少年の進路選択とアイデンティティ形成という思春期特有の課題がある。ヨーロッパ諸国の高校教育にはエリート候補と熟練労働志望者の選別という側面がある。フランスでは高校三年生に行う全国統一の大学入学資格試験（バカロレア）が定着している。英国は私学のパブリックスクールが進学校として名声を得てきた。他方公立学校は何度もの制度改革を経て、現在では進学希望者の指導も実施している。

ヨーロッパの高校は、生徒の関心や資質の分化を考慮し、進路選択が教科学習と直結する教育システムになっている。教科学習の目的は、日本のように最低基準に一本化せず、一定の範囲として提示される。

つまり生徒の学習目標として、抽象度の高い理論的知識から、社会人として必要な最小限の概念が示される。教科書の内容も大雑把な概略的な記述に絞るのではなく高度な知識をも加えている。

高校が生徒の人間形成で重視するのは、抽象的思考力と判断力の向上である。そのため古典や学術論文を含む多くの文献を読ませ、それにもとづき何らかの課題について生徒に自分の意見をまとめさせ、口頭発表や評論の執筆を課している。作文は、出題テーマとの整合性、構成の論理性、判断の客観性のみならず、正書法にもとづく文章表記、文法的正確さ、文体様式の統一などの基準によっても評価される。

フランスのバカロレアは記述式の問題が出題されるので、高校での知的訓練がきわめて重要となる。近年では専門職の分野が多様化しレベルも高度化しているのでバカロレアの種類も増加している。英国やドイツでも類似の大学入学資格試験が定められている。

他方日本の中学や高校、とくに公立校で重視されたのは、生徒の関心の多様性よりも、伝統文化への同化である。文科省が危機感を覚えたのは青少年の規範意識の低下と個人主義的風潮の拡大であった。そこで道徳教育において農村の生活慣習や伝統文化を学習させ、生徒の共同体意識と協調性を高めようとする試みが進められた。しかし都市化と産業化にともない核家族化が進み、人口の社会移動も激化したために、農村で継承された共同体意識や伝統文化に馴染んでいない子どもも多い。地方都市でさえマンションに暮らす家族は伝統的地域社会から遊離した生活を送っているし、伝統文化の伝承も家元制の師弟関係のなかで行なわれるので、学校教育により生徒の意識を改革するというのは絶望的な挑戦といえる。

そのうえ公務員や大手企業の新卒者採用資格に、大学の学歴を重視したため受験競争が激化した。それにともない学習塾が普及し、放課後も子どもが受験勉強に追われるようになった。学習塾に通う子どもは、自己形成に必要な内省を深める時間をとれないため、アイデンティティの確立を後回しにしがちになる。

他方、教科学習が不十分な生徒は「落ちこぼれ」として放置されたり、非行に走る者も出た。こうして日本の青少年にアイデンティティの確立を高校時代に実現できず、高校卒業後も学生やフリーター、ニートとして自分の居場所を探る若者が増加した。

このような学校教育を、神谷美恵子が説いた子どもの成長段階と照合すると、ヨーロッパの教育の方が日本より子どもの精神発達に対応していると思われる。ただし西欧の高校でも低学力の生徒に職業選択を指導しているが、英国やドイツの職業教育は、中世以来の徒弟制の伝統に縛られ、現代技術の訓練が不十分だとの批判が高まっているという。

とまれ日本で中高生にアイデンティティの形成を促しているのは、学校の教科学習ではなく課外活動や稽古事なのである。

二　課外活動と社会教育

子どもの人間形成に文科省が重視したのが、中学の必修科目「道徳」と「部活動」であり、高校の「特別活動」である。「道徳」の具体的教材は、先人の伝記、自然や伝統と文化、スポーツなどの文献である。そして部活動は、生徒の自発的参加によりスポーツや文化、科学に親しみ、学習意欲の向上や責任感、連帯感を向上させるとして、その意義を強調している。高校に道徳の科目はなく、部活動も必修ではない。それに代わるのが「特別活動」で、ホームルーム、生徒会、学校行事が含まれる。文科省は、高校の特別活動は、望ましい集団活動を生徒に訓練し、個人的および社会的資質を育成するもの、つまり道徳を体験的に習得させるものとしている。必修ではない高校の部活も、学校によっては最優先課程となっている。

課外活動のジレンマ―道徳の実習と競技会出場

文科省は、日本の中学が外国と異なるのは、教員が教科指導、生徒指導、部活動指導を一体的に実施していることにあると指摘し、その成果として生徒の勤勉性やマナーの良さなど、道徳的、人格的指導で国際的に評価されていると自負している。ただし教員の負担が過大になるという弊害も認めている。

学校の課外学習とは別に、日本には子どもに稽古事を習わせる江戸時代からの習慣がある。習字・そろばんやピアノ、バイオリンの教室、バレエ・日本舞踊などの稽古のほか柔道・剣道の道場があった。近年では少年野球リーグや少年サッカークラブ、水泳教室も定着している。こうした稽古事の団体は、それぞれの分野の実技指導組織として、子どもの資質をみきわめ、技能を向上させる伝統的システムをもつ。それにより音楽やスポーツではプロへの道が開かれた。フィギュアスケートや器楽演奏・バレエでは一〇代で国際大会に上位入賞を果す子どもが出現した。

その結果学校の課外活動はジレンマを抱えることになった。文科省の位置づけでは、部活や集団行動は道徳の実習科目である。しかしスポーツや芸術では、実技訓練を受けた生徒の競技会やコンクールの出場が目標となる。ところが学校の課外学習は、後述のようなメソッド（訓練方法）と指導システムを欠いている。全国大会や国際大会レベルの選手や演奏者・ダンサーを指導できる教員はきわめて少ない。したがって外部の指導者やコーチの助力が必要になるが、文科省はこうしたスタッフを補助的な人員としかみていない。そのため教員の部活指導の負担は過大なものになった。他方スポーツ強豪校の私学には実技指導に熱心で、経験のある教員がいるところが多い。しかしこうした学校では、指導教員が勝負にこだわり、生徒の人間形成や道徳心の向上には無関心な傾向が強い。

社会教育の再定義と制度化

欧米諸国には青少年のスポーツや芸術の指導を、学校外の団体や指導員が専門に行う制度がある。日本の文科省は、伝統文化の分野に限り、地域団体や教員資格のない経験者の指導を認め、それを社会教育とよんでいる。しかしこの用語はひじょうに特殊で国際比較ができない。そこで以下では、学校外の教育団体、教員資格をもたない実技指導者、実習プログラムの企画責任者などの活動を一括して広義の社会教育とよぶことにしたい。これは文科省の定義する社会教育を超えるものである。社会教育の制度化は、課外活動に関わる学校と教員の負担軽減を期待できる。

文科省は、学校教育の課外活動を、青少年の健康維持と心身の健康な発達を促すとして重視してきた。そして学校が提供する多様な生活体験プログラムの意義を強調し、各教育委員会に伝統文化活動、スポーツ、子供会、野外キャンプなどの集団活動と社会奉仕活動の環境整備を求めた。

子どもの規範意識の形成に、道徳心や倫理感の向上が必要なことは言うまでもない。どの社会でも道徳や倫理の原理的源泉は宗教にあった。日本の伝統文化も宗教をぬきに考えられない。にもかかわらず文科省は道徳教育において宗教について一切の言及を避けている。その代りにしばしば使われる「地域社会」や「伝統文化」という語の意味はかなりあいまいである。とはいえ農村文化を継承する市町村には寺社祭礼の行事があり、その行事に参加する子どもは地域慣習により定められている。近年の過疎化と高齢化により祭囃子や和太鼓、舞踊などを学校が担うケースもでてきたが、大都市に住む青少年が伝統行事に参加する機会はきわめて少ない。

道徳教育において、生徒は生命の尊さを理解することが求められる。しかしそれは「いのちの大切さ」といった文言の暗記で完結する問題ではない。道徳心や倫理感の形成には、生徒に「生と死」について考える経験を積ませ、良心を育てることが肝要である。その場合に配慮すべきことは、生徒が思考する環境である。大都市やコンクリート建築の一室で、教科書やスマホを片手に考えさせようとしても、生徒が生命に係わる教訓を掴めるとは思えない。　日本の山間地には多くの仏寺が所在し、宿坊を信徒以外に開放しているところがある。日常生活から遮断された聖域に一定期間滞在すれば、高校生でも生と死について考えるヒントを得られるかも知れない。そこで高校の特別活動として山寺での宿泊体験が考えられよう。ただしこの種の企画は、寺の収容人数と公開期間の限度を考慮する必要がある。

都市に所在する学校が、伝統文化や農村慣習に触れる体験学習を具体化するには、膨大な手間暇とコストがかかる。それを教育委員会がマネージするには限界がある。現在その作業は旅行会社などに依頼することが多いが、業者の企画が教育目的を十分満すとは限らない。社会教育に関わる企画担当者の資格制度を整備し、旅行業者や受け入れ寺社の僧侶神職がその資格を得てプログラムの実務を担当すれば、当然学校と教員の負担は軽減する。

文科省があげるもうひとつの体験学習は野外キャンプである。自然環境のなかでの生活体験と集団活動を自己規律を習得する訓練機会と考えているからである。しかしキャンプ地の選択によっては、目的とは掛離れたものになる。アウトドアレジャーの流行にともない各地に観光用キャンプ場が開設された。こうしたキャンプ場は自家用車を利用する観光客を対象にし、施設や設備はきわめて人工的に造られている。そこでは都会的生活に若干の野性的要素を加味した程度のキャンプしかできない。

自然のなかでの生活体験とは、機械設備や都市インフラのない環境のもとで、限られた時間内に水汲み、炊事、野営、移動などをこなすことである。しかも天候の急変など不安定な自然のなかで安全を確保し、不便な生活体験をすることに意味を見出すものである。観光地で一～二泊過すだけのキャンプでは教育効果を期待できない。

意義ある野外キャンプは、少人数によるやや長い日程の活動となる。参加者は一パーティ七～八人、日程は最低一週間は必要であろう。これを実施するには経験のある指導員が不可欠であり、教育委員会や担当教員がすべてのパーティを個別指導するのは不可能である。

カナダには青少年の夏期キャンプを実施する社会教育団体がある。これは民間のNPOで一定の基準を満たした傘下の実施団体は、参加者を公募できる。活動の内容としては、州立公園（例えばオンタリオ州のアルゴンキン公園は神奈川県の三倍の面積がある）で野営しながらいくつもの湖をカヌーで回漕する活動や、乗馬、魚釣り、牧場や農場の体験、ヨットや帆船の操船など様々である。体を動かさないキャンプとしてはパソコン、音楽、美術、自然観察などがある。キャンプ日程は三～四日から一～二週間、さらに三ヶ月というのまである。主催団体は教会、青少年の社会活動支援のNPO、趣味や愛好者の団体などがある。プログラムの実施責任者となる指導員は、分野ごとの組織が定める免許取得が求められる。毎年夏休み前には一〇〇頁を越すガイドブックが無償で配布される。各家庭の保護者は子どもの体力、関心、意欲とともに予算を考慮して参加プログラムを選択できる。こうした社会教育機関が夏期キャンプのプログラムを提供するので、学校は夏期の野外活動を主催していない。社会教育が学校教育を補強していることは明らかである。

課外活動と教科学習のアンビバレンス

日本の中高生の部活動は全国大会や国際大会に出場する選手やチームの出現により脚光を浴びることになった。しかしそれは教科学習とのバランスを欠いている。スポーツ強豪校には教科学習でも成果を出しているとして、文武両道を売り物にする私学もあるが、実態は文武分業であることが多い。

すでに述べたように文科省は義務教育と高校の教科学習で最低基準を重視し、学習意欲の高い生徒にみられる抽象的思考への関心を軽視してきた。そのためこうした生徒への学校の対応はアンビバレントなものになった。例えば数学オリンピックに入賞した生徒は、その時には称賛されるが、学校で大学レベルの問題に挑戦するような子は、学級規律の逸脱あるいは異端児のような冷淡な扱いを受けるという。

学校教育には芸術やスポーツで生徒の才能の高さを認めながら、教科学習においては才能の分化を否認するアンビバレンスがみられる。それは学校や教師に止まらずメディアの姿勢にもうかがえる。抽象的思考力は誰でもある程度まで習得できるが、高度になると生徒の資質によって理解力に差が生じる。それは経験より直観に依存するからである。ユークリッド幾何学は経験的に理解できても、非ユークリッド幾何学は、絶対音感と同様、努力だけで会得できない。そうした資質をもつ生徒たちの芽を摘まない配慮が学校には求められる。

教科学習の競争激化と受験産業の台頭

部活動は競技大会への出場が目的になったため勝利至上主義に駆られ膨張した。それとは対照的に、教科学習は有名校進学の受験競争の激化を招いた。教科学習で好成績をあげる生徒の多くは、名門校への進学を志望する。国立や名門私立の中高校の入試問題が、公立校の授業水準を超えていたため、志望者は家庭教師や学習塾に頼るようになった。こうして教科学習の学校外教育が進学校志望者の間に広まった。もちろん学習塾には、学校の授業を十分理解できない子どものための補修という役割もあったが、受験指導の成果が保護者たちの評判を高め、受験競争が激化した。

受験競争の激化の背景には、日本の雇用制度と学校教育における私学と公立の教育方法の差がある。高度経済成長期に民間企業が躍進し、大学新卒者を大量採用した。企業経営者は労働運動を警戒し、学業に優れていてもマルクス主義的思考様式をもつ学生を忌避した。そこで職種を決めていなくても、企業文化に馴染みやすい学生を採用し、入社後の社内研修と人事管理により、定年までの雇用を保障する年功序列・終身雇用制をとっていた。この人事採用を効率化するため大手企業は文系学生の応募条件に大学指定校（現在では廃止されている）を定め、志願者を名門大学の学生に絞っていた。そのため名門私大の入学はリスクの小さい進路選択となり、私大の付属中高校に志願者が殺到した。進学校は学習意欲の高い生徒だけで学級を編成できる利点がある。生徒の関心や学力に幅のある公立と違い、学級管理に煩わされず教科指導に集中できるからである。

そこに受験に特化した学習塾が台頭した。学習塾が人気を集めたもう一つの理由は、医学や理工学系志望者の指導である。一般的な高校の教科学習だけでは医師やエンジニアを目指す生徒が入試を突破できる学力を得られない。そこで評価の高い塾での学習が必須となった。受験指導のデータを蓄積し、個別的進学指導の経験をもつ受験産業に、公立校は太刀打ちできなかった。

一九八〇年代に文科省は、七〇年代に肥大化した教科内容を整理するとともに、政府が計画する週休二日制に備えて、学習時間を大幅に短縮する「ゆとり教育」に踏み切った。教科内容の肥大化が詰め込み教育を生み、生徒児童の消化不良をもたらしていたからでもある。そこで子どもの自発的学習や集団体験による判断力や協調性の向上を図るよう、学習指導要領を改正したが、期待する成果をあげられなかった。それが私学や受験産業と保護者からの教育行政批判を生んだ。

危機感を感じた文科省は、一九八七年二度の次官通達を出し、塾通いの弊害を力説して関係者に是正要請を行なった。弊害としてあげたのは、子どもの体力低下、あそびや生活体験の不足であり、受験競争の一因として学歴偏重の風潮を指摘した。そして公立中学に対して生徒の個人差を考慮した個別指導、補習の実施とともに適切な進路指導を求めた。高校に対しては入学選抜において志願者の能力や適性の多様性に配慮するよう促した。また保護者や学習塾に対しては弊害是正の協力と自粛を要請した。注意すべき点は文科省が批判した「学歴偏重」の学歴とは学位や研究歴ではないことである。ＯＥＣＤは「二〇〇六年生徒の学習到達度調査」で、日本の生徒児童の学力低下を明らかにした。そこで二〇〇八年文科省は方針を脱ゆとり教育に逆転した。しかし課外学習を社会教育に再編しようとはしなかった。

高校大学運動部の暴力体質と競技団体の後進性

文科省が推奨する課外活動で見直すべき点が多いのは部活動である。これは学校外の稽古事と重なる分野もあり、こうした団体がプロの養成を行うことも多い。とくに問題が多いのはいうまでもなく強豪校の運動部である。バルセロナ五輪の女子柔道銀メダリストで、フランス柔道連盟のナショナルチーム・コーチを務めた溝口紀子（全日本柔道連盟評議員、日本女子体育大学教授、専門はスポーツ社会学）は、著書『日本の柔道フランスのＪＵＤＯ』において、日本の柔道団体はフランスの社会教育機関と比べて未熟な状態にあると論じ、日本の高校大学の運動部には暴力体質や性差別が構造化していると指摘した。

私立の中高校には、経営的理由から生徒確保のため強豪運動部をもつ学校が多数ある。その理由はスポーツが教科より教育効果を出しやすい点にある。教科教育の目標は制度的基準があるが、学校スポーツは生徒同士の競争だからである。とくに柔道、野球、サッカーの強豪校は、強い中学生選手を推薦入学させたり、寮や合宿所を用意して、県外の選手を国内留学生として受け容れている高校が少なくない。最近では外国からの留学生も増えている。有望選手には学費免除や生活費を含む奨学金給付の特典を用意したり、練習相手を確保するため同級生を「抱き合せ」入学させることも行なわれている。顧問教員以外に個性的な指導法や訓練技術をもつ専任の監督やコーチがいて、部員数が多く野球やサッカーのような団体競技でも部員だけでゲーム練習ができる規模をもつ。

こうした部活動の究極の目標はもちろん全国大会の優勝である。甲子園やインターハイで優勝すれば、選手たちにはプロ契約や大学進学、あるいは強豪クラブをもつ企業への就職のチャンスが約束されるからである。そのため学校、監督、選手、保護者はこぞって部活を支え、選手に猛練習を強いることになった。

その半面、部活動での暴力的指導（しごき）、寮や合宿所での部員同士（とくに先輩後輩間）のいじめ、刑事事件やそれに近い部員の不祥事が続発するという事態が生じた。溝口によれば、高校や大学の運動部の体質は、大学の推薦入学枠と進学志望者の推薦権が利権化し、それが構造化した結果だという。その最大の要因はスポーツ界に蔓延する勝利至上主義の風潮である。文科省が想定する部活動は、プロ選手の養成ではない。したがって高校部員の資質や経験に差があるのは当然である。部員によって入部目的が違うので、それに合せれば部活動は多目的であることが望まれる。

しかし学校スポーツは、学校間競争として制度化されたために、勝利至上主義にとりつかれた。さらにオリンピックなど各種競技の国際大会が国家対抗のメダル獲得競争になり、ナショナリズムを煽った結果、勝利至上主義はスポーツ界を席巻するイデオロギーとなった。そのうえスポーツがテレビ放送の娯楽番組として人気を集めるため、スポーツの商業化が進み、勝利至上主義はアマチュアの拝金主義にも拍車をかけた。こうした風潮はどの国にもみられるが、スポーツの教育的役割を社会教育団体が果たすことについて、日本では十分な議論も制度もできていない。スポーツ庁が設置されたが、その目的はオリンピック・

メダリストの増加に止まっている。

日仏柔道連盟の差―溝口紀子の知見

溝口は、日本の柔道界が講道館の段位認定権をめぐる派閥抗争を繰返し、その利権獲得のために、勝利至上主義が暴力や性差別を隠蔽してきた経緯を記している。そのうえで全日本柔道連盟が社会教育団体として未熟な状態にあると論じ、以下の三点を指摘した。第一に子どもの柔道指導にあたる指導員資格が公的に整備されていないこと。第二に子どもの成長段階や年齢に応じた指導システムが確立していないこと。第三に柔道のもつ人間形成という教育目的を無視していることである。

彼女はフランス柔道連盟での勤務経験から、フランスでは柔道指導員は教員に準じる国家資格として、四級位の免許基準と認定方法が法的に定められていること、子どもの年齢層を細かく分け、それぞれに合せたトレーニング・メニューを用意していること、そして末端の町道場の指導員にも柔道による人間形成に責任をもつよう自己規律の徹底を図っていると述べている。

注目すべき点はフランスの柔道連盟が年齢別に初級から上級までのステップ・メニューを用意していることである。日本では英語教育に顕著なように、初級や入門レベルのメニューや教材は豊富だが、その後のメニューや教材は充実していない。柔道の稽古メニューも同様で入門レベルを終えた子のなかに、マンネリ化した稽古に飽きて、ラフなプレーをする子が出てくる。フランスの指導方法はそれを予防する仕組みを備えているという。

現在フランスの柔道人口は日本を遥かに超えている。溝口の著書によるとフランス連盟の二〇一一年の登録選手数は約六〇万だったのに対し、日本の選手数は翌年データで一八万弱に止まっていた。しかもフランスの柔道人口の四分の三は子どもである。フランスで柔道をする子どもが多い理由は、道場に通う子どもが身体だけでなく、自己規律の訓練も受けられると、学齢期の子どもをもつ親たちの評価が高いからである。

フランス柔道連盟の倫理綱領

溝口が力説したのは、二〇一〇年代に日本で柔道の死亡事故が相次いだのに、フランスでは一九四九年の連盟創立以来死亡事故がなかったことである。そのため保護者の柔道連盟への信頼が厚かった。この信頼はフランス柔道連盟が、柔道の教育的役割を重視し、道徳的規律を徹底した結果から得たものである。同連盟は「エネルギーを発散させる遊びの部分と約束を守るというしつけの部分を柔道に組み込ん」で、八つの徳目からなるコードモラル（倫理綱領）を定めている。

その内容は、（1）礼節、他者を尊重すること。（2）勇気、正義ある行動をとること。（3）誠実、自分の気持をありのまま（隠さず）表現すること。（4）名誉、善良な人に忠誠をつくすこと。（5）謙虚、高慢にならず自分自身に語ること。（6）尊敬、人を信頼すること。（7）自制、自分の怒りを心得ること。（8）友情、人の気持を純粋に感じること、以上の八つである。フランス連盟は、国際ランキング上位を占める強豪選手を育成するだけでなく、町道場の指導者に青少年の非行防止と徳育の責任をもたせ、思春期や青年期の子どもの相談相手を務めさせている。また成長期の子どもに暴力的闘争心を膨張させないよう、一二歳以下の全国大会を開催しない。

音楽による青少年の人間形成—ベネズエラの青少年オーケストラ活動

このような社会教育を音楽で実現した国がある。それはベネズエラの青少年オーケストラ活動である。ベネズエラは開発途上国であり、産油国とはいえ貧富の格差が激しく、石油価格の低下による経済不況から治安が悪化し、政治腐敗による政治的混乱がつづいている国である。貧困層の子どもには母子家庭の子や、両親に見捨てられホームレスになる子もあり、非行や犯罪に走る子どもも珍しくない。隣国コロンビアでコカインの密造・密輸組織が勢力を拡大し、ベネズエラにもその魔手が及んだため、組織犯罪に巻き込まれる青少年が急増した。青少年の非行防止や犯罪少年の更正のために、全国的な青少年オーケストラ運動を起こしたのが、音楽家で経済学者でもあり、政治家としても有能なホセ・アントニオ・アブレウである。山田真一の『エル・システマ』からその概要をみてみよう。

アブレウは、一九七九年国立財団ベネズエラ児童青少年オーケストラ・システムという団体を設立し、以後三〇余年をかけて全国に児童・青少年のオーケストラと音楽教室を設置し指導した。その結果、現在では全国に三〇万人ともいわれる数の演奏者が生まれ、二〜三〇〇〇（臨時編成もあるので数が一定しない）ものオーケストを抱えるまでに成長した。その最高レベルにあるのは、プロとして国際的な評価を得ている国立のシモンボリバル交響楽団とユースオーケストラであり、指揮者として世界的に名高いのはグスターボ・ドゥダメルである。そのほかにも国内各地に有給のセミプロやアマチュアの青少年オケや児童オケがあり、そのメンバーはオーディションにパスすれば上級楽団員に昇格できる。

演奏家育成の訓練メソッドと指導システムを支えるのが「エル・システマ」とよぶ指導体制である。それは、先に習った子や技術を習得した子が、初心者や技術的に未熟な子を指導する、子どもの相互指導相互学習方式を基本に構成されている。財団は、全国の音楽教室とオーケストラの運営のほか、楽器の製造・修理、配布（楽器は無償貸与される）を行なう楽器工房と上級演奏家や音楽指導者を育てる音楽院を抱え、演奏会のスケジュール管理、移動手段の手配、外国の楽団や音楽学校への楽員派遣や留学などを支援する強力なマネージメント部門ももつ。

この財団が一九九〇年代から、エル・システマを社会政策の武器として挑んだのが、オーケストラ活動による青少年の非行防止と犯罪青少年の更生であった。「演奏せよ、そして闘え」をモットーに、財団は都市の貧困者居住地区に多くの音楽教室を開設し、未就学児童や非行に傾きやすい青少年をオーケストラ活動に取り込んでいった。その結果実に多くの子どもたちを犯罪組織からも犯罪からも救済している。ここでも末端の音楽教室の指導者は青少年の悩みや進路相談の相手を務めている。ベネズエラでは国内の政治的混乱つづいているようだが、その安定を願わざるを得ない。

社会教育機関の基本原則―末端組織指導者の責任

フランスの柔道連盟もベネズエラの青少年オーケストラ財団も、社会教育機関として末端の道場や音楽教室の指導を重視するのは、末端組織の指導者が入門した個々の子どもの精神発達と道徳心の向上に責任を負っているからである。そして現場の指導員が子どもの相談相手を務めるのは、ほとんどの子どもが代表選手やプロ演奏家になれない現実を見据えているためであった。

実際スポーツや音楽の資質・才能はごく限られた子どもにしかみられない。例えば日本相撲協会の力士はほぼ七〇〇人いるが、そのうち有給の幕内と十両つまり関取は七〇人、一〇パーセントである。場所や年度により違うが、関取のうち大関・横綱は七~八人、全力士の一パーセントあるいはそれ以下である。当然アマチュア相撲の競技人口はその数倍となる。二〇一三年度版の相撲協会の報告書によると、登録された中学から大学生までの選手総数は約二五〇〇人だった。

この比率はバイオリニストの堀米ゆず子が『ヴァイオリニストの領分』で指摘している知見と合致する。彼女は、ベルギー王立音楽院教授のほかいくつもの国際コンクールの審査員を務めた経験から、才能のある演奏者は全体の一〇パーセント、ソリストになれるのは一パーセントに満たないと述べている。

プロになれない子どもたちの指導―アマチュアの意義

こうした現実からすれば、柔道の町道場や音楽教室に通う子どもたちの大半は、代表選手やプロ音楽家にはなれない。そこで指導者の重要な職務は、柔道や音楽に触れる体験の意味を子どもたちに納得させることとなる。フランス柔道連盟はコードモラルにもとづく人間形成を重視した。ベネズエラのオーケストラ財団も、演奏の経験が子どもの協調性、ルールや約束と時間の厳守、仲間への信頼・尊敬などを身につけさせる機会となると考えている。レベルが上るほど競争が厳しくなり、代表やプロの道を断念せざるを得ない子たちが増えてくる。進路相談が上級者ほど深刻になるのは、職業選択や人生設計に深く係わってくるからである。

しかしプロになれなくても、アマチュアの試合やコンサートは、目標の到達を目指すプレーヤーの努力を観客や聴衆に披露する機会となる。その経験は子どもたちが新たな目標に向かう活力となるものである。したがって社会教育団体の指導員は青年たちの悩みや相談に腰を据えて取り組み、スポーツや音楽の指導に励んでいるのだ。

三　社会教育の制度化と日本の課題

前述のような外国の事例をみると、日本では社会教育団体の制度化が未熟なことは明らかである。そもそも文科省のいう社会教育は、溝口らが外国の経験から得た知見とは概念の異なるものである。

文科省のホームページによれば、社会教育は「学校の教育課程として行われる教育活動を除き、主として青少年と成人に対して行われる教育」と定義され、体育とレクリエーションを含めている。具体的には「地域住民同士が学びあい教えあう相互学習」を通して地域住民の共同体意識の維持・強化を図るものとされる。そして公民館、図書館、博物館の活動の意義を強調している。とくに公民館活動のように、社会教育は自治会、町内会、婦人会、青年団などの地縁組織を中心に遂行されてきた歴史があり、地域社会に多大の貢献をしてきたと自負している。しかし時代の経過による社会変動の結果、伝統的地縁団体の活動が低下してきたことを認め、近年数多く誕生しているＮＰＯやボランティア団体との連携の必要性を説く。この言説から明らかなことは、文科省のいう社会教育とは、公民館など公共の文化施設の利用を住民に促す活動を指していることである。

文化活動の方法概念―学習のメソッドと指導システム

文化活動には、学習や訓練という知識・技能の習得という側面と、その成果を表現・発表する側面との二面がある。つまり知識・技能のインプットとアウトプットの両面である。伝統的民俗文化の活動では、寺社祭礼の祭囃子や舞踊のように、経験のある年長者が未経験者や初心者を指導してきた。確かにこのような文化伝承が日本の伝統文化を支えてきた。

しかし近代社会では科学技術だけでなく、文化活動も論理形式に則して文字や記号で表記され、それが理論化されると、文化は自律性をもつ技術体系となった。その技術表記を具体化する手順が方法の概念にほかならない。こうした発想はヨーロッパで生まれ、あらゆる文化活動に共通する思考形式として発展した。神学や哲学、数学と自然科学が教会から自立し美術、建築、音楽、演劇もそれにつづいた。そしてほとんどの文化活動が技術体系として記述され、それを具体化する「方法」が発達した。

方法概念が知識、技術訓練や創作活動を、先人の経験から分離した。この概念にもとづく段階的学習法がメソッドであり、知識や技術のインプットとアウトプットを統合する教育法が指導システムとして成立した。これは伝承による文化習得に比べ、はるかに合理的で一般性をもつ。日本の伝統音楽は一曲ごとに伝承技術を習得するのに対して、西洋音楽は楽譜にもとづき曲を再現する方法が確立している。そのため西洋音楽の奏者は譜面の初見で演奏できる。日本の伝統文化にも家元制による型という方法概念があるが、それは宗家の秘伝として公開されなかったために、自律化しきれていない。日本の近代化により西欧的原理にもとづく教育制度が導入された結果、方法概念は一般的知識として学校教育にも普及した。

知識の非対称性と知識サービスの資格制度

一般に教育や技術訓練は、知識や技術の差がある人々の間で行われる活動である。つまり教育というサービスは知識・技能の需要と供給の非対称性を前提に成立する活動なのである。そこで教育の欺瞞や詐欺行為を防ぐ保障として、学校や教員の資格が法的に定められている。ちなみに医師・薬剤師など医療従事者資格、裁判官・検事・弁護士など法曹資格、会計士・税理士など納税や経理事務に係わる国家資格も、知識の非対称性にもとづく業務を対象としている。大学教員や芸術、スポーツなどの指導者に法的資格制度はないが、学位や専門学会による業績評価や能力審査が存在する。

文科省が課外活動の責任者を学校と教員に定めたのは、教育活動を学校と教員に限る原則に縛られているからである。美術・音楽や体育は学校教育の教科科目として開講されてきた。しかし部活動が肥大化し担当教員が忙殺されるだけでなく監督できなくなってきた。それは全国コンクールや競技大会の求めるレベルが授業の水準を超えているからである。しかも音楽やスポーツの種目が多様化したため、経験のある教員でさえ一人ですべてを指導できなくなっている。部活の顧問教員には未経験者も少なくない。訓練メソッドと指導システムをもつ課外活動は学校教育の枠を超えているのだ。学校制度に替わる社会教育はまだ未発達である。しかも文科省のいう社会教育は、文化伝承という生活様式の維持に止まっている。これは家元制の教育を除外したことからよく分る。

日本の社会教育の遅れと青少年スポーツ

欧米の先進国では青少年スポーツの指導を、学校外の組織や団体が行なうことを認め、教育目的に則した社会教育制度を導入している。しかし日本ではまだ社会教育制度は確立していない。それは日本のスポーツ競技団体が自立していないことに起因する。日本のスポーツ団体の関心は全国大会や国際大会の出場と代表選手の強化にのみ集中し、指導員や審判員の育成、競技特性とルールの適切性の検証や競技の教育的役割をあまり考えてこなかった。そのため訓練メソッドと指導システムの確立への関心も低かった。

その具体例が指導員と審判員の育成体制である。日本のスポーツ指導者の多くは、選手経験者でチームないしクラブのＯＢやＯＧが多い。最近ではサッカー協会など競技団体が指導員のライセンス制を導入しているとはいえ、学校スポーツには浸透していない。選手としての技能はコーチとしての資質を保証するものではない。しかもスポーツの実技指導は選手の体格、年齢と経験により内容が異なるので、選手の特性に合わせてコーチを分ける必要がある。そのため外国ではコーチの級位資格が導入されている。しかし日本では家元制の師匠弟子関係という指導モデルがあるせいか、コーチの級位資格制が確立していない。体育系大学には教科科目の体育教師の育成課程はあるが、コーチ育成コースは発展途上にある。体格差や運動能力などを考慮して選手生活を断念した青少年が、コーチを志望する機会はほとんどない。

審判員はスポーツの試合をルールで統制する役割を果たす。つまり選手のプレーがルールに適合するよう誘導しながら、試合の優劣を判定する。どの競技団体も審判員資格を定めているが、日本の審判員の育成制度には不明確な点が多い。中高生の試合で同年代の生徒が審判員を務めることはない。それはこの年代の審判員研修や資格制度がないからである。それは選手が試合では審判個人に対してではなく、ルールに従う義務を負うことを学ぶ機会を狭めている。例外的に一〇代からの審判員育成制度があるのは、相撲協会の行司であろう。

競技団体の責任の一つに競技ルールのチェックと見直しがある。スポーツ・ルールには参加選手の平等性、判定の公平性と客観性の保障、試合中の危険防止という共通点がある。そのほかにラグビーやサッカーのオフサイドのように、競技の特性から生まれた独自ルールもある。試合の判定を時間で決められる陸上競技や競泳などの種目をのぞくと、試合判定に審判員の主観が混じることは避けられない。最近判定の客観性を高めるためにビデオ判定や判定機器を導入する競技も増えている。選手の平等性と健康維持、また試合の公平性の観点からドーピング検査も厳格になった。

国際競技団体がルール改正をすると、日本では日本人選手に不利かどうかがいつも話題になる。これはルールは自分たちがつくり育てるものだという意識の欠如を物語る。かつて日本人に不利な改正といわれた競技種目に競泳の平泳ぎがあった。平泳ぎの新泳法には日本人発案のものがあり、ルール違反として禁止されたり、バタフライのように新種目になったものもある。国際的ルール改正にことごとく抵抗したのは全日本柔道連盟で、重量制、ポイント制、女子選手の試合の開催、ブルー柔道着の導入のすべてに反対した。全柔連も最近では技で一本をとるという柔道本来のスタイルを維持するため、ルール改正や審判員の研修など国際的活動を積極化しているようである。日本の競技団体も試合の公正さのみならず、教育機能、選手の健康や危険防止などの観点から、絶えず競技の存在理由、ルールの合理性および競技大会の実施規則などの法的合理性を検証する責任を負っている。

近年国際オリンピック委員会や国際競技団体は、スポーツのプロ化に踏み切り、産業化を促進している。日本のスポーツの全国組織も各競技団体も、プロの選手やチームの国際大会出場を目指し、そのための組織づくりと強化策に追われている。そのためスポーツの教育的役割は地方組織の責任となった。しかし都道府県や地域組織も全国大会の主催や、国際大会への参加あるいはその誘致に精力を削がれていて、アマチュアの育成に手が回っていない。

競技団体の現状からみて、日本で学校スポーツを社会教育として制度化するには、まだかなりの時間がかかりそうである。そこで現行制度の改善が課題となる。

高校スポーツ大会の改革―地方予選の位置づけ

学校スポーツで問題が多いのは高校の大会である。学校チームや選手の所属校の公表は当たり前のように思われてきた。しかしフィギャースケート、競泳、アーティスティック・スイミングなどの選手が、学校ではなく所属クラブで練習を積んでいることを考えると、学校単位の試合という観念には疑問が残る。

地方予選のトーナメント方式の改善

とはいえ野球、サッカー、ラグビーなどの競技団体が、全国トーナメント方式で大会を実施していることは問題が大きい。出場校の戦力差が大きく、人口の多い地方予選の試合数が過剰になっているからだ。高校チームは戦力的にプロ予備軍、アマチュア、レクリエーション集団の三つのレベルに分けられる。レクリエーション集団とは、臨時編成チームで出場するレベルである。プロ予備軍を抱える高校はきわめて少ないので、大半の高校選手が出場する公式戦は、全国大会ではなく都道府県大会である。しかし戦力差を無視したトーナメントは、とくに大都市の進学校や公立校の選手の目標にすらならない。ラグビーやアメリカン・フットボールのように身体接触の多い種目は怪我の可能性も高い。したがって人口の多い都道府県の高校体育団体は、試合数の削減を考える責任がある。

その一案は大学が採用している決勝トーナメントと予選リーグの分割方式である。出場校の実績、専任コーチの有無、トレーニング環境、練習時間数などの差を考慮して、五〜六校の同レベル・チームをクラス分けして予選リーグを行ない、その上位チームに決勝トーナメントの出場権を与える。現行方式のシード権は決勝トーナメントの出場権とすれば、試合数を大幅に削減できるだろう。予選リーグ導入は進学校チームにとっても刺激となるだろう。

高校体育組織の責任―指導員資格と訓練メソッドの標準化および倫理綱領の確立

高校体育の全国組織が早急に取組むべき使命は、指導員資格と訓練メソッド・指導システムの標準化とモラルコードの確立である。指導員資格と指導方法に最低基準を導入すれば、しごきや不祥事の再発防止と選手の身体的精神的成長に資するだろう。また寮や合宿所の運営規則の明確化も必要である。修道院の伝統があるヨーロッパと異なり、日本では全寮制教育が発達しなかった。寮や合宿所をもつ高校や大学の強豪校が少なくないが、寮生の監督と自己規律など運営規則があいまいな点が多い。上級生の下級生への指導も必要だろうが、その責任者の人選や権限が明確に規定されていない。

日本ではモラルコードとしてアマチュアリズムの倫理観が定着してきた。それはスポーツが大学と高校の運動部が担ってきた歴史に由来する。しかしプロ化の影響が学校スポーツに及んだため、プロを罪悪視する精神論では、選手の道徳心を向上できなくなっている。フランス柔道連盟のコードモラルは、選手に選ばれることは特権を与えられることを諭すものである。特権には責任がともなう。コードモラルは、選手がその責任を果す約束であり義務として定められている。

日本のスポーツ大会の開会式ではほぼ例外なく選手宣誓が行なわれるが、これは選手がナチス式敬礼とともに示す個人的な決意表明にすぎない。競技団体の指導者やチームの監督・コーチは、宣誓とはルールと倫理綱領を守る誓いであることを、選手に理解させる責任がある。とくに強豪校の運動部には教科学習を軽視する風潮があり、選手の人間形成より技能向上を優先しがちである。しかしプロになった選手には、怪我による再起不能のリスクが高く、選手生命も短いので、引退後の人生設計のために社会人としての自己規律を身につける必要がある。強豪校の部活指導者は子どもの悩みや進路相談にもっと力をいれるべきであろう。

社会教育の法制化

スポーツや芸術の世界大会で入賞した生徒は、だれも一〇年以上のキャリアを積んでいる。こうした子どもを学校教育の枠内で育成することは不可能なのである。体育系や美術・音楽系の高校や大学を別にして、これらの課外活動は社会教育団体に移行すべきものであろう。

社会教育団体の制度化には、現在の公益財団法人や私学の学校法人とは別種の「社会教育法人（仮称）」のような新たな法人制度と具体的な教育プログラムの設計や実施を担当する社会教育主事（仮称）の資格が必要となる。

法人の創立希望者は寄付行為を作成し、主務官庁であるスポーツ庁の認可を受けることとする。モラルコードを寄付行為の記載に義務づけ、同時に団体の管理責任者と競技の実技指導員の国家資格制を導入する。学習メソッドや指導システムは、学校の教員構成やカリキュラム編制と同様の全国標準を各競技団体が作成し、傘下のチームや道場に子どもの非行防止と非行少年の指導を義務づけ、その実施を指導させる。そしてスポーツ庁がそれを監督することにすれば、課外活動を学校から自立させ、その責任の所在がもっと明確になるとともに、教員の負担も軽減できよう。

社会教育主事のような職種の導入は、野外キャンプや体験学習および修学旅行など、教員の負担の大きい学校行事の外部委託を促進するだろう。

社会教育法人は安定した財政基盤が必要がある。それを支えるのは地域社会であろう。英国の大学ラグビーやサッカーの試合後には、対戦チームの選手とコーチらが参加するドレスコードのある公式行事がある。招待客には開催地の市長や有力者がいたり、市長開催の場合もある。そこでチームのリーダーや有力選手はスピーチを求められるが、それは社会人としての人格的評価の試金石となる。こうした社交活動が選手の成長を促し、チームの人脈を広げ地域との関係を強めている。地域社会からみれば、大学のスポーツチームは地域を豊かにするインフラなのだ。それがチームへの経済的支援にもつながっている。

四　大学教育と生涯学習

大学の大学院教育は専門職や研究職の志望者を対象とし、大学教育の最高の使命はそこにある。学部卒業生の大半は社会人としてその後の人生を送るが、院生たちは課程終了後も研究を生涯つづけることになる。他方生涯教育には、公務員や企業就労者、個人事業者のなかに、職務遂行や技能向上のため自己研修をつづけたり、余生を趣味やボランティア活動に励みながら自身の知識・技能の完成を目指す人々がいる。文科省は、こうした社会人の学習活動を社会教育の一様態とみている。近年生涯教育より生涯学習という語を使うようになった。大学院も生涯学習も大学学部の卒業後の活動なので、これをまとめて考えることにしよう。

大学の学位課程とその制度特性

大学はルネサンス期のイタリアで医学、法学および神学の学校から発達した制度である。これらの研究者が教会の制度慣習や僧位秩序から自立し、知識を技術体系として記述した。それにもとづき学校教育の訓練メソッドと指導システムが発達した。大学は、学生を学位課程により訓練し、基準の知識や技能を修得すれば、課程終了を認め学位を授与する指導システムを制度化した。最初の大学は法学を専門とするボローニヤ大学である。その後オックスフォードとパリに法学のみならず医学と神学の学校もつ大学が創設され、次第にヨーロッパ各地に普及した。ヨーロッパの大学は研究者あるいは専門職の育成を目的とするのでエリート教育の伝統をもつ。

英語で研究分野を discipline（訓練）というのは、専門分野の知識や技術が学修経験を基礎に成立していることを示している。大学の教育課程は、各分野の基礎的知識を学習する前卒業（undergraduate）課程と、より高度の研究を行う卒業後（graduate）課程の二コースに分けられる。前者は日本でいう学部、後者は大学院を指す。大学院は研究者育成のコースと、医師や法律家を養成する専門学校である。米国では経営管理職や行政職を育成する専門大学院も定着している。また訓練経験の違いによる職種区別が厳格に定められ、例えばスポーツでは選手、コーチ、試合のコメントをするジャーナリストは別職種とされる。そのため一流の名選手でさえ引退後コーチや解説者になるには、認定資格（certificate）の取得が求められる。米国の大学には正規課程の枠外に認定資格取得のコースをおくところがある。

学部教育が大学院の基礎であることは、日本と欧米の大学制度に大きな差はないが、内容的には大きなギャップがある。その理由の一つは大学学部を最終教育課程とみなす日本の社会通念があることは前述したが、それ以上に歴史経験の差が大きい。そこで学部教育の実態の相違を確認しよう。

日本の大学学部の標準的教育制度

日本の大学学部の大半は年二期制をとり、各科目の授業は理工系と医学系および芸術・体育系をのぞけば、講義と試験で構成される。文科省は大学設置基準により、科目の授業方式に基準を定めている。科目は必修と選択に分かれるが、必修科目は卒業までに単位習得が求められる。科目の基本型となる二単位科目は週一回九〇分授業を一学期一五回行って完結するものである。ただし語学など演習科目は一単位である。学部の卒業所要単位数は一三〇位なので、語学などの科目をのぞくと、卒業までの履修科目数は、二単位科目に換算して五〇程度と考えられる。これらの科目試験をすべてパスすれば学士号が取得できる。

日本の学部教育の最大の弱点は、科目配当が学生の学習経験を蓄積する指導システムとして体系化されていないことである。各科目の担当教員は、講義一回に五冊程度の専門書ないし文献資料を要約のうえ解説している。教科書のない科目ではそれ以上の教材を必要としよう。したがって単純計算すれば、半期開講科目の教材は全部で七五冊となり、卒業までの履修科目総数に積算すると約四〇〇〇冊という勘定になる。これは講義テーマに限定した数なので、関連する基礎文献や参考資料を加えれば、五〇〇〇冊にはなるだろう。つまり学部教育は一つの学問分野について、これだけの知識のエッセンスを習得する機会なのである。これを独学で学ぶことは、不可能ではないにしても大変な努力が要る。それを円滑にするのが指導システムであり、思考の抽象度を段階的に高めるのが学習メソッドである。

帝国大学の放牧方式モデル

大学制度を導入した明治政府は、エリート育成を目的とする帝国大学を創設した。文系の学部は、講義と試験で学士課程を構成し、高級官僚と講座教官の養成を主要目的としたため、予科である旧制高校に放牧方式をとった。戦後の大学設置ブームにより、旧制帝大の放し飼い方式は国公立大学だけでなく私大にまで広まった。そのため日本の大学教育の国際的評価は最低レベルにあった。他方米国でも七〇〜八〇年代に大学教育の大衆化にともなう学生の理解力低下が明らかになったため、大学連盟は教員の指導力強化に取組みはじめた。日本でも九〇年代に文科省が大学教育の改善に着手した。国公立大学のみならず、私大も学部教育を見直してはいるが、改革は学生の学習メソッドに集中し、指導システムには手が回らない現状にある。その最大の原因は、入試など教育や研究以外の業務に、大学教員が忙殺されていることにある。

カナダのトロント大学の学部教育―政治学部の実例

そこで参考例としてカナダのトロント大学の政治学部の実態をみてみよう。カナダは連邦国家であり、憲法上教育権は州の管轄にあるため国立大学はなく、大学はすべて州立である。カナダの公用語は英仏二言語なので、フランス語州のケベックの大学は、マギル大学をのぞいて、フランス語を使用言語とし、教育システムもフランス式の伝統を引く。英語州の大学教育は、英国式のシステムを踏襲する大学と、アメリカ型システムをとる大学がある。一九六〇年代の大学新設や学部増設ブームにより多数の米国人教員が採用されたため、米国型システムをとる大学が増加した。その違いは、英国式が思考力重視型であるのに対し、米国式は詰め込み型である点にある。

トロント大学は市内と近郊の二市と合わせ三つのキャンパスをもつ。この大学は、英国のオックスフォード、ケンブリッジ、ロンドン大学などと同様、単独の学校ではなく、多数の学校、訓練機関、研究所の連合である。政治学部も人文社会科学系の学部（departmennt）で構成する文理学院（faculty of arts and sciences）に所属する。学部といっても前卒業課程と卒業後コースをもつ学校であり英国式教育システムの伝統をもつ。

政治学部の科目はすべて通年科目で、授業は講義、質疑応答、論文指導、試験、課題論文で構成される。一科目の学習内容がひじょうに広いので、卒業に必要な履修科目数は五科目程度かそれ以下とされ、米国式大学より極端に少ない。講義は週二回の六〇分授業か、週一回の二時間授業である。そのほかに教育助手が担当する質疑応答の授業がある。これは講義の難解部分や疑問についての学生の要望に応えるものである。そのほかに課題論文の指導がある。これはテーマ設定、論文の構成、記述法についての個別指導に近い演習である。ちなみに理学、社会学、心理学、経済学などの分野では、数学や統計学に弱点のある学生や英語力が不十分な留学生のための個人指導教員（tutor）による演習がある。

科目試験は前期末と学年末の二回あり、問題はすべて記述式である。試験時間は前期二時間、後期三時間で、解答用紙ではなく一〇〜三〇頁の解答ノートに記述する。そのほかに学年の中間に課題論文が課される。論文は記述内容だけでなく論文様式や文章の文法的正確さと口頭発表も評価対象となる、そのうえ学則により、論文の盗作・剽窃、他科目で提出した旧作の再提出は、試験のカンニングより重大な不正行為として処罰の対象となる。

米国式学部では、科目を英国式より細分化し履修の積上げ方式をとるので、科目内容と履修順序、および試験方法は事前にシラバス（講義要項）に明示される。試験は科目により短答式、記述式、およびその混合がある。短答式といっても問題数が多く、四択ないし五択の設問が、六〇分の試験時間でも五〇〜六〇問あり、講義内容の理解レベルが評価できるものとなっている。記述式試験と論文の採点は英国式とほぼ同様である。必修科目は英米方式いずれの学部も履修順序で定められ、科目の履修経験を活かすよう配慮されている。

上級学士と大学院入学資格

これらの科目試験にパスして、卒業所要科目の単位を取得すれば、学士号が授与される。ただしカナダの大学の学士号は、普通の学士のうえに、大学院の入学資格を認める上級学士（honour B.A.）がある。これはたんなる単位取得成績の優等生ではない。上級学士になるには、上級学士認定科目の単位取得が求められる。この科目は、大学連盟の評価委員が全国の大学学部の開講科目を評価し選定したものである。その認定はきわめて厳格である。まず科目のシラバスの評価からはじまり、実授業の視察、授業とシラバスの整合性、試験問題の適切性、試験評価の合理性を審査し、基準を満たすかどうかを判定する。上級学士は全国共通の学位なので、国内のみならず専攻によっては外国大学の大学院入学資格にもなる。したがって地方大学の学部生でも上級学士になれば名門大学院に進学できる。学部教育の質は上級学士科目の数で判断される。

大学院の研究コスト軽減と大学の取り組み

大学院に進んだ院生は、まず博士あるいは修士の課程科目の単位を取得し、論文提出資格を得ねばならない。大学院での研究と学部での学習の大きな違いは、学費とは別にかかる経済的コストと研究時間の圧倒的な差である。大学院教育のコストには、学生の自己負担と大学の責任によるものがある。専攻分野による違いがあるが、大学院の研究には、語学能力、資料収集、データ処理技術、現地調査、実験施設と支援スタッフが必要である。学者に裕福な家庭の出身者が多いのは自己負担が多いからである。大学は大学院教育のコスト軽減と研究環境の整備のためにさまざまな工夫を凝らしている。とくに欧米の大学は研究システムの共有により研究教育のレベルを維持してきた歴史をもつ。

図書館システムの充実

こうした大学の取り組みは主として五つある。第一にあげられるのは大学図書館の拡充と外部の図書館との連携および司書の研究支援活動である。ヨーロッパや新大陸の大学図書館は、中央図書館のほかに学部や大学院図書館をもつところが多い。大学に限らず図書館は常時二つのジレンマのなかでサービスを提供しなければならい。第一のジレンマとは、絶えず増加する図書と蔵書スペースの限界である。第二は閲覧頻度と蔵書の価値が両立しないことである。大学図書館の分立は閲覧ニーズに合わせて第二のジレンマを軽減するものである。また蔵書の図書館間貸出（インターライブラリー・ローン）は、蔵書規模を抑制しながら閲覧ニーズに応え第一のジレンマを回避するものである。大学図書館は、今日では各大学の学内サービスを超えて、国立図書館を含めた図書館ネットワークによる蔵書の共同利用システムに発展している。そして有能な司書による適切な助言や支援が研究活動の活力であることはいうまでもない。日本の大学図書館も相互協力をかなり進めている。

外部研究費および委託研究費の獲得

第二の取り組みは、外部機関からの研究費や委嘱研究の獲得である。どの国でも学術研究や文化活動に政府が助成している。ただし研究助成金の提供は、募集分野と応募条件が決められており、応募者が多いので当然大学間の競争になる。日本では文科省の科学研究費は外部研究費の代表になっている。政府以外に各種の財団、産業団体も特定テーマの研究費を提供しているが、これも大学同士の争奪戦になる。

外部研究費の獲得は、応募する教授の個人業績がものをいうので、大学は教授陣の研究時間を保障しなければならない。その一つが数年ごとに与えられる有給の研究休暇（サバティカル）の制度である。その期間中当該教員は通常業務を免除され研究に専念できる。

外部研究費のほかに、政府や地方自治体、大手企業などからの委嘱研究の受託もある。各地の行政は、住民からさまざまな要望や苦情を受けているが、それらの個別事案が全体としてどのように関連するか分からないことが多い。そこで行政があるテーマについて、大学に研究調査を委嘱する事例が増えてきた。企業の業種によっては自治体と同様の問題を抱えているため調査委託をするケースが出てきた。

共同研究・合同授業の推進

第三の活動は、共同研究や合同授業の拡大である。これには教員個人の得意とする知識や技能を組織するチーム編成方式と、大学間の共同研究プロジェクク方式がある。ヨーロッパの大学は歴史が古く、修道院の教育システムを共有してきた伝統があるので、授業での教員や学生の相互交流が日常的に行われてきた。さらに研究においても複数の大学や研究機関が行う共同研究も盛んになっている。院生の参加が認められる共同研究は大学院の教育の幅を広げ、院生の研究を促すことになる。

学内研究機関の定期調査報告と学外研究組織との研究協力

第四に大学がみずから行う定例調査や国際ＮＧＯの調査活動への協力がある。北朝鮮の核兵器開発を観察する38ノースなど大学の調査機関や、人権侵害を監視するヒューマン・ライツ・ウォッチやアムネスティ・インターナショナルなどのＮＧＯは、年次報告書を発表している。その調査に必要なデータ収集とその分析には、専門知識をもつ人のマンパワーがかかるので、さまざまな国から人材を集めている。そのチームに教員や訓練を受けた院生を参加させる大学がある。院生にとってその経験は、自分の研究を発展させる機会となるとともに、研究費の自己負担軽減にもなる。

これとは別に国連や国連機関は博士課程の院生を対象にインターンシップを実施している。これは国際金融や国際開発に関わる国際公務員志望者の研修制度である。資格審査にパスしてインターンになれば、国連活動の一翼を担う現地調査の機会が与えられる。国際開発研究を専攻する日本の大学院生もインターンとして活躍するようになった。

天才的院生のための特別奨学金

第五にあげられるのは、特定分野で抜群の才能をもつ学生を確保するための、大学院奨学金の給付である。博士課程の院生は定職に就く目処が立ちにくいので学資ローンは利用し難い。そこで大学によっては、大学院の長期ビジョンにもとづき、奨学金を授与して天才的若手研究者を獲得するところがある。これは大学自体の財政によるケースと、外部財団の提供する奨学金の推薦権による場合がある。米国の名門私大は財政的に余裕があるので、有望な若手研究者を集めて高い大学評価を維持している。米国の大学の大半を占める州立大学も優秀学生に奨学金給付を行っているが、日本でこのような奨学金制度はほとんどない。

研究を支える専門的行政職

大学院の研究教育の環境整備には、情報、資金、施設および人材という資源の収集とその組織化が必要である。したがってそのマネージメントを担当する専門家が求められる。とはいえこの職務は行政官庁の高級官僚や民間企業の経営者や幹部職を超える能力を必要とする。効率や収益という目標の達成ではなく研究内容の理解とのその意義への確信が重要だからである。名門大学には優れた研究業績をもちながら、自分の研究より研究環境の整備の黒子役を引き受ける人がいるのである。

世界の大学ランキングと大学院

毎年世界の大学ランキングがニュースになり、日本の大学の世界序列が話題になる。しかし日本のメディアも公衆もこの大学評価が大学院を含んでいることを理解していない。日本のランクが低いのは大学院が未熟なことに起因する。それは大学の学生総数に対する院生の比率からも明らかである。トロント大学の市内キャンパスの学生数は約六万人だが、院生はその三分の一を占める。これに対して日本の現状を文科省の学校統計でみると、大学全体の学生数の院生比率は一〇パーセントに過ぎない。米国は私大が多いといわれるが、私大は全体の三割程度である。他方日本では私大が大学の七割を占める。そして私大のほとんどは大学院を充実する財政基盤を欠いている。もちろん日本の大学にも世界トップクラスの研究部門をもつところがある。しかしそれは国立大の医学や理工学系の研究部門に限られている。

教育は基本的に、口頭コミュニケーションによるサービス活動である。そのため学校はサービス経済の制約を受ける。大学が増加するのは、ニーズの地域偏在性があるからである。大学教育の質は、大学が提供する訓練メソッドと指導システムとともに、学生自身の学力や学習意欲に依存する。研究活動という点で大学に格差が生じるのはそのせいである。

大学評価の精緻化―カナダのマクリーンズ誌の方式

日本における大学評価は学部教育に限られていて、しかも入試の難易度による序列に一元化している。しかもこの評価は、大学院を含めたものではないので、研究水準や学問的権威を示すものではない。にもかかわらずこの大学評価が高校生や大学生の進路決定に多大な影響力をもつことになった。日本の高等教育がいっそう高度化しつつある現状からみて、教育学者、教育評論家やメディアは、大学評価の精度を高める責任がある。

カナダの高級週刊誌『マクリーンズ』の大学ガイド特集は、毎年きわめて詳細な大学評価を発表し、ネットでも公開している。この特集は、カナダ国内の大学を「学部教育中心型」「総合大学型」「医学・博士課程重視型」のカテゴリーに分け、共通の評価基準にもとづきカテゴリー別に大学の評価とランク付けを行っている。評価基準はきわめて詳細で年度ごとに進化してきた。二〇一七年度版ではその基準を以下の五項目とし、項目ごとに評価の比重を設けている。①学生に関する事項（二八％）、②教授陣に関する事項（二四％）、③予算配分（二〇％）、④学生支援活動（一三％）、⑤外部識者の評価（一五％）である。

主な項目を概観すると、学生に関する事項では、学業優秀学生の全学生比率（一〇％）、専任教授一人あたり学生数（八％）、学生満足度（一〇％）となっている。学業優秀学生とは、学会などによる各研究分野の全国学業成績表彰の受賞生、権威ある外国のローズ奨学金とフルブライト奨学金のほか、国内の専門職団体や財団の支給する奨学金受給生を指す。学生満足度は、全国一万人超の学生（院生を含む）を対象に、学生生活に関する八項目について行った対面調査をまとめたものである。教授陣に関する事項では、過去五年間の外部団体による研究表彰の受賞者数（七％）、外部研究費の教授一人あたり獲得額（六％）、教授の年間業績発表数と論文の被引用回数（五％）、教員一人あたりの全業績数（六％）である。メディアでの活動は評価対象とされない。予算配分の項目は、学生の教科学習のための支出（六％）、研究費予算総額（五％）、図書館サービスのための予算（五％）、図書館蔵書充実費および電子文献購入額（四％）としている。学生支援とは、大学が制度的に実施する学習法の課外指導や助言活動（六・五％）と、大学の給付奨学金（六・五％）である。

これにより大学のカテゴリーによって、評価項目の比重が異なることが分かる。大学院中心の大学では、教員の研究業績などが重視されるが、学部中心型では、学生の学習指導や訓練強化が重要となる。大学によって学生数、組織規模、資金力に差があるので、小規模大学の評価数値は条件の差を調整している。「医学・博士課程重視型」の最高ランクはいつもトロント大学が占めるが、これは医学・理工系の研究施設の充実がものをいっている。ところが学部教育についての評価は事情が違ってくる。例えば、二〇一七年版の「学部教育中心型」のトップは、ノーザン・ブリティッシュ・コロンビア大学であった。同大学は一九九六年にブリティッシュ・コロンビア州プリンスジョージ市（人口七万人）に創設された、学生数三〇〇〇人のカナダでもっとも新しい大学であり、規模の小ささを生かして学生の学習指導に徹している。

この特集では、そのほか研究分野別に、工学、医学、心理学、数学、環境科学、生物学、看護学、コンピュータ科学、経営学、教育学などのベスト校もあげている。これだけ丁寧な大学評価があれば、高校の進学指導者の負担を軽減でき、高校生や大学生の進路選択に有益であろう。

生涯学習と社会活動技能の改善

生涯学習の問題に移ろう。生涯学習について文科省が強調するのは、大学のリカレント教育である。同省によるとそれは社会人の職業研修と教養を広げる学習である。職業研修には公的なものとならんで、民間企業の社内研修や業界団体のプログラムがある。これに類する各種の資格検定も普及している。かつて定評があったのはそろばんの級位であったが、最近もっとも定着したのは英語検定である。ただし認定資格といっても、それが職を保障するわけではない。

生涯学習といえる伝統文化の稽古事には茶道、華道、謡曲、民謡などがあり、そのほかに短歌・俳句、書道、囲碁・将棋もある。近年では民間の文化教室や大学の公開講座でも受講生の指導を行っている。また文科省は放送大学のプログラムに高い評価を与えている。日本では知識量の多さが教養人の尺度と観念されてきたため、教養という語は人間形成の基礎概念ではなく、知識量を示す指標とみられてきた。しかし作品のさわりを齧るだけの教養主義は詞辞構文による思考停止をもたらしやすいものであった。それが近代日本の蹉跌を招いたにもかかわらず、文科省のいう「幅広い教養」には教養主義の罠が残存しているように思われる。

ほとんどの日本人は学校教育で文章作成や口頭発表の技術トレーニングを十分受けないまま卒業してきた。したがってわれわれは母語の使用技術を十分に身につけずに成人したことになる。

これは日本社会のコミュニケーション効率がきわめて低いことを示唆している。いうまでもなく民主主義社会は多様な意見をもつ人々の話し合いによる合意で成り立っている。言語表現が不完全だったり、論理矛盾が混入する言明が多ければ、合意形成のコストが上昇し時間枠を無視する民主主義の弱点が拡大する。実際、病院の待合室でよく耳にするのは、医師が患者との問診に苦労している様子である。コミュニケーションの悪さが医療サービスの効率を阻んでいることを物語る。さらにエリート主義が育たなかった日本では、リーダーシップの訓練が不十分な指導者が公職を世襲している。政治家やエリート官僚は意見の異なる人々を説得する言語訓練を受けていないことが多い。このような状態を考えると、日本で成人の社会化が不十分な状態にあることは明らかである。したがって今後の生涯学習は「幅広い教養」ではなく、社会活動技能の改善にもっと目を向けるべきだろう。

ロータリー・クラブの自己啓発活動

そこで注目すべき事例は、米国で生まれ世界に広がった社会奉仕団体の自己啓発活動である。ロータリー・クラブやライオンズ・クラブには、内部に会員の社会活動技能の向上を目指す研修制度をもつ。それ以外にも人前で話すこと（パブリック・スピーキング）が苦手な人々が、スピーチ技能の向上を目指して結成したトーストマスターズ・クラブも存在する。これらの団体はヨーロッパにも設立されたので、欧米では社会活動技能の向上を目的とする自己啓発活動が、生涯学習の一大分野として定着した。そこでロータリーの例を見てみよう。

ロータリー・クラブは一九〇五年シカゴで創立された。その特徴は、モラルコードを定めていること、会員の自己啓発を促す研修システムをもつこと、そしてクラブの活動を国際的に広げてきたことである。会員数は全世界で一二〇万人を超える。組織は世界レベルの国際ロータリーから、地域、地区、クラブという階層構造をもち、各レベルの役員が組織を統括している。したがってリーダーの育成が必要となり、リーダー研修システムが発達した。

ロータリー・クラブは会員の研修を重視し、そのシステムを拡充してきた。新入会員に対して、週一回の例会出席の義務履行、モラルコードの自己検定、ゲストとの応対、服装などのマナーやエチケットを指導している。ロータリーは入会の特典としてパブリック・スピーキングなど、社会奉仕活動と職業に係わる社交技能の研修が受けられることを強調する。これは例会の時間を六〇分ないし九〇分と定め、例会議事の時間配分を厳守しているためである。役員でさえ発言時間は例外なく制限される。したがって会員は五分ないし三分以内に発言をまとめる技能を身につけねばならない。議長と司会役は時間管理の責任を負う。そのためリーダー研修はクラブの最優先事業となった。

このような研修システムは、政党や労働組合、業界団体などにはみられない。日本の民主主義の発展に日本人の社会活動技能の向上が欠かせないことはいうまでもない。しかしロータリーといえども職業倫理を実際の事業活動のなかで具体化することはきわめて難しくなった。市場のグローバル化と情報化により取引関係が複雑化し、その影響を把握し難くなったからである。そのうえ情報通信革命が世界経済の構造を根本的に変えてしまった。そこで現代経済の変質をみきわめる必要がある。

第５章

市場のグローバル化と福祉国家の後退

工業化社会は、迂回生産を高度化し、供給の拡大により市場の発展を実現した。工業生産の継続には持続的資源投入と投資を必要とする。したがって土地も資本ももたない労働階層には再生産の機会は保証されていない。これは前近代的農業経済が貧農といえども土地に従属するかぎり生存が維持できたシステムだったことと決定的に異なる特徴である。

資本主義経済は市場による交換に依存するので、土地所有者や資本家ないし企業と労働者との間に著しい経済格差が生じた。一早く工業化した英国やそれに追随した西欧諸国の大都市に、農村の過剰人口が流入したが、彼らの経済状態と生活環境の劣悪さは非人間的水準にあった。そこで一九世紀に経済的不平等の是正を目指す社会主義思想が出現した。それは市場による資源配分を統制し、国家権力により公衆の経済的厚生を図ろうとする思想で、その方法についてはさまざまの主張があった。

市場経済の拡大と過剰供給

二〇世紀初、米国で消費財の量産体制が成立し、過剰供給が大衆市場を生んだ。その結果、労働者層の生活水準が一段と上昇した。西欧諸国も量産化を進め、国内市場の拡大に必要な資源確保のため植民地獲得に奔走した。こうして西欧諸国は帝国主義の時代を迎えた。

経済思想家の佐伯啓思は、現代資本主義経済の特徴が過剰供給にあると指摘し、著書『貨幣と欲望』のなかで、一九世紀後半から第一次大戦までの帝国主義時代を動かした要因は、生産力、労働力および権力の過剰にあり、それが当時の国民国家の枠組みを超える状態を生んだと述べた。二度にわたる世界大戦が国家と世界秩序のあり方を再編したが、佐伯は『経済学の犯罪』で、第二次大戦後の資本主義国において貨幣の過剰供給が経済格差を拡大したと論じた。

市場の成立は過剰供給の出現を条件とする。供給が極端に少なければ、その需要は特定の顧客に限られるからである。大衆市場の出現は一般公衆の生活水準を引き上げたとはいえ、彼らは賃金収入で暮らす消費者に過ぎなかった。市場の不安定性ゆえに不況時には失業することが多く、病気や大怪我に見舞われれば多額の医療費が生活を圧迫し、最悪の場合には職も失った。工業化社会は就労機会を教育のある人材に集中したので、子どもをもつ親は教育費の負担が生活を圧迫することになった。

市場の不安定性と福祉国家の概念

こうした一般公衆の生活安定のために形成されたのが福祉国家の概念である。それは完全雇用と社会保障や教育を国家の責任とする理念にもとづいていた。それを実現したのが混合経済体制であり、普通選挙制にもとづく議会制民主主義だった。米国や英国およびフランスで確立した民主政が他の西欧諸国や日本など世界各国に広がったため、この国家間体制が戦後の国際関係（ウェストファリア体制、これについては後述する）を支えてきた。

一九七〇年代にはモノだけでなく信用の過剰供給が市場のさらなる拡大をもたらした。そして情報通信化革命はそれをさらに加速した。情報通信技術の革新は大量の情報処理と通信の広域高速化を実現したため、市場が地球規模にまで拡大しただけでなく、経済の不安定化を拡散した。大恐慌以来、資本主義国の経済学者や経済官僚は、需要の縮小を警戒し市場規制を強化してきた。

情報通信化革命と経済のグローバル化

八〇年代以降、信用と情報の過剰供給が新たな市場をもたらすと、市場機能が再評価されるようになった。情報通信化革命が迂回生産のシステムをいっそう複雑化し、市場の拡大がさらに進んだからである。投資で巨利を得た富裕層や起業家は保守派勢力とともに、市場規制の多い混合経済体制に対する攻撃を開始した。その結果、福祉国家は後退を余儀なくされた。しかし市場の拡大は貧困層の生活改善に直結しなかった。開発途上国経済の改善を支援する国連開発計画（ＵＮＤＰ）は、たんなる経済成長率に替えて人間開発という概念を提唱した。それは出生時平均余命、成人識字率と平均就学年数、購買力平価にもとづく一人あたり実質国民所得などを指標とし、あらゆる個人の生活の質的向上を志向する。人間開発の概念は経済のグローバル化の弊害と公共部門の存在意義を示唆している。

本章は、このような世界経済の変動過程について以下の五点から考察する。情報通信化革命のメカニズム、米国の産業政策と世界経済変革、金融市場のグローバル化と金融業の暴走、混合経済の成長と福祉国家の限界、グローバル経済のジレンマである。

一　情報通信化革命のメカニズム

エコノミストの賀来弓月は『地球化時代の国際政治経済』において、経済のグローバル化は八〇年代以降に現出した歴史的事象であり、政治や社会に多角的かつ根源的な変化を与えたと述べた。そして世界の電話機保有数が七〇〜八〇年までの一〇年間に九倍に増加したと指摘した。とくに先進国・途上国間の国際通話が急増し、八〇年代には米国発が三・五倍、ドイツ発が二・四倍の伸び率をあげ、情報通信化革命と運輸革命が、地球規模の相互依存関係、国際的アクター（行為主体）の多様化と数的増加、および地球社会の成立をもたらしたことを明らかにした。日本の統計データをみても、国内のほぼ全家庭が電話をもつようになったのは七〇年代であり、海外旅行は八〇年代以後高い増加率をつづけてきた。携帯電話が普及したのは九〇年代で、インターネットの利用が一般化したのは二〇〇〇年以降である。情報通信ネットワークと国際航空輸送システムの発達により利用コストが劇的に低下した。情報通信技術が企業活動のみならず庶民の日常生活にまでこれほど大きな影響をもたらしたのは過去四〇年程の出来事に過ぎない。

電気通信技術の発展と国際経済システムの変容

賀来は、韓国、台湾、シンガポール、チリをのぞく開発途上国がそれまで堅持してきたマルクス主義やケインズ理論にもとづく開発路線を、八〇年代に一八〇度転換し市場主義経済に移行したことに注目した。すなわちこれらの途上国は旧来の自力依存型開発政策、輸入代替工業化、外国企業の活動制限などのナショナリズム路線から、市場主義経済への方針転換を図った。その結果、地球規模の相互依存関係が成立し、貿易・投資・金融面で国際取引と技術移転が拡大した。貿易量を輸出でみると六〇〜八五年の間に四・四倍に、多国籍企業数は七〇〜九〇年にかけて三倍以上増加した。そのうちとくに金融業の伸びが著しく、銀行の対外貸付残高の増加率は六〇〜八〇年代末にかけて三六倍に、証券投資は八〇〜八八年の間に実に五九倍に達した。この変化がもたらした相互依存性は非対称であり、それが国家の役割を劇的に低下させ、現代国際社会を支えているウェストファリア体制、つまり主権国家で構成される国際秩序を揺がしているとの懸念を表明した。

政治経済学者のスーザン・ストレンジも同様の認識を示しているが、彼女は賀来よりも政府の限界に焦点を当てている。彼女の『国家の退場』によれば、情報通信の普及と貿易や投資の自由化により、多国籍企業より強い影響力をもつ超国家企業が出現し、それが国家と市場とのパワーバランスを逆転させたと述べる。ストレンジは政治活動の主体を政治家や高級官僚に限定せず「結果に対するパワー」が市場に存在すると説く。それは市場参加者によって非人格的に行使される権威であるという。そしてパワーを「個人あるいはその集団がもつ能力で、それにより自己の選好を他者の選好より優先させるよう結果に対して影響を及ぼすことのできるもの」と定義したうえ、他者を強制する「関係的パワー」と相手に対応を選ばせる「構造的パワー」の二つに分け、市場を後者のパワーとみる。そして世界の生産構造において国家から市場へのパワーシフトが発生していると論じた。具体的には製造業、サービス貿易での公営企業の減少や科学技術の研究開発における国家の役割の後退がみられること、また途上国の経済開発において、政府援助より民間投資や貿易が顕著な効果を生んだことを指摘した。

通信技術の革新と経済社会の構造的変化

これまで資本主義経済は、市場活動を担う民間部門と公共事業を担う公共部門で構成される混合経済体制をとるので、経済学ではこの二つのセクターを区別してきた。しかし情報通信化革命によりグローバル化した経済では、実体経済、金融セクター、および情報関連産業の三部門に区分して考えることが重要となった。それは情報通信技術の機能が部門ごとに異なり、市場も一様ではないからである。というのは情報の利用目的には、不確実性ないしリスク（不確実性のうち発生確率が認められるものをいう）の縮小と、ゴシップ報道や娯楽のように情報それ自体を消費するものに分かれるからである。芸術や学術研究とコンピュータソフトウェアも、情報自体の利用や消費あるいは保蔵を目的とする。

情報通信化革命には二つの側面があった。ひとつは技術そのものの革新であり、もうひとつは経済社会の構造的変化である。前者は半導体やソフトウェア技術の発達、コンピュータの小型化と量産化、デジタル技術による情報処理とタイプの異なるデータ通信の統合、電子データの共同利用システムの開発などの一連の技術進歩を指す。後者はこのような技術革新がもたらした経済社会的変化を意味する。超小型で高性能なパソコンは低価格化により急速に普及した。その結果、どんな個人や零細企業にも、高度の処情報処理能力と地球規模の高速通信網を提供したため、企業の組織活動が一変し、経済社会の構造が変化した。

ここで注目すべきことは、経済社会に変革をもたらした情報処理技術の出現である。かつての電算機は数値計算しかできなかった。しかしデジタル技術の発展により、コンピュータが数値のみならず文字、音声、静止画像、および動画を同一形式のデジタル信号で処理できるようになった。さらにこれらの情報を混合して一括処理する技術が開発され、データの単一通信回線での伝送が可能になった。こうして形態の異なる大量のデータを交信する情報通信が出現した。

初期のパソコン通信は電話回線を利用したためコストが高くユーザ数は少なかった。そこに米国防省の付属研究機関が相互にコンピュータをつなぐ安全で回線断絶にも強いパケット通信方式を導入した。それはデータを一定の通信単位に分割し、宛先に逐次電送するものである。この方式は低速の片方向通信とはいえ確実な送信が可能で極端にコストが低かった。そのため国防省以外の研究機関や大学にも広がった。その後この技術は国防省から全米科学財団に受継がれ、さまざまな学術情報ネットワークをつなぐ高度なネットワークに成長し、インターネットとよばれるようになった。通信業界は当初インターネットに無関心だったが、ユーザの急増に気づくと、こぞってこのサービスに参入した。インターネットは情報通信手段として瞬く間に全世界に広まった。

情報通信の衝撃

情報通信の普及は企業の影響力、生産の分業形態、産業セクター、および政府の四つのレベルで大きな変化をもたらした。

第一に企業の影響力の変化とは、産業界を主導する企業タイプの変容である。国家の代表的企業は、寡占業種の上位ランクにある旧来の大企業からベンチャー企業に移行した。これらの新興企業は製品、製法、および企業組織の革新を志向し、利潤の極大化よりもリスクの極小化に最大の関心を払った。そのため情報通信技術の開発と利用に積極的だった。

第二の変化は分業の再編である。製造業や流通業には多くの中間作業が介在した。製造業では原材料と労働を結合する生産工程に、原材料加工や部品生産などがあった。流通業には商品の発注から最終消費者への配送までの間にいくつもの卸問屋や梱包業、倉庫業が介在し、商品の保管、貯蔵や梱包から配送に至る作業を必要とした。これらの作業は下請け慣習により垂直分業の形で制度化されたので、手間とコストの重複が避けられなかった。その原因はメーカーや下請けと流通業者など受注側が、発注元の情報を十分に把握できなかったからである。情報通信技術はこれらの作業を大幅に削減した。製造業では部品生産など工程の一部を契約で請負う専門業者が出現した。流通業ではメーカーの社内業務や卸売業務を専門運送業者が引受けはじめた。これは分業体制が垂直分業から市場方式へ転換したことを意味する。参入業者には専業だけでなく、大企業から分社した系列企業も含まれていた。

第三は産業団体の政治姿勢の変化である。同業企業は競合関係にあるとはいえ、業界に関わる法制、税制、商慣習、教育制度の便益を共有している。したがって良好な事業環境の維持には協調が不可欠となる。情報通信化革命により生まれた新業種企業にとって、既存の法制や行政制度は事業の安定化に合致しないことが多かった。そこで業界は政治的発言を強めたのである。

そして最後に、政府も産業政策を劇的に方向転換した。従来のような巨大産業の保護でなく新産業を国家戦略として育成・支援し、企業収益よりも生産性を重視するようになった。

石油危機後の世界不況と米国の世界経済戦略

一九七〇年代は二度にわたる石油危機によって、世界経済が深刻な不況に見舞われた時期である。とくに米国はベトナム戦争による戦費の膨張と、社会保障の拡充にともなう支出増加によって財政赤字が急増していた。そのうえ製造業大手の相次ぐ工場の国外移転と国産品の品質低下により輸入が増加し、貿易収支の赤字も拡大していた。財政と貿易との双子の赤字に加えてインフレ率も高まり、米国経済は深刻な不況に喘いだ。他方、西欧諸国も石油価格の上昇と、ハイテク産業の出遅れによる輸入品の増加により国際収支赤字が増加していた。唯一日本だけが非産油国のなかで国際収支黒字国となり、自動車、鉄鋼とともにハイテク機器やその構成部品の輸出を伸ばした。そのため日本と米欧諸国との貿易摩擦が激化した。米欧各国は保護貿易的政策を断行し、日本に主要輸出品の自主規制を強要した。貿易摩擦がやや沈静化した八〇年代初、先進諸国の間に保護貿易解消のためＧＡＴＴで新たな貿易交渉を開こうという気運が生まれた。

ＧＡＴＴは、一九九五年に創設された世界貿易機関（ＷＴＯ）の前身である「関税と貿易に関する一般協定」とその国際機関を指す。四八年に成立したこの協定は、自由、無差別、互恵平等の原則にもとづく自由貿易の推進母体であった。ＧＡＴＴ協定は、加盟国が取り得る貿易制限措置を関税のみに限り数量制限を禁止した。そのうえ数度にわたる加盟国の貿易交渉で関税の引き下げを実現してきた。ＧＡＴＴとは別にＩＭＦ（国際通貨基金）協定も、自由貿易のために経常取引の為替制限を禁止していた。

そもそもＩＭＦは、米国だけを金本位制とし、国際通貨を金または米ドルと定め、加盟国通貨の為替レートを固定していた。しかし六〇年代末に米国のインフレが加速し、ドルの金平価が急落した。ドルを金で支え切れなくなった米国政府は金本位制の廃止を決定した。その結果、外国為替は固定相場制から変動相場制に移行した。低迷する自国経済の起死回生を図るため、米国が官民あげて取り組んだ戦略が、世界経済のグローバル化にほかならない。それはＧＡＴＴの自由貿易体制と情報通信化革命を結合し、米国の経済的覇権を再構築する世界改革だった。以下にその経緯をみていこう。

二　米国の産業政策と世界経済変革

八〇年代初頭から米国では、貿易赤字の原因が製造業の競争力低下にあるとの認識が高まり、国内産業の競争力強化が政治的争点になっていた。そこで改めて確認されたのが、米国の技術とサービス産業の競争力であった。電気通信、コンピュータ・サービス、航空業とともに会計・法務、エンジニアリング、コンサルティングなど対企業サービスと、金融、クレジットカード、ホテル、外食チェーンなど消費者向けを含む一般サービスのほか、映画や音楽など娯楽産業とコンピュータ・ソフトウェアが、世界市場でトップシェアを占めていることが確認された。

米国における市場自由化のはじまり—航空業

米国政府の規制撤廃は、航空業からはじまった。七〇年代末、米国政府は航空業の自由化に踏み切った。それまで航空業は政府規制の多い業種の一つだった。航空業者は国内線または国際線を専業とする航空会社（キャリア）に分けられ、それぞれ個別の営業権が認められたが、定期便の路線権と路線設定、便数、運賃とともに機内サービスの内容まで、政府の細かな規則や指示により規制された。

航空市場は国内・国際線ともに成長していたが、政府規制がさらなる成長の阻害要因であることが判明した。規制対象外だった国際線のチャーター便が急増したのである。ヨーロッパの中小キャリアが、大型旅客機の登場により派生した過剰輸送力をチャーター便に振り向け、需要の多い大西洋便市場に参入し、公定運賃を大幅に下回る料金での営業を開始した。チャーター便の増加により、定期便との区別がなくなり両者の競争が激化した。そこで米国政府は、安全運行や事業資格などの規制をのぞき、路線設定や運賃、機内サービスなどの規制を撤廃し、キャリアの選択に任せることとした。こうして米国の航空市場は、既存の大小キャリアと新規参入会社が入り乱れ、競争が激化した。

やがてこの競争の焦点は国際便と国内便の座席予約を効率化する「コンピュータ座席予約システム（CRS）」の開発に集中した。ＣＲＳは自社便のみならず他社便のスケジュールと世界の主要空港のデータをも保蔵し、いつどこからでも端末と使えば最適の接続便を選択し、利用便の座席予約を可能とするものである。それは膨大なデータの入力・保蔵と、その常時更新を要するため、資金力のある大手キャリアが有利になった。中小のキャリアは大手のシステムを有料で利用する加盟会社となるほかなかった。ＣＲＳは座席予約だけでなく、旅客データを運行路線のシーズン別、曜日・時間別需要の把握にも利用できる。そのため大手キャリアは路線ごとの機種選定や料金設定など、経営戦略の決定に威力を発揮する経営リソースを獲得した。その結果米国の大手キャリアは、世界の航空市場で優位を確立したのである。

米国の通信業自由化

電気通信サービスの自由化も航空業と似たような経緯を辿った。電信の原型は文字データを電気符号に変換して電送する電報である。これは片方向通信だが、郵便より伝達速度が速いので、緊急連絡手段を必要とする軍隊と鉄道業の内部通信に利用された。やがて電報は公衆通信として一般に開放された。しかし電報は片方向通信の限界を超えられなかった。

電話は電報の弱点を解消する通信手段として注目された。電話の利点は双方向性と実時間（リアルタイム）性にあった。実時間とは伝達時間がほぼゼロなので、利用者が距離を気にせず通話できる状態をいう。ただし電話の普及には四つの巨大な障害があった。第一に端末機が加入者数と同数必要で、加入者の増加に応じて増やす必要があった。そのため電話機の生産体制の整備が電話普及の条件となった。第二に加入者の住宅や事務所への引込み線の敷設、第三に加入者の回線を相互接続する電話交換施設の設置、第四に大容量の基幹電線網の整備があった。これらの条件の充足には巨額の投資を要するため、西欧諸国や日本では国営ないし公営事業としてはじまった。米国では初めから民営でスタートしたが、次第に自然独占事業となった。一九世紀末以来米国では独占禁止法が施行されていたが、政府は例外として電話事業の独占を容認する代わりに、公益事業として各種の規制を課した。

電話の通話需要は国際、長距離、市内という距離による違いが存在した。米国政府は距離別の事業免許制を導入したので、国際、長距離および市内の専業電話会社（キャリア）が併存することになった。料金もまた距離に応じて公的に定められた。加入者の増加にともない交換設備の能力不足による回線混雑が大きな障害となったが、自動交換機が開発されると、人力による電話交換は自動交換に切り替わりダイヤル式電話機が定着した。

無線技術の研究が第二次大戦中から進み、七〇年代にマイクロウェーブ（超短波）利用技術の電話への応用が実用化した。電話の無線技術は通信線の敷設コストを大幅に引下げる。そこでこの技術の利用計画をもつ新興キャリアが、長距離電話の事業免許を申請したところ、政府はそれを却下した。当該業者は、独占禁止法を根拠に権利を主張し、法廷で争った末に事業免許を勝ち取った。その後長距離電話事業の参入キャリアが増え、電話事業は競争の時代を迎えた。

八〇年代に移動体（携帯）電話技術が開発され、市内電話の参入障壁が低下し、キャリアが急増した。通信衛星を利用する国際通話では、デジタル技術の発達により、衛星回線の大容量化が実現した。回線に大量の余剰が生じたため、国際通話料金の値下げ競争がはじまった。供給過剰に転じた電話市場の激変に対応して、米国政府は距離別区分を廃止し、通信業の全面自由化を決定した。このように米国国内では航空業と通信業で規制撤廃による市場の広域化が実現した。それはグローバル市場形成の序曲にほかならなかった。

情報産業と知的財産権保護

米国ではモノよりも技術や情報を制作する企業が成長していた。これらの産業では航空業や通信業とは逆に、規制の導入と強化による市場の拡大を進めた。イニシアチブを発揮したのは映画や音楽などの娯楽産業とコンピュータ・ソフト業界で、彼らの関心は知的財産権の保護に集中した。情報を販売する伝統的商品は、書籍、雑誌、新聞、楽譜などの印刷物だったが、二〇世紀には音楽レコード、写真、映画などが出現し、七〇年代以後音楽テープやビデオテープさらにはデジタル媒体が加わった。

これらの商品の生産には創作・発明と複製があるが、前者は製品化までに長期にわたる開発期間と巨額の投資資金を要するのに対し、複製は時間的金銭的負担がきわめて低い。そこで一八〜一九世紀から欧米諸国では、作家や発明家が開発コストを回収するまで、複製の独占権を認める著作権と、発明の排他的利用権を付与する特許権が法的に整備され、二〇世紀初には国際的保護枠組みが確立していた。著作権の対象は言語や造形の表現に限られ、特許は製品もしくは製法を対象とする。しかし情報通信技術と新たな機械装置の出現によって、既存の法制度では作者や開発者の権利が保護されないケースが続出した。

著作権法の大幅改正―映画・音楽業界の要求

八〇年代に映画界と音楽業界は著作権法の大幅改正を訴えた。作品の録音や録画機能をもつ機器の量産と普及により、私的コピーのみならず商用コピーが氾濫した。そこで彼らは私的コピーの制限、放送や商業施設での利用と商用コピーに対する著作権料支払い、および原作者とは別に脚本家、編曲者、演奏家、出演者などの著作隣接権の保護をも要求した。加えて不正コピー、つまり海賊版の国内の取締強化のみならず、国外での取締をも主張した。

ソフトウェアの著作権保護―ソフト業界の要求

ソフトウェア業界でも開発者の独占権保護要求が高まっていた。パソコンの普及により私的な複製ソフトの利用が急増したからである。業界はソフトウェアを著作物とする著作権法の改正を訴えた。ソフトウェアは物質ではないので特許対象とはなり得ない。しかもそれは機械に対する作業命令の記述であり、何の表現でもないので著作物にも該当しない。しかし業界はソフトウェア開発者の権利保護には特許法より著作権法が適切だと判断した。その理由はソフトウェアが文字や記号で記述されるので、著作物と類似する点にあった。

物質特許の導入―医薬品業界の要求

医薬品業界は新薬開発者の権利保護に物質特許の導入を主張した。新薬には化学合成により作られる新物質に薬効をもつものがあるが、その開発者の権利は製法特許では十分保護されなかった。というのは特許に抵触しない製法がいくつもあるからである。そこで物質自体を特許とすべきだと力説した。

企業秘密の保護―製造業界の要求

製造業業界は企業秘密（トレードシークレット）の法的保護を要求した。技術的優位に立つ企業は、特許を取れば当該技術の独占権を確保できる。しかし特許権は審査手続上、内容の公表が義務付けられるため、技術優位を長期にわたり維持できる保障がない。そこで敢えて特許をとらず技術内容や製法ノウハウを企業秘密として維持する企業が増えていた。しかし産業スパイに技術記録やブラックボックス化した構成部品を盗まれても、法的対抗手段がなかったため、企業秘密の法的保護を主張したのである。

サービスマークの商標権保護―サービス業界の要求

知的財産権には商標権も含まれる。商標（トレードマーク）は、長年にわたる商業活動により形成された企業や製品の信頼性を示すシンボルとして、排他的使用権を認めるものである。サービス業の多様化とともに、業者は商号だけでなく業種の識別標識として文字や記号あるいは図形を使うようになった。宅配便の動物のイラストはその例である。サービス業界はこれらを商標と同等の権利をもつサービスマークとして法的保護を求めた。

知的財産権保護の拡充と情報市場の成長

知的財産権の保護強化は既存企業の利益に合致していただけではなかった。それは個人や少人数の集団にも創作活動を促したのである。新作がインターネットで公表されると、その情報がネットユーザに共有され商品化の機会が増加した。知的財産権の確立は、各地に点在する需要を可視化し、新たな市場へ発展させる原動力となったのである。こうした声を集約して、米国政府は知的財産権保護を強化する著作権、特許権および商標権に関わる法律の全面改正を行った。

米政財界の世界経済グローバル化戦略

こうして米国の産業政策によりサービス産業と知識産業の新たな市場が出現した。そこに参入した企業にとって市場を国内と国外に分ける理由はまったくなかった。したがって世界市場を目指す企業が増えたのは当然の成り行きだった。こうした風潮を背景に、米国の政財界はＧＡＴＴ交渉への関心を強めた。その推進役となったのはベンチャー企業の創業者や、市場主義の旗を振る経済学者のほか独占禁止政策に否定的な新保守主義勢力だった。

経済のグローバル化は、かつての国際化とは次元の違う根底的変革を意味する。国際化は、主権国家の存在を前提とする活動であった。したがって企業は国家間の政治体制、法制および文化の違いを認識し、その違いに合わせて国際的事業活動を展開した。多国籍化はその代表的経営方式である。受け容れ国側からみれば、国際化にはまだ自国の選択肢が残されていた。しかしグローバル化は、自由無差別の原則にもとづく国家間の差異の平準化を意味した。それゆえ国家には選択の余地がなかった。

ＧＡＴＴの貿易交渉の焦点は、特恵関税を認められる開発途上国をのぞいて、すでに七九年に終結した東京ラウンドから、関税ではなく非関税障壁に移行していた。貿易の数量制限は全面禁止され、関税率は貿易制限に有効な水準以下となり、外国為替も変動相場制に移行していた。つまり国家がとり得る貿易政策手段はほとんど消滅していた。したがって先進国間の貿易交渉は、国家相互の内政干渉となったのである。それを十分承知のうえで米国はＧＡＴＴ新ラウンドの交渉準備を進めたのである。

社会主義経済体制の崩壊とＷＴＯの誕生―世界市場のグローバル化

一九八六年にはじまったウルグアイ・ラウンド交渉の議題は、米国の主張を色濃く反映して、新分野を自由貿易のルールに加える革新的内容となった。米国は、途上国の反対が根強いサービス貿易と知的財産権について、ＧＡＴＴと並行して韓国などとの二国間通商交渉で自国の要求を承諾させ、ＧＡＴＴ交渉に圧力をかけた。八〇年代末に社会主義経済体制が崩壊し、九〇年代初にはソ連が解体したために、旧ソ連とその独立国および東欧の社会主義国が一斉に市場経済に移行した。計画経済の崩壊により途上国も経済政策の軸足を市場主義に転換した。ウルグアイ・ラウンドは全議案の一括承認を決定方式としたので、途上国は特恵関税を人質に取られる形で新ルールを了承した。九四年ＥＵと米国との妥協が成立し、ようやく最終案がマラケシュ条約として成立した。こうして世界貿易機関（ＷＴＯ）を軸とするグローバル経済体制がスタートした。

条約の発効にともない、各加盟国は国内サービス市場の自由化に着手した。サービス業のグローバル化は先進国、とくに米国の供給過剰から生じた事象である。サービス産業は在庫も見込み生産もできない。そのためサービス業の成長は、支店や子会社など国外拠点の増設に依存する。かつての多国籍企業と違い、米国系企業は、商品規格や営業規制などの法制や商慣習を、国外でも自国と同様に維持できることになった。

デファクトスタンダードと米国の圧力

米国企業が圧倒的なシェアを握ったハイテク分野では、法的措置とは別に、デファクトスタンダード（市場実勢による事実上の標準）を技術標準として認める空気が強まっていた。それまで技術標準は公的機関の認証制度が定着していたが、技術進歩が速い情報通信分野では、市場で主流となった機種やソフトを、公的標準と同等の権威として認める意識が強まった。それは市場シェアを既成事実とする「結果に対するパワー」がもたらしたものである。

かつて日本でもビデオレコーダーのβ方式とＶＨＳ方式との競争で、後者が市場シェアを圧倒し標準となったことがあった。パソコンの基本ソフト市場では、世界のトップシェアを握るマイクロソフトも二位のアップルも米国企業である。米国政府はデファクトスタンダードを強力に支持し、日本開発の基本ソフト・トロンの販売に、市場実績がないとの理由で圧力をかけた。米国の企業経営者やエコノミストが自国方式をグローバルスタンダードとして盛んに吹聴した。それは米国企業の市場シェアや独占によるレント収益の確保と、市場の権威を正当化するものだった。

三　金融市場のグローバル化と金融業の暴走

市場のグローバル化は、情報通信化革命により、通信、航空、物流、外食産業や、ホテルチェーンなどのサービス分野で急速に実現した。実体経済も、たんなる商品の供給に止まらず、消費者に選択肢を与える販売方式を導入し、商品にサービスを附加するようになった。そのなかで空前の成長を遂げたのが金融業にほかならない。金融業は金額を文字表記した預り証文や手形書式の証券を売買してきたという歴史をもつ。したがって貨幣は情報通信技術に馴染みやすく、電子化に最適の商品であった。それゆえ情報通信化革命が金融の膨張と暴走をもたらすことになったのである。

金融の需給関係には実体経済とまったく異なる貨幣固有の特質があり、それを前提として市場取引が成立している。今日からみれば、金融市場の拡大は信用の過剰供給と政府の規制撤廃から派生し、金融業の膨張とその暴走は通信の技術革新による取引の高速・広域化に起因する事象であった。そこで一九八〇年代以降の金融業の変容に詳しい、岩井克人の論考を中心に考えることにしよう。

岩井は『貨幣論』において、貨幣それ自体がパラドクスを内包するために、市場経済では効率性と安定性が両立しないと論じた。そのパラドクスとは、貨幣はそれ自体モノとしての使用価値をもたないにもかかわらず、他財との交換性によって価値機能をもつことにある。貨幣需要の源泉は、貨幣には不滅の交換性があるという他者の期待が無限に連鎖していることにあり、貨幣流通は「貨幣が貨幣であるのは、それが貨幣だからである」というトートロジー信仰に支えられていると述べる。

古典派経済学は貨幣を交換手段と解し、貨幣需要をあくまでも実物取引の反映と認識していた。しかしケインズは貨幣需要には取引決済のほかに予備的保留や投資があることに着目した。貨幣の交換性を流動性とよび、人が証券より貨幣を欲しがるのは流動性を選好するからであり、それを決定するのが利子率であると論じた。

この言説で注目すべき点は、需給関係の分析に時間軸を加えたことにある。現実の市場では古典派理論のように、需給均衡が瞬時に成立することはない。つまり供給と需要の発生には時間的ズレが存在する。そのズレを埋めるのが株式や社債などの証券と金融貸出である。株式は企業の発行する資本の分割所有証書で、債券は政府や企業の発行する借入証書である。そしてどちらも売却可能な金融資産である。銀行預金も預金準備をのぞけば貸出される。企業の成長は金融市場の発達を促し、資産家の投資機会を拡大した。

金融市場と投機活動

投資は企業や個人事業家あるいは政府ないし公共機関に一定の資金を貸付け、利子や配当を得る活動である。事業の成果がでるのは将来なので、投資資金の回収には不確実性とリスクが避けられない。そこでリスクを多数の出資者で分担し、投資の結果生じる利益あるいは損失を出資比率に応じて配分するのが通常の投資活動である。ところが証券市場には多くの投機家が参入していた。投機とは、商品や証券の値動きを利用して売買差益を稼ぐ行為をいう。投機は勝ち組の利得と負け組の損失の合計が必ずゼロになるので、経済全体には何も寄与しない賭博まがいの行為とみられてきた。しかし金融市場の発達により投資と投機の区別は無意味になった。実体経済の資金需要はすべて金融市場が供給するからである。貨幣は実体経済の安定と成長に不可欠でありながら、金融市場は貨幣の実需を反映しなくなった。それは金融活動がもつ時間の交換機能（現在の利益と将来的利益の交換）によって投機性が高まり、証券相場の変動が日常化したからである。

資本主義経済の発展につれ投機の機会は確かに増加した。しかし岩井によれば、投機は資本主義経済の特質というより、貨幣の本質から生じるという。それゆえ現代資本主義経済は不況に陥る可能性を常時抱えている。需給の極端な不均衡、つまり恐慌が起きても不思議ではない。にもかかわらず岩井は、ハイパーインフレの場合をのぞき、資本主義経済は長期にわたり存続すると述べる。

市場経済を麻痺させるハイパーインフレ

ハイパーインフレとは貨幣価値が数億とか数兆分の一にまで急落する超高速インフレで、貨幣機能の喪失状態を指す。よく知られている歴史的事例は第一次大戦終結直後の一九二二年にドイツで激化したインフレで、翌年の貨幣価値は一〇年前に比べ一兆四〇〇〇億分の一にまで低下した。最近では二〇〇七年に発生したジンバブエの例がある。同国通貨はその後の二年間で実に六〇〇〇兆分の一にまで急落した。どちらのケースも、解決策は米ドルや金に固定する新通貨の発行であった。現在米ドルに代わる最終的通貨は存在しないので、米ドルが崩壊すれば世界経済が破滅するのは疑いようがない。したがって米ドルを供給する為替市場は、世界経済を支えるだけでなく、不安定化する可能性を秘めていることになる。

金融活動の時間的空間的自由性

市場の不安定化要因は、金融活動が実物生産と異なり、時間的空間的制約から自由なことにある。金融市場出現の意味は、貨幣の決済機能に加えて、保蔵貨幣を資本として活用する機会を提供し、貨幣機能を拡張したことにあった。中世西ヨーロッパでは、ローマ教会が貸金の利子を禁止していたが、豪商や貴族などの富裕層は、金属貨幣をそのまま保蔵し、それを貸付けて謝礼を得ていた。ルネサンス期に銀行預金の利子が公認され、資産家は保蔵貨幣の預金で利子を得た。大航海時代には海外貿易への出資者が、組合とか会社という組織を結成し、リスクヘッジを組み込んだ投資で巨利を稼いだ。資本主義経済が確立した一九世紀に事業家は資金調達で銀行借入より債券発行を選好した。債券は国外でも発売され、資産家は債券投資で多額の利益を稼いだ。投資家は労働に頼ることなく利益を獲得し、金融業者は土地や労働力を利用することなく資産を増やした。ここにカネでカネを稼ぐという投資の原型がみられる。

とはいえ余裕資金をもつ人は少ないので金融業の顧客はきわめて限られていた。銀行は収益性が安定しているとはいえ、成長性の低い業種とみなされていた。それは政府規制と商慣習のみならず信用供与に金本位制の上限があったからである。

米国における金融革命の発生―消費者信用の膨張

第二次大戦後、米国をのぞく市場経済国は金本位制を離脱したが、通貨供給量は為替の固定相場制による制約を受けた。しかし六〇年代に米国ではじまった金融革命が世界の金融市場を一変した。

ジョセフ・ノセラの『アメリカ金融革命の群像』によると、米国の金融革命は六〇年代における消費者金融の急増とその後の金融市場の大衆化によりもたらされたという。消費者信用の総額は、一九四五年の二六億ドルから六〇年には四五〇億ドルに、七〇年には実に一〇五〇億ドルにまで爆発的増加を遂げた。そして六〇年代の急増の原因はクレジットカードの普及だったと指摘した。消費者信用の発端は一九〇一年にシンガー・ミシンが導入した割賦販売で、それは自動車の普及にともないアメリカ人の日常生活の一部となった。当時この金融を担ったのは小口金融を扱う地方の貯蓄銀行であった。

米国の銀行業は法令により、大口取引を扱う商業銀行と、小口業務を専門とする地方の貯蓄銀行に分けられていた。前者は連邦法、後者は州法により事業が認可され、それぞれの法的規制を受けた。地方金融機関の主要業務には住宅ローンがあり、それを専業とする貯蓄貸付組合もあった。小口金融機関は消費者信用とともにクレジットカード事業を重視した。

このサービスは消費者が限度額まで支払いを売掛にする決済サービスとして登場した。カード利用の利点は、現金のもちあわせがなくても買物ができる点にある。それはガソリンスタンドやレストランあるいは食料品や日用品の小売店などが発行するものだった。その利便性により利用者が増加したが、利用店と地域が限られていた。やがて利用の地域制限がない専門業者のカードが出現した。クレジットカード普及の要は、カード会員よりも加盟店の拡大にあった。その決め手となったのは、加盟店の会費が売掛金の回収コストより低いことにあった。未払い代金の回収は、顧客が増えるほど、人件費と請求書発送の郵送料、請求書や封筒などの書式購入費が増加するからである。

大手商業銀行の消費者信用市場参入―バンカメの挑戦

法人と富裕層を得意先とする大手商業銀行は、小口金融のコストとリスクに不安を感じ、消費者信用にもクレジットカードにも無関心だった。しかしカリフォルニア州のバンク・オブ・アメリカ（バンカメ）は、いち早く小口金融に注目し、リスクの安全性を確認した。そのうえで支店を増設するとともに、消費者ローンとカード事業を開始した。冷蔵庫などの高額消費財と自動車の割賦販売が主力となったが、五〇年代末には自動車ローン最大手となった。五八年に同行は、消費者信用とクレジットカードを統合する多目的カード・サービスを開始した。それは会員のカード決済に、一括払いだけでなく、分割払いの選択を加えるものだった。この事業の鍵はカード会員と加盟店の同時拡大にあった。そこで同行は、市場開拓の目標地区を定め、そこに自行カード数万枚を一挙に配布する大量散布策を強行した。その結果多数のカード会員と預金者を獲得し、銀行系クレジットカード事業でトップとなり、銀行業務でも全米屈指の巨大銀行に躍り出たのである。

バンカメの成功は、預金と貸出に頼る伝統的な銀行経営方式ではなく、消費者信用とクレジットカードの手数料や会費収入など収益源の多角化を図るものだった。この経営方式は商業銀行のモデルとなり、各行がそれに倣ったため米国の金融市場に信用の供給過剰が生じた。それを吸収したのが大衆消費と証券市場の拡大であった。

証券投資の大衆化

ノセラは証券市場の大衆化について、証券大手のメリル・リンチが草創期に取組んだ中産層投資家の発掘と、六〇年代に投資会社フィデリティが開発した投資信託の普及の経緯を記している。

米国でも二〇世紀初頭、株式市場や証券会社はギャンブラーの世界とみられていた。実際株式取引には不正がはびこり、証券会社は内部規律に欠け、取引に関わる経理情報はまったく開示されなかった。そのため一般市民は株式取引を胡散臭いものとして敬遠していた。メリル・リンチの創業者チャールズ・メリルは、株式投資の目的は有望企業の個人株主になり長期にわたり配当を得ることだと、自論の投資哲学を教示し、また自社の規律確立のための社員研修や自社の財務諸表の公表を敢行した。こうして証券会社の信頼性向上に努めた結果、メリルは全米で最大の支店数をもつ証券会社に成長するとともに、勤労者層から多数の個人投資家を集めることに成功した。

金融商品の開発―投資信託の出現

しかし大恐慌で株式投資のリスクを体験した多くの市民は証券投資に消極的だった。資産運用の点からみると、銀行預金や債券はリスクは小さいが利回りが低いのに比し、株式投資は正反対である。フィデリティが開発した投資信託は、株より安全で預金や債券より利回りのよい商品だった。これは設定額の基金（ファンド）をファンドマネージャーが立てたプランにもとづき、満期期間内に各種の債券や株式を独自の比率で売買し、リスクを分散しつつ高利回りの収益を獲得するものである。その仕組はまずファンドを小口の投資単位（口数）に分割して、目論見書をもとに顧客に販売する。そして顧客から集めた投資資金の運用を発行元の自社に信託させて、口数に応じ運用益あるいは損失を配当するというものだった。投資信託は長期運用資産でありながら、満期途中での売却が可能な流動性を備え、高利回りを実現して証券市場の主力商品となった。しかしそれは銀行の定期預金との競合商品となり、銀行と証券会社の競争を招くきっかけになった。

ロンドンの非居住者市場の成長と米国の金融規制

七〇年代当時、米国の金融業者が不満を感じていたのは、法規制のないロンドンの非居住者市場に中東産油国から大量の資金が流入し好調をつづけていたのに比し、米国内では同様の営業ができないことにあった。

そもそもロンドンの非居住者市場は、冷戦が激化した五〇年代に米国政府によるドル預金の凍結を恐れたソ連と東欧諸国の政府が、銀行預金をロンドンに移したのが発端だった。この市場を利用する非居住者は、外貨預金や証券投資を自由に選択でき、しかも利子の上限規制を受けなかった。そのため金利上限がある米銀の預金がロンドンに流出した。英国政府が非居住者市場の育成策を講じたため、ロンドン市場は活況を呈した。そこに集まったオイルマネーは、ニューヨーク市場に環流し、米系企業や中南米諸国の政府や企業に再貸出された。その仲介業務を実際に担当したのは、米国の銀行や証券会社の現地法人だったので、国際部門で働く米国人金融マンは国内の法規制に苛立っていた。また国内の銀行業界においても、バンカメやシティバンクのようにいくつもの州で営業していた商業銀行大手は、業務の州際統合を阻害する規制の多さに不満をつのらせていた。

ヨーロッパの通貨統合と米国の金融自由化

六〇年代の金融革命によって大手商業銀行の業務が拡大し、銀行区分の意味が薄れていた。また独占禁止法にもとづく競争制限により、全米に多数の中小銀行が乱立していることが判明した。七九年にＥＣ加盟国は為替レートの変動幅を一定の枠内に抑える共同フロート制に移行し、国際決済に加盟国通貨のバスケットによる共通通貨単位を導入して、通貨統合への一歩を踏みだした。また大陸ヨーロッパにおいても、外貨建て取引を行うユーロ市場や非居住者向けのオフショア市場が軌道にのりはじめた。西欧の通貨統合計画と歴史のある大手銀行に対抗するには、米国の銀行再編が避けられないという空気が高まりをみせた。レーガン政権が政策理念としたマネタリズムの経済学者は金融の規制撤廃を力説し、それを信奉する保守勢力は議会で銀行法の改正を承認した。こうしてはじまった米国の金融自由化は、金利の自由化と業務規制の撤廃を段階的に進めるものだった。

当然のことながら金利の自由化は、全米の銀行間競争を刺激した。大手商業銀行の破綻も生じ救済合併も行われた。商業銀行と貯蓄銀行の区分と州際取引の規制撤廃は銀行の合併や買収を促した。バンカメは銀行業務で全米トップにいたが、クレジットカード事業を分離し、名称をＶＩＳＡに変更するとともに、カード発行権を他行に付与するライセンス方式を開始した。そのうえで銀行業務の州際統合を進めた。他方バンカメをライバル視していたシティバンクは、他行買収などなりふり構わぬ拡大策を展開した。同行は小口金融のシェアで上位に食い込む急成長をみせ、同時にクレジットカードにも参入し、当初はＶＩＳＡに対抗するマスターカードで事業拡大を狙った。その後司法当局が、銀行に複数のクレジットカードの発行を認めると、ＶＩＳＡカードにも参入し追い討ちをかけた。結局シティバンクはバンカメを追抜くのだが、競争の激化はメガバンクを生み、銀行業の寡占化を促進した。しかしそのメガバンクがその後のリーマンショックで破綻した。

証券市場の自由化

為替市場の変動相場制移行によって米ドルの世界的需要が増加した。外為市場は、ドル建の債券や譲渡性預金（ＣＤ）などの時価相場を刺激し証券取引を左右した。米国の銀行は、国公債と社債の売買も手がけていたが、新種の証券には預金と債券の区別が不明なものが増え、銀行と証券業の区分が見直された。その結果、銀行と証券会社の兼業が持ち株会社の形態で認められた。それにつづき証券取引の自由化が、まず英国でビッグバンとよばれる大改革として導入され、米国もそれに追随した。証券売買手数料の自由化、証券会社の大規模化、銀行と証券の業種障壁の撤廃、証券取引所会員の外国資本への開放などに及んだ。金融市場は、為替と金利および取引コストが絶えず変動し、証券相場も流動化しながら規模を拡大した。こうして金融市場の自由化は投機性を一段と増幅した。

国際資本市場の形成と投機の容認

岩井克人は『二十一世紀の資本主義論』のなかで、分業が定着している市場経済において金融は投機性を解消できず、金融商品は時間やリスクを価格に織り込んでいると指摘する。したがって生産者や消費者は、金融市場でリスクや時間の売買によって、少なくとも部分的に、リスクを回避したり時間の節約ができる。それは資源配分の効率化をもたらすので経済成長に寄与するという。そして投資家とは、自己の時間（未来）を売り他人のリスクを買うことを専業とする人々を指すと述べた。それゆえ金融商品は、実体経済が不可避的に抱える投機性を捨象して、リスクを専門的な投資家に転嫁する仕組みを内蔵すると論じた。それは先に触れた投資信託の例で明らかであろう。

金融市場は短期貸出と長期金融に分けられる。短期とは一年未満の貸出を指し、それ以上にわたるのが長期である。長期金融には銀行などによる貸出と債券・株式発行によるものがあり、これらの取引の場が資本市場である。利子率はリスクの差を反映して短期の方が高い。この金利差を利用して、長期借入を短期貸出に回すことが、銀行業で一般化した。先進国で資本市場が自由化されると、米国の投資家が国別、金融機関別、満期期限別などの金利差を計算して、短期取引を頻繁に繰り返し、利鞘をかき集めて巨利を稼いだ。やがて米国の政府や金融業者の関心は、世界の資本市場の開放に向かった。

資本市場の世界的自由化

金融業の規制撤廃と資本市場の世界的自由化という構想は、ウォール街（金融業界）とワシントン（米連邦政府とＩＭＦ世銀の国際金融機関）の間で暗黙の了解として形成されたという。それはワシントン・コンセンサスとよばれ、レーガン政権とサッチャー内閣の重点政策となった。米国の政府、金融業界と産業界、および新保守主義勢力は、さまざまのメディアや学界を動員し、ＩＭＦとも共同歩調をとり、米国の金融改革をデファクトスタンダードとして認めさせ、各国に資本市場の開放を迫った。その結果、世界規模の資本市場が出現し、資金不足状態にあった新興工業国や途上国の市場に、大量のドル資金が供給された。しかしそれは金融リスクを地球規模に拡散した。

リスクヘッジ手法の発展と投機性の拡大

為替市場は変動相場制への移行後急成長していた。また石油市場でも原油価格の変動が日常化した。そこで価格変動のリスクヘッジのため、為替や原油の先物市場が出現した。先物取引は、穀物市場ではかなり昔から定着していた。農産物は、天候の不確実性と作付面積によって収量が変るので、相場が変動しやすい。そこで収穫前に収穫後の農産物を、予約価格で買取る仮契約として先物取引が出現した。先物市場は仮需要を表示するので、農家は過剰生産による値崩れを避けるため、市況をもとに作付量を判断できた。この取引手法が外国為替や原油取引にも導入された。

先物取引の投機性が高いのは、信用取引の制度があるからである。投資家は証券会社に委託証拠金を預託しなければならないが、この仕組により買付け資金または売却証券や商品を借入できるので、手持ち資産がなくても取引できる。信用取引の利点とリスクはカラ売りができることにある。例えば株価の上昇局面に借入金で株を買い付け、買値よりかなり上ったときに売却すれば、借入金を返済しても差益が得られる。ただしカラ売りの妙味は株価の下落でも利益が稼げることにある。この場合証券会社から株式を借りて売却し、株価がさらに下落してから同銘柄株を買い戻して返済すれば、差益が得られるからである。カラ売りができるために信用取引では、持ち金の数倍もの取引が認められ、投資家は相場が上っても下っても利益を獲得できる。したがって証券市場や商品取引は投機家が集まりやすい条件を備えていた。ただし信用取引は損失も拡大するリスクを内包している。

資本市場の自由化とアジア債務危機

資本市場の自由化はリスクの拡散と裏腹の関係にあった。九七年のタイの事例では、資本市場の自由化により長期のドル資金が米国から大量に流入し、それを現地の市中銀行が短期貸出に利用した。そのため国内で消費ブームが加熱した。実物市場では商品価格が高騰し、値上り期待の転売需要が膨張しバブルが発生した。そのため国内市場は先物取引に類似した状態になった。国内の信用過剰が判明すると商品価格が急落した。その結果銀行借入で事業拡大を図った業者、とくに不動産や建設業者などは倒産に追い込まれた。企業の連鎖倒産により金融機関の収支バランスが悪化し金融危機が生じた。タイの銀行にドルを貸出していた米系投資家は、危機をいち早く察知し、ドルで資金回収を進め国外に逃亡した。国外からの多額のドルの流入と急激な流出は、タイの国際収支を悪化させ債務危機を招いた。

金融業務の機械化と金融市場ネットワークの形成

このような市場経済の不安定化とその変動の高速・広域化をもたらしたのが、金融の情報通信化と米国業者による新種の金融商品の開発であった。そもそも金融業はきわめて労働集約的業種であり、労働生産性が低い産業部門だった。それは金融商品が文書形式で金額を表記する預かり証や証券であるため、その売買に付随する業務も文書処理が多く、機械化が進んでいなかった。しかも不正や偽造の防止のために金額や署名などを顧客の直筆とする慣習も残存していた。銀行業務に付随する事務作業の大半は、帳票の記入、転記、書替えと出納計算が占めていた。経理計算は西欧では長年筆算に頼っていた。したがって金融機関のコスト構造は圧倒的に人件費の比率が高く、設備投資はきわめて少ないという体質をもっていた。それを一変したのが、一九六四年に出現したＩＢＭの事務処理用コンピュータ３６０型である。取引業務の電算化により金融業は通信回線で接続するネットワーク産業となった。

米国の銀行が業務のコンピュータ化を急いだ理由は、小口金融とクレジットカードの普及により、付随する事務量が激増したからである。とくにカード会員の認証作業は迅速さを求められた。カード決済のために加盟店の端末から会員の預金残高を照会できる機能を加えるなど、銀行ネットワークの拡充は必須だった。事務処理の完全自動化が実現すると、ＡＴＭの無人店舗が出現し、また普通預金口座からの振込みや入金受け取りとともにカード支払いの自動引き落としも可能になった。このネットワークがインターネットにつながると国際取引が急増した。こうして情報通信化革命は金融市場のグローバル化を完成した。

金融工学の商品開発とリスクの拡散

コンピュータ技術は、金融商品の開発にも威力を発揮した。為替と原油の先物市場では取引の権利を売買するオプション取引や自国通貨建て証券と外国通貨建ての証券、あるいは固定金利債券と変動金利債券を直接交換するスワップ取引が開発された。この種の金融商品はデリバティブ（金融派生商品）とよばれ、短期間で高収益を得られるので人気をよび、八〇年代以後さらに超高リスクで高収益のデリバティブが開発された。

投資信託の意義は金融業の成長要因がリスク分散にあることを明らかにしたことにあった。それは取引リスクを分割し、商品単位に配分するものだった。したがってリスクヘッジはリスクの分割と分配の技術となった。それを拡張したのが、資産運用のリスク分散と収益性の最適解を数学的に導出する金融工学にほかならない。デリバティブの開発はこのような土壌のうえで成立した。やがて金融資産だけでなく土地や住宅から帳簿上の債権ないし債務を流動化する証券化の技術が出現し金融業界で急速に普及した。

デリバティブはリスク分散技術に依存しているのに対し、証券化は個人や法人が保有する帳簿上の資産を集約してファンドとし、その所有権を分割して不特定の投資家に譲渡し流動化するものである。これらの商品は数式で記述され、過去データのコンピュータ分析にもとづき創出された。ノセラは前掲書でコンピュータの利点は複雑さを単純化できることにあると指摘したが、それは複雑さの隠蔽にほかならなかった。隠されたのは金融取引における時間交換の循環と金融情報の非対称性を悪用する不正行為であった。

デリバティブはリスク分散を何重にも組み込んで高利回りを実現するきわめて複雑な商品である。したがってその取引で利益を確保できるのは、商品知識と取引経験の豊富な一流のプロ投資家に限られる。一般の顧客には商品が内蔵するリスクは分からない。二〇〇八年のリーマンショックはサブプライムローンの破綻が発端となった。それは住宅ローンを証券化して顧客に信用を供与するものだった。少額資金で高額の住宅が入手できるという触込みで顧客を大々的に増やしたため、住宅需要が急増しバブルを生んだ。このローンで住宅を買った顧客は、転売目的の住宅購入のために借金した形になった。顧客はカラ売りの罠に嵌められたのである。住宅バブルの破綻から生じた金融危機はリーマンブラザーズという証券大手の倒産に止まらず、バンカメやシティバンクのようなメガバンクから貯蓄貸付組合に至るまで粗暴な債務超過の爪痕を残した。金融の暴走は世界経済に大打撃を与えたのである。経済学者本木美彦はその過程を『金融権力』で詳細に分析している。

プロ投機家集団の登場―ヘッジファンド

リーマン危機が資本主義経済を破壊することはなかった。それは、岩井克人が述べたように、この危機が投機の結果だったからである。投機には負け組だけでなく勝ち組がいる。今回巨利を得たのは、銀行や証券会社ではなく、米国特有の投資会社のうち、大富豪の資産だけを運用するヘッジファンドであった。彼らは顧客から預かった超巨額の資金を運用し、その増殖に成功した。投資経験と金融工学技術に加え、人脈や情報通信ネットワークを駆使して、グローバルな投資活動を展開し、バブル崩壊の兆候を察知すると、一気に資金回収を開始し安全な租税避難地に逃亡した。こうしてヘッジファンドは巨利を稼ぎながら無傷のまま生き残った。取引の高速化と広域化により、資本市場はカジノのような様相を呈するようになった。八〇年代から二〇一〇年にかけて、欧米の中産層が勝ち組と負け組に分かれる階層分化が進み、全世界的に所得格差が拡大した。

金融の暴走と所得格差の拡大

このような金融の暴走が、民主政治を危機に晒すことになった。これについて岩井克人だけでなく内外の識者が論じている。例えば日本人では佐伯啓思や経済学者の金子勝がいるし、米国人には経済学者のジョセフ・スティグリッツやポール・クルーグマンもいる。カナダ人のジャーナリスト、ナオミ・クラインは『ショック・ドクトリン』でマネタリストの大御所ミルトン・フリードマンがチリの独裁者ピノチェトの暴力的経済自由化策を後押しした経緯を伝えている。ヨーロッパでは、フランス人経済学者トマ・ピケティが『二十一世紀の資本』で現代金融業の収益メカニズムを分析した。人口学と人類学の専門家エマニュエル・トッドも経済のグローバル化による経済格差の拡大を指摘した。英国人で日本政治を専門とするロナルド・ドーアは米国に追随する日本人に警鐘を鳴らしている。

大富豪という超国家勢力

これらの論考は枚挙に暇がないので詳細は省くが、われわれが日本人がとくに銘記すべき現実がある。それは世界の階層分化の背後に見え隠れする大富豪の存在である。それは日本にはまったく存在しない国家規模の資産をもつ支配勢力である。

広瀬隆の『アメリカ経済の支配者たち』によると二〇世紀初頭米国の大富豪は人口的には全米で一パーセント未満だったにもかかわらず、国内資産総額の四〇パーセント近くを所有していた。彼らの個人資産の平均は国民一人あたりＧＤＰの七万倍に及んだという。大富豪は血縁集団として当初は略奪や犯罪まがいのの強奪によって資産を獲得し、それから合法的商業活動で土地や資産を確保し、家業の世襲で米国経済を支配しつづけてきた。彼らは第一次大戦までに基礎的資本蓄積を終え、以来一家の資産を婚姻と相続、それに株式のインサイダー取引や租税回避により増やしてきた。ピケティの研究によると、二〇〇五年の米国で上位一パーセントの富裕層が国民総所得の一七パーセントを獲得していた。

ロスチャイルド家のようなユダヤ系大富豪は米国だけでなくヨーロッパの英仏両国などにも社会的地位を確立した分家がいる。またヨーロッパには事業家のほかに巨額の資産をもつ王族や貴族とヴァチカンなどの宗教団体や財団、秘密結社が存在する。注目すべきことは、大富豪は王室や宗教団体と異なり、国家的関心が薄く、一族の私有財産の増殖を追求する超国家勢力だという点である。

しかし大富豪はたんなる贅沢な消費者ではない。とくにユダヤ系富豪にみられるように、彼らは世界各地に結束力の強い同族集団を形成するとともに、科学、学術研究、芸術および教育に多くの人材と資金を提供してきた。教育や学術研究の面では世界トップクラスの大学院や研究機関への研究費支援、無期限の冠教授職や冠講座の寄付、優秀学生への奨学金の給付のほか、学会や専門職団体が主宰する事業への資金提供などを、国にこだわらず行っている。富裕層の近親者や友人には、姻戚関係、血縁関係、師弟関係および校友関係のある人々で大学や学界や芸術分野のみならず世界各国の政財界、官界およびメディアのトップクラスに属する人が数多く、彼らと私的ネットワークを構成している。この人脈をとおして、大富豪は情報や資金だけでなく政治や経済を動かせるのである。

実際市況が激動しリスクが上昇した国際資本市場においてさえ、彼らは巨額の投資収益を確保した。富裕層が暮らす世界は、われわれ一般市民が日常的に経験する世界とも、書籍やメディアが伝える社会とも異なるきわめて閉鎖的社会である。こうした勢力がつねに反民主的だとはいえないが、市民生活に強い影響力をもつことは念頭におくべきだろう。

四　混合経済の成長と福祉国家の限界

グローバル化はまた経済犯罪や暴力行為をも蔓延させた。クレジットカードの偽造や不正利用は日常茶飯事となったし、勤務先の銀行の倒産を招いた銀行員の不正貸出や、エンロン事件のような企業ぐるみの巨大詐欺事件も発生した。またマイノリティや女性に対する暴力行為も後を絶たない。ネットワークのグローバル化によりサイバー犯罪やサイバーテロも頻発している。しかし米国の保守派の一部には、犯罪や暴力もまた個人的自由の一種として容認しているように見える。彼らは経済の安定や社会保障のみならず犯罪防止のための政府権限の強化にも、自己救済を認めない社会主義的活動と直感して、過剰な拒否反応を示す傾向がある。投機で自己資産の増殖を図る勢力にとって、市場と社会の不安定性こそが望ましい状態なのであろう。

保守勢力の市場主義イデオロギー攻勢

いずれにせよ高度資本主義経済は、モノと信用と情報の過剰供給により、市場の変動が避けられなくなった。それが第二次大戦後に形成された福祉国家の解体を促している。福祉国家は、混合経済体制を基礎に形成され、健康保険や社会保障サービスの公的提供を重視する政治体制であった。しかし健康保険にせよ年金にせよ、民間企業が市場で大量に供給できれば、政府がそれを担当すべき理由はないという発想が、市場主義エコノミストや保守勢力から生まれてきても不思議ではない。

ダニエル・ヤーギンとジョセフ・スタニスローは『市場対国家』において、リベラル派と新保守主義勢力とのイデオロギー抗争を記述した。七〇年代以降リベラル勢力が推進してきた市場規制と混合経済の社会保障制度が行き詰まり、新保守主義勢力が市場主義のイデオロギー攻勢をかけて規制撤廃を実現した。新自由主義者は市場メカニズムの意義を強調した。この主張は、ケインズ主義の牙城であるハーバード大学に対抗するシカゴ大学のマネタリズム学派が仕掛けた学術論争となった。その後この論争は政治的争点になり、民主党支持者と共和党支持者の対立として現出した。その意見対立が分かり難いのは、市場主義を唱える保守勢力のなかに、西欧の知的伝統である理知主義や合理主義を忌避し、感情的で非合理的な神秘主義的傾向がみられることにある。どちらの陣営にも大富豪がいるし、エリート層もいて、資本主義と民主主義の価値観を共有している。しかし政治的態度は個人主義に立つリベラル派と、集団主義傾向の強いキリスト教福音主義者や地方の愛国主義者に分かれている。

マンハイムによる保守主義の成立要件

ドイツ人社会学者カール・マンハイムは一九一七年に発表した『保守主義的思考』において、保守主義は旧来の行動様式を墨守する伝統主義と異なり、近代の社会変動が生んだ思考形態の一種だと述べた。そして政治的保守主義の成立条件を四つあげた。すなわち①歴史的な社会変動が意識されていること、②変動が社会分化の激化として現出すること、③観念体系が社会分化と併行して形成されること、④変化の促進勢力と現状維持勢力が分裂し、それぞれが組織化を進めるため、政治的党派性が価値のシンボルとして凝縮すること、以上である。また保守主義に共通するのは実在性、具体性および直接経験への執着が強く、抽象思考を嫌悪することにあると指摘した。この論考をもとにみると、米国、西欧および日本の保守主義はそれぞれ自国の混合経済体制の特徴を反映していると考えられる。

大恐慌と第二次大戦による欧米および日本の経済崩壊と混合経済の形成

混合経済は一九三〇年代の世界恐慌への対応と第二次大戦の総力戦体制に由来する。米国の場合フランクリン・ローズベルト大統領が実施したニューディール政策がその母体だった。西欧諸国と日本は大戦による戦禍を経験したため、混合経済の形成は戦後復興と並行して進められた。英米両国をのぞき大陸の西欧諸国と日本は戦争により立憲体制が停止したため、統治機構と正統性の再建が復興の前提となった。また連合国は敗戦国のドイツと日本の民主化を促進した。以下にヤーギン等の記述から各国の混合経済の形成過程を概観しよう。

西欧の政治文化と米国との大きな違いは、資本主義に対する不信感と社会主義への親近感の存在である。西欧諸国において資本家は、自己の利益にしか関心を示さず、革新性に欠け投資リスクを避ける怠惰な商売人とみなされていた。とくにドイツとフランスの大資本は、大戦中にナチスに協力した企業が多く、戦後復興から除外すべきだと考えられていた。また恐慌にともなう戦間期の失業の記憶と、好調な成長を博していたソ連に対する好感も根強く、社会主義政党が議会で議席を維持していた。

西欧の戦後復興—米国の援助と地域統合

西欧と日本の戦後復興を牽引したのはいうまでもなく米国の援助であった。ただし西欧では地域統合が経済復興を後押しした。英国と大陸諸国の間に温度差はあったが西欧諸国は四七年に米国のマーシャル計画援助の受入機関として欧州経済協力機構（ＯＥＥＣ。六〇年経済協力開発機構ＯＥＣＤに改組）を創設し、援助資金の配分と政策調整を実施した。五二年には、仏独伊三国とベネルクス（ベルギー、オランダ、ルクセンブルク）の六カ国が、欧州石炭鉄鋼共同体（ＥＣＳＣ）を結成した。これは独仏両国間の戦争の火種だったアルザス・ロレーヌ地方の石炭鉄鋼資源を国際共同管理とし独仏不戦の恒久化を図る意図をもっていた。それは五七年の欧州経済共同体（ＥＥＣ）結成の母体となった。ＥＥＣは七七年にＥＣに発展した。

英国労働党内閣の福祉国家構想

西欧で最初に福祉国家を目標として戦後復興を進めたのは英国である。英国にはソ連型とは異なるフェビアン主義の社会主義思想が定着していた。それは漸進的な改革政策の積み上げにより社会主義的理想の実現を目指すもので、労働党に強い影響を与えた。大戦末期、選挙を控えた労働党は、選挙綱領として福祉国家構想を発表した。その重点は全国的な国民健康保険と国民年金の制度の導入とともに教育と住宅の改善にあった。一九四五年七月の選挙で、野党労働党はチャーチルの保守党に圧勝した。労働党政権は英国経済の衰退原因が、企業の小規模性と投資不足にあると認識し、主要産業の国有化を決定した。そして石炭をはじめ、鉄鋼、鉄道、電力、水道および国際電気通信を、政府の管理下においた。ほぼ破産状態にあった英国経済は、国有企業への投資により生産が増加し四〇年代末に完全雇用に達した。

フランス第四共和国政府の経済計画導入

フランスは戦時中、国土がナチス軍占領地区と親独的なビシー政権の統治する南部に分断された。これとは別にロンドンに亡命中のドゴール将軍が、亡命政府の樹立を宣言し本国での対独レジスタンスを指揮した。英国政府の承認を得て亡命政府は連合国の一員として認められた。パリ解放に立ち会ったドゴールは臨時政府首班に指名され、統治機構の再建準備を開始した。四六年第四共和制を定める憲法が承認され、新政府が戦後復興に着手した。

ドゴールは国家主導の経済復興を表明していた。新政府もこれを引継ぎ産業の現代化と技術進歩を目標に掲げ、極度に細分化していた企業の統合により生産性の向上を図る方針を決定した。そこで投資の優先順位をつけるため、既存企業を、民営の据置き、規制対象、国有化に区分した。産業の細分化は「規模の経済」を阻んでいた。例えば電力では、小規模な発電、送電、配電の専業企業が一七三〇社に分かれ、その他に一部事業を行う業者が一〇〇〇社近く存在した。議会が国有化法を可決すると、政府は銀行、電力、ガス、石炭などの基幹産業とともに、自動車のルノーやメディアなどビシー政権協力企業を国有化した。そのうえで経済復興のため生産の優先順位を定める国民経済計画を導入した。

この経済計画は、ソ連型とは異なる誘導的計画とよばれ、社会主義と資本主義の中間に位置するものとされた。政府はこの計画のもとづき、具体的な投資配分を決定し優先事業を選別した。国有化した石炭、電力、鉄道のほか民営だった鉄鋼、セメント、農業機械の生産体制も立直った。こうしてフランスも戦後復興を果たし混合経済に移行した。

西ドイツの成立と政財界労組の協調体制

ドイツは大戦後、連合国四カ国に分割占領された。首都ベルリンはソ連占領区にあったが、特別に四カ国管理とされた。戦争で全土を破壊され、農地も戦場となったために食糧不足が深刻化し、全国民が餓死寸前の状態にあった。そのうえインフレが進行し通貨ライヒスマルクはまったく価値を失っていた。占領地の民生改善に責任を負う米軍は、英仏両国の同意を得て、ソ連との協調を放棄し三国の占領区を統合する方針を固めた。米国政府は新通貨ドイツマルクの発行を決定し、四八年にマーシャル計画にもとづく対独援助を開始した。それは西部ドイツの西欧型民主国家の樹立を意味したので、ソ連はその阻止のため西ベルリンの軍事封鎖を断行した。これに対して米国は生活物資の大量空輸で対抗した。空輸の阻止は新たな大戦の引金になりかねないと覚ったソ連は翌年封鎖を解除し、ベルリン危機は収束した。

英仏両国は国際法上の戦勝国だったとはいえ経済は壊滅状態にあり、膨張主義の兆しをみせるソ連に対抗できる軍備をもてなかった。他の西欧諸国も同様だった。それゆえ西欧諸国にとって安全保障上米国との同盟が唯一の選択となった。四九年米国・カナダと西欧一四カ国はＮＡＴＯ（北大西洋条約機構）を結成するとともに、民主的憲法にもとづき連邦国家となった西ドイツを承認した。同時に同国のＮＡＴＯ加盟に合意した。こうして西ドイツは戦後復興のスタートラインに着いた。

ドイツの全占領区で資本主義への不信感が根強かった。大企業のほとんどがナチス協力企業だったので、カルテルや独占はナチズムの変種とみなされた。ナチスに協力せず戦後まで生き残った政党は社会民主党だけだったので、同党は広く国民の敬意を受けていたが、ソ連の拡張主義が明らかになると社会主義への期待が低下した。西ドイツ成立後、最初の選挙で第一党になったのは中道右派のキリスト教民主同盟であった。同党はキリスト教社会同盟と連立政府を樹立し、戦後復興に着手した。

西独政府は反独占の意識が強く、経済的自由を尊重したので、英国やフランスのように政府が経済政策を主導することはなかった。その代わりに重視したのが、労働組合、経営者、および政府の三者協議機関での経済政策の合意形成であった。ナチス協力企業を国家管理においたため大戦直後に混合経済が成立した。大分後の六九年の統計によると、連邦政府が株式の二五パーセント以上を保有する企業は六五〇社におよび、そのほかにも州政府と地方自治体が電力、ガス、水道、交通、電信、郵便などの公共サービス部門とラジオ・テレビの放送会社を保有していた。また戦間期のハイパーインフレの経験から、中央銀行の独立が尊重され、金融政策が政府の統制を受けなかった。そのためインフレが抑制され市場の発展が順調に進んだ。こうした条件のもとでドイツの奇跡とよばれる高度成長を達成し、冷戦終結後には東西ドイツの統合が実現した。

日本の戦後復興と米軍の占領政策

日本経済は、民生を支える小規模な農業と商工業からなる民間部門と、軍需産業を支える財閥中心の工業部門の二重構造を抱えたまま終戦を迎えた。日本の戦後復興とその後の経済成長については、香西泰の名著『高度成長の時代』が詳しく記しているので、それを参考に考えることにしよう。

敗戦直後の日本経済は四重苦を抱えていた。第一に極度の食糧難、第二に戦地からの復員兵や植民地からの引揚者の帰還とベビーブームによる人口増加があった。第三に資本設備の破損・破壊があり、第四に国際社会から遮断され海外貿易がほとんど停止していた。この状況下で米軍の占領支配を受けたのである。

米国政府は終戦後直ちに日本の単独占領を決意し、日本の民主化と経済の非軍事化を目的とする軍政を間接統治により実施した。米国の民主化政策により日本で労働運動や社会主義思想が自由になった。それゆえ労働争議の回避と当面の民生改善および生産の再開は日本政府の責務となった。食糧については米軍政本部（ＧＨＱ）が緊急援助を行った。日本政府は戦時中の食糧管理法を維持し援助物資を国家管理におき配給制度を継続した。

四六年後半石炭、鉄鋼および電力の減産が顕著になり、政府は四七年経済安定本部を設置し傾斜生産方式という重点産業振興策を開始した。戦禍を受けてた工業施設のうち民生部門の被害は軍需部門に比べ軽度に止まっていた。政府は復興金融公庫を創設し、石炭、鉄鋼、化学肥料、繊維を重点産業と定め公的融資を実施した。

米国政府は対日援助にガリオア資金とエロア資金を充当していた。前者は占領地救済の援助資金で、四七年より食糧、肥料、医薬品の購入資金にあてられた。後者は日韓を対象とする占領地経済復興資金で、綿花、鉱産物など原材料輸入に向けられた。こうした資金を重点部門に投入したので生産は上昇したが、日本政府の経済政策はミクロ経済に集中し、マクロ経済的考慮に欠けていたため激しいインフレを招いた。GHQは米国の金融専門家ドッジを招いて対応を諮問した。ドッジは財政の収支均衡を原則とする緊縮財政策を答申した。当時の日本経済は政府も民間部門も極度の赤字状態にあり、米国の援助がそれを補填していた。しかし占領の長期化により納税者の批判が高まったために、GHQは日本の財政自立を目的とする新税制の導入方針を決定し、米国人経済学者シャウプに助言を求めた。シャウプの勧告は所得税を基本財源とする税体系で、給与生活者からの源泉徴収を予定していた。これらの政策を統合したドッジ・ラインは戦後インフレの収束、世界市場への復帰、自由経済の復活を果たしたが、深刻なデフレを招き経済復興は難航した。この閉塞状況を打開したのが五〇年の朝鮮戦争の勃発であった。この戦争の前線基地となった日本は、米軍特需によりガリオア・エロア援助を遥かに超えるドル資金を得て、戦後復興を果たすことができた。

保守勢力の結集と経済成長政策

朝鮮戦争を機に米国政府は、日本の占領行政の目的を民主化と非軍事化から、西側同盟国化に切り替えていた。対日講和条約と日米安保条約の締結を急ぐともに、中国の共産主義政権の成立に対抗してアジアの反共軍事体制の形成にのりだした。日本でそれに呼応したのが五五年の保守合同による自由民主党の結成であり、それを支える財界および官界の保守勢力の結集であった。保守勢力は労働運動と社会主義思想を警戒しながら、輸出と国内消費の拡大による経済成長に全力を注いだ。特需景気により非財閥系の新興企業が消費財の生産で成長しはじめた。ラジオ、ミシン、自転車やスクーターなどの個人消費が伸びたのである。その生産の主力となったのが町工場から成長した新興メーカーだった。民間企業の成長は雇用の拡大をもたらし国内消費を拡大した。反保守勢力が国会議席の三分の一を占めたため、社会保障の拡充が政治的争点となった。失業保険、健康保険および年金の制度が漸進的に整備され、日本の混合経済体制が成立した。

ローズベルトのニューディール政策と混合経済の成立

米国における混合経済の成立は、西欧や日本とまったく異なった経緯を辿った。第一に米国には西欧のような反資本主義感情が存在しなかった。第二に独占や政府の経済介入への警戒感が強かった。そのため経済的不平等の是正策は国有化ではなく企業規制が中心となった。

ローズベルトのニューディールは、三三～三四年の第一期と三五～三九年の第二期に分けられる。第一期は緊急措置と産業再編およびセイフティネットの強化を内容としていた。緊急措置には食糧の無料給付や銀行救済のほか、大規模公共事業による雇用創出と未開発地域の経済振興があった。その典型例として名高いのがテネシー川流域開発公社（ＴＶＡ）の創設である。セイフティネットの強化には連邦預金保険公社の設置があった。政府がとくに力を入れたのが証券取引委員会の開設である。不正な証券取引の防止と摘発強化は、証券市場の信頼性回復に不可欠であるとの認識から、政府は金融機関の規制を強化した。

産業再編は新設の産業復興庁のもとで、生産過剰に陥っている産業の生産調整と企業再編を、経営者、労働組合、および政府の三者協議で実施するという構想だったが、世論の反発と最高裁の違憲判決もあり実施に至らなかった。そのためニューディールは独占禁止と市場規制を軸に展開され、米国独特の規制型資本主義が形成された。

第二期の重点は、労働争議の激化に対応するため全国労働関係法の制定であった。新設の全米労働関係委員会の労使調停が定着すると、労働争議は沈静化した。三七年に不況が進行したため政府は財政支出による景気対策を導入した。その中心は軍備強化に向けられ、やがて米国経済は戦時体制に移行した。第一次大戦時と比べ、軍需産業は大規模化し技術も高度化したため、戦時の企業規制は国中で不評だった。とはいえ戦時中に成長した軍事産業こそ米国の混合経済体制を形成した最大の産業部門だった。一九六〇年、引退演説を行ったアイゼンハワー大統領が、軍産複合体の危険性を警告したが、軍産複合体とは米国の混合経済の一断面にほかならない。軍事産業の成長は、兵器の過剰供給をもたらし、それが米国を覇権国家に押し上げていた。冷戦期の安全保障は米ソ二超大国の核兵力均衡を軸に展開したが、軍事技術優位の維持と軍備管理も主要事案となった。

石油危機後の世界経済の転換―日米の技術開発競争とＥＵの低迷

七〇年代に世界経済は危機を迎えた。一つは供給過剰がもたらした外部経済効果で、とくに日本と米国で環境破壊が進行していた。また二度の石油危機により世界経済は深刻なスタグフレーションに直面した。主流派の新古典派エコノミストは外部不経済と独占による「市場の失敗」を力説した。そこで政府は市場と企業の規制をさらに強めた。同様の不況は日本でも発生していた。とくに公害の拡大は大きな社会問題となった。加えて石油危機は中東原油に頼る日本企業の経営を圧迫したため、大手各社は環境対策と省エネルギー技術の開発を積極化した。しかし経済的転機は情報通信革命が起こるまで実現しなかった。

当時日米両国では情報技術の開発が進行中だったが、西欧諸国はその流れから外れていた。西欧でも五〇年代後半以後消費財市場が定着したが、日米と異なるのは技術開発の主体が政府機関や国有ないし公営企業だったことである。それを率いたエリート官僚はリスク回避志向と国家威信への執着が強く、選択した技術分野は原子力、航空機、宇宙開発など巨大技術に集中し、情報技術や省エネ・省資源などの製法技術を軽視していた。また民間消費財メーカーは技術革新の意欲に欠け、先端産業になりきれなかった。

西欧経済低迷のもう一つの要因は各国政府の労働組合依存である。そのため経済政策は労組の意向に左右された。英国では労組が経営破綻した企業の国家的保護を要求し、争議を繰り返し、英国病という経済停滞が慢性化した。ドイツ経済は好調を維持していたが情報産業は未熟で、フランスや他の西欧諸国でも同様だった。しかし西欧経済は市場統合が成長を支えていた。七〇年代末ＥＣは加盟国の拡大を進め英国も加盟に踏切った。そしてＥＣは九二年通貨統合を目指してＥＵ（欧州連合）に発展した（通貨統合には英国・スウェーデンなどは不参加）。

米国ではモノと信用の過剰供給が市場を拡大したとはいえ、航空業や通信業では政府規制が成長を阻害していた。シカゴ学派は「政府の失敗」を力説し、混合経済の非効率性と政府の市場介入をことあるごとに批判した。八〇年代に登場した共和党のレーガン政権は、この学派のマネタリズム理論にもとづき、規制撤廃を開始した。英国のサッチャー内閣もそれにつづいた。ＥＵ諸国では、政府規制よりも国営企業の独占が競争市場の発達を阻害していた。金融業は政府規制のほかＥＵ規制が存在したが、自国企業と外国企業の間に慣習的な棲み分けが成立していた。しかし英国政府の競争促進政策が、ＥＵ市場への米系企業の参入と競争激化を招くことが明白となった。そこで大陸各国も規制撤廃に踏み切りＷＴＯの創設を支持し市場のグローバル化を受容れたのであった。

五　グローバル経済のジレンマ

金融市場のグローバル化は国家間および個人間の所得格差を拡大した。それは経済活動に効率性だけでなく著しい不安定化を招いた。その原因は貨幣が内包する交換性と価値機能の両義性にある。

貨幣の交換性と価値機能の両義性

貨幣価値が他財との交換性の連鎖に由来することを、佐伯啓思は『貨幣と欲望』において、貨幣による自己担保の循環と表した。余剰貨幣が集まる金融市場は、使用価値をもつモノとは異なり、貨幣の交換価値の取引の場となる。岩井克人が投機を貨幣自体の特性から生じるとみた理由はそこにあった。佐伯は、貨幣があらゆる価値を反映する象徴性をもつとして、金融取引には象徴の交換という意味があると説く。象徴の交換を経験的事象から解すると、現在価値と将来的価値との交換を意味することになろう。可能性は期待や欲望を内包するが、それは人間の自然な生存衝動でもある。

金融市場が時間交換の場として現出する理由はそこあった。確かに貨幣交換は、モノの生産や消費とは独立に成立する。したがって金融活動は実体経済から遊離しやすい傾向をもつ。にもかかわらず貨幣の自己増殖は、貨幣だけでは完結しない。それは貨幣価値が他財との交換性に依存し、その交換が成立する時間枠は有限だからである。

地球の有限性と市場拡大の限界

グローバル経済は情報通信技術により市場規模を地球全域にまで拡張した。それは市場が限界に達したことを明らかにした。市場は人口規模を超えることはできないし、天然資源も有限だからである。そのうえ金融市場の巨大化はリスクの拡散をもたらし、経済を不安定化した。金融の暴走が世界経済にもたらした格差拡大の原因は、投機による利益が実物生産の収益より大きいからであった。

しかしそれは市場のグローバル化の結果であって原因ではない。金融の暴走が発生した状況を考えると、つぎの三つをあげることができよう。経済活動における時間枠の解体、情報の非対称性の拡大、および経済社会における信頼性の低下である。

経済活動における時間枠の解体は、金融の市場支配とともに進行した。信用の過剰供給は多様な金融商品を生んだ。それは将来的利益と現在のリスクとの交換を内包している。金融商品の多様化とは、金融の時間交換がもつ時間枠の分化を意味する。債券や投資信託などの商品は満期までの時間枠に拘束される。しかし売買可能な証券や満期期限の異なる商品の出現は、金融取引の時間枠の多様化を意味した。つまり投資のもつ通時性が弱まり共時性が注目されるようになった。こうしてリスクと時間枠は選択可能になった。それゆえ実体経済における投資の時間枠を省略する企業合併や買収が増加した。長期の試行期間を要し、リスクの大きい研究開発や寡占市場におけるシェア競争において、大手企業は圧倒的な優位を確保できることになった。富めるものが益々富む状況が現出したのである。

情報の非対称性は、デリバティブのように商品自体の複雑化によって拡大したものだけでなく、生産と流通のシステムの拡張により生じたものがある。金融市場の地理的拡大と取引の高速化は実体経済を担う企業に営業活動の短期化圧力をもたらした。それはリスクの増大を含んでいた。時間枠の短縮は、情報の収集・処理の時間を圧縮するため、供給（受注）側と需要（発注）側の間の情報の非対称性が拡大した。それが企業に新たなリスクをもたらすことになった。例えば中国に工場をもつ食品加工会社で、現地法人の労使関係のもつれから、工員が製品に有害物質を混入する事件があった。最近日常化している例では、鉄道運航便の相互乗り入れにより、局地的事故が全線の運行ダイヤを混乱させる事態がある。これは経済活動の規模拡大が情報の非対称性を増幅し、リスクの拡大をもたらしていること示している。そのため金融の市場支配は経済を不安定化させたのである。

経済社会の信頼性の低下とは、伝統的な商業活動が内包していた信頼関係の弱体化を指す。金融取引が時間枠を気にせず行えるのは、取引当事者間の口頭コミュニケーションを省略できるからである。それは銀行と預金者との関係がＡＴＭに替わったことに現れている。かつて商品の不具合や欠陥のなどは取引の時点で解消できた。しかし口頭コミュニケーションが省略されたため、現在このような問題は事後的なクレーム処理によるしかない。旧来の商取引で行われていた口頭コミュニケーションは、商慣行として制度化され、その経験が社会で共有されて、信頼性は一つの文化となった。それは経済行動に規範を与え、取引関係を長期にわたり安定化する公共財であった。情報通信化と金融の市場支配はそれを弱体化したのである。その結果、グローバル経済は長期的安定性を欠く制度となった。

生産要素の商品化と生活環境の流動化

経済の不安定化をとりわけ助長したのは、生産要素である土地、資本、および労働力の商品化である。賃労働で暮らす人は誰でも自分の人生計画のために生活環境の安定を必要とする。そのために社会保障が公的制度として創出された。しかし八〇年代以降、市場主義エコノミストが公的社会保障は民間の保険より非効率であると批判した。確かに医療保険は市場でも供給はできる。しかし病人や怪我人のケアが発病後直ちに提供されるとは限らない。保険会社の保険金支払は契約条件に左右されるからである。しかも医療ケアは病状の変化に対する適切な対応が求められる。しかしシカゴ学派に限らず経済理論は時間枠の捨象により理論を構成している。したがって市場が医療保険を供給するとしても、民間医療保険は必ずしも患者の診療のタイミングまで保証するとは限らない。

民間年金についても、加入者が受取れる予想時価金額がどれだけ増えても、それが絶えず増減すれば、年金生活者の日常生活は不安の多いものになる。労働についても雇用関係が常時変化すれば、勤労者の生活は不安化し、結婚や子育てに踏み切れない人も増加しよう。土地の所有者が終始変われば、とくに賃貸物件を利用する事業者や生活者は、生活の計画をもてなくなる。

過剰供給の外部効果―社会費用と経済犯罪の増大

そのうえ市場における過剰供給は外部効果を増大した。それは選択肢の多様化にともなう社会的費用の増大と経済犯罪の増加を意味する。選択肢の多様化には、例えば医療保険における契約条件の細分化と、それにともなう医師・診療機関の事務作業の増加がある。経済犯罪を、違法行為によりコスト削減を図る経済活動とみれば、削減されたコストは被害者や警察・司法機関に転嫁され、社会と国家の負担が増加する。つまり市場による資源配分は負の利益分配を含んでいる。

社会保障制度は、政府が国民に課す強制貯蓄を基礎とする。それは、ヒックスが『資本と時間』で指摘したように、給与生活者にとって投資利潤による消費よりも賃金からの貯蓄の方が安定性が高く金額的に多いからである。それゆえ生産要素利用の安定性は、富裕層に属さない勤労者にとって不可欠なのである。グローバル経済は、富裕層にとっては投資効率の高い利潤収得の制度となったが、賃金生活者にとっては生活を不安化する制度となった。ここにグローバル経済のジレンマがあり、一般公衆からみて金融を規制すべき理由はそこにある。とはいえ社会保障は個人の私的利益に関わる事案であり、私有の土地や資本、および労働の市場規制には、新たな公共原理が求められる。

グローバル経済は、情報の過剰供給によりあらゆる社会活動から公共性を排除した。それが知的権威の低下と民主主義の後退を招いた。そこで情報化社会における公共性の喪失が最後の検討課題となる。

第６章

文化の商品化と公共性の喪失

すでにみてきたように、現代資本主義経済では商品と信用の過剰供給が進み、情報通信技術の発達も加わって新たなサービス産業が成長した。現代社会ではモノや信用だけでなく、文化の商品化が進み、情報の過剰供給が常態化した。そしてたんなる消費のための情報供給が増大し、言論文化の意味性が希薄化している。つまり無駄な情報が氾濫している。こうした事態が生じた遠因は現代文化が祭祀性を喪失したことにある。昨今お笑い芸人が出演するテレビ番組が朝から晩まで放映されるが、視聴者は四六時中ふざけてはいられない。かつて文化は宗教と密着し、その祭祀性によって公共性を具現していた。しかし近代以後人類は宗教的呪術思考を放棄し、集団生活の人間化を進めてきた。

公共領域の世俗化と私的領域の公共化―ハーバーマスの言説

ドイツ人社会学者ユルゲン・ハーバーマスは、共同体意識を形成する言論の活動領域を公共性ないし公共圏と表した。つまり公共性を共同体の情報空間と捉えた。そして彼は主著『公共性の構造転換』において、文化の公共性を担った公衆が文化の消費者に転換した経緯について、一八〜一九世紀ヨーロッパの歴史経験に照らして明らかにした。それを約言すれば、この変化は、マスメディアの発達による公共領域の世俗化と市場の拡大による私的領域の公共化との二重の転換過程であったといえよう。ハーバーマスの論述は、英独仏三国の史実の詳細な検証を含むので、日本人には記述が錯綜して論旨を把握し難い。そこで本章ではその知見を思い切って概略し、現代社会における文化の産業化に至る歴史を以下の四段階に分け考えたい。文化の祭祀性、日本の中世と西欧のルネサンス期における職能民の自立化、市民社会のイデオロギー性と公共性、消費社会と大衆文化の成立である。

一　文化の祭祀性と公共性

古来文化は宗教や王朝の独占物であった。古代遺跡や歴史的文化財の多くは神殿や寺院、権力者の墳墓、城郭、宮殿である。とはいえこれらの建造物は支配者の私有物ではなかった。中国の万里の長城はいうにおよばず、墳墓や城郭は公共目的に使用された。それらは公衆の参加する式典会場のような直接使用でなくても、見せることで言説を発信する媒体となった。神殿や寺院・聖堂は正に宗教メッセージを顕示する造営物である。かつては宗教理念や統治者の権威を反映していた文化が、今日では祭祀性とともに公共性を喪失し、私的消費の対象に変質した。それは文化を享受する主体がエリートから大衆に移ったからである。現代の言論文化は、普遍性と公共性が後退し、卑近な世間話や私生活が話題の中心となった。世俗化とよばれるこの変化は、数世紀にわたる歴史経験のなかで進行した。

原始宗教の成立と文化の祭祀性

先述のように宗教は自然宗教と創唱宗教に分けられる。いずれの宗教も人に善悪の根源を教示し、生活規律をもたらす点で、文化サービスの供給者といえる。宗教活動は祭儀の実践と教義の教化に大別される。祭儀は言語を超える行為を含むが、教義はもっぱら書字言語に依存する。経済的にみると宗教活動は、祭司の口頭言語による祭儀の提供と会衆の供物奉納の交換で成立する。この交換はサービスの局在性と信仰のクラブ性を内包するので、宗教の公共性は地域的に限定された。

祭儀は世俗から隔離した聖地や聖堂を必要とし、祭服をまとった祭司の秘儀や説教・祈祷と会衆による経句・讃歌の朗唱などで構成される。宗教祭儀の発展は、霊能者や教祖の祭祀活動から、権力者や教団による祭礼の制度化の二段階で進んだ。自然宗教では霊能者が血縁集団の首長を兼ねることが多く、呪術的祭儀を配下の祭司に伝承した。その後祭司は神官として祭礼を制度化した。創唱宗教では教祖の直弟子が教団を結成し祭礼を組織化した。

宗教組織の拡大にともない、祭礼は在地の習俗を吸収しながら様式化した。教団は祭儀を担う職能民を組織し、祭儀の情緒性を高める建築、美術、音楽や舞踊などの発達を促した。こうして宗教は造形や音楽など美学的文化の中心となった。

教義の進化も、経典の編纂と経典解釈の発展との二段階を踏んだ。自然宗教では、氏族の祖霊と神霊の一体性を伝える神話や伝説が口承され、のちに神官がそれを書字化した。創唱宗教では教祖の回心を伝える言葉や信仰経験を弟子たちが記録した。いずれの教団指導者もそれらの伝承記録を収集整理し経典に集約した。第二段階は、教団の俊英が経典の伝える格言や奥義を体系化し、経典の解釈や戒律の意義を宣揚する時代となる。教義解釈の増加は内容の多様化をもたらし、教団内の論争が教義研究を促した。教義は宇宙論や自然法則から人間界の規範や倫理におよぶ知識に拡大した。こうして教義は知識の集積となり、祭司が言論文化の主役となった。

宗教的経験と信仰の神秘性―ジェームズの分析

心理学者のウィリアム・ジェームズは『宗教的経験の諸相』において、宗教とは個人が孤独な状態にあるときに感知する神的存在との一体感や、それにともなう感情、行為、経験であると定義した。そして神や超越者という言辞は定義不能な領域に属すると述べた。また宗教には制度的宗教と個人的宗教の二つのタイプが存在すると指摘した。制度的宗教とは、神意に訴えるための手段と好意的神意を獲得する方法とを重視するものであると規定した。前者は礼拝や供物などを、後者は教義、儀礼などを指す。個人的宗教は、良心、業報、無力感や不完全性など、人間の不安を克服するための個人的行為に強い関心をもつものとした。ジェームズは「宗教生活は見えない秩序が存在しているという信仰」と「最高善はこの秩序に私たちが調和し順応することにあるという信仰から成り立つ」と述べ、信仰の個人性と主観性を強調した。だが信仰の対象である絶対者は観念として知覚され、回心や悔悛といった意識状態は客観的な経験分野に属するという。

この言説は、宗教体験の心理学的分析といえる。自然宗教にせよ創唱宗教にせよ、歴史経験からみて、宗教は個人の宗教体験に由来するので神秘性を内包している。祭儀も教義も神秘経験を再現ないし表現するものであった。仏教やキリスト教では開祖の宗教体験を追体験する修行法が発達した。アニミズム的伝統をもつ神道の修行者にも自然界の霊性を感知する体験が含まれる。修行は僧侶や聖職者にのみ許され、修行者は教義の習得と戒律の堅守が義務とされた。したがって教団が俗人に提供するサービスは祭儀に限られた。祭儀は定例日と祭日に実施されたが、信者の私的な冠婚葬祭でも行われるようになった。

日本の神道祭儀と遷宮の伝統

宗教活動でコストがいちばんかかるのは何といっても建築である。とくに宗教建築は聖なる空間の具象化という意味性をもったために、権威ある寺社ほど規模が巨大になり構造も複雑である。歴史遺産として残存する神社仏閣や大聖堂は職人の専門技能によって完成した作品であるが、そのコストを負担したのは権力者と信徒であった。したがって建築様式は時世の宗教意識を反映して歴史的変容を遂げてきた。

古来の様式を現在でも維持しているのはおそらく日本の神社建築であろう。そもそも神社は自然環境の霊性を立地条件とし、境内の社殿前の野外を外陣としている。しかし神社建築はきわめて素朴な構造を保ってきた。

にもかかわらず注目すべきことは社格の高い神社がもつ遷宮の伝統である。これは社殿を数年ないし数十年ごとに移設再築する慣習である。伊勢神宮の二十年ごとの式年遷宮はつとに有名だが、その社殿再築に多数の俗人が参加するしきたりがある。長野県の諏訪大社も同様の伝統をもち、建材の大木を俗人が運搬する御柱祭がある。遷宮の伝統は社殿の建造が祭儀の一環であることを物語る。

東大寺の大仏造立と大衆動員

仏教は伝来宗教なので寺院建造に俗人が関与する慣習はなかったが、全国的な大衆動員が行われたのは東大寺の大仏造営であった。大仏の巨大さゆえに大量の労働力が必要となり、朝廷は農民に信望の厚かった反骨の私度僧行基に敢えて協力を依頼した。大仏造営に関与した下層民もそれは神聖な経験となったのである。

やがてどの仏寺も本堂に本尊の仏像を安置し、その周囲を華麗な絵画や祭具で飾った。こうして仏寺は文化の中心となったが、法隆寺や東大寺などの寺院建築は、朝廷の都市計画の一環として行われた。古代日本の建築物は、平安京への遷都後も朝廷と貴族により造営され、それを担ったのは下官の職能民であった。平安期に仏教建築は奈良期の中国様式から脱却し独自のものに進化した。宇治の平等院鳳凰堂は、平安貴族の浄土イメージを具象化した日本様式の建築として国宝に指定されている。

ローマ教会の聖堂建築の発展と宗教権威の形成

さて西ローロッパのキリスト教会の建築様式は、バシリカからロマネスク、ゴシックへと進化した。バシリカはローマの公会堂様式で、長方体構造をもつが収容人数に限界があった。それを解消したのがロマネスク様式のドーム構造である。その仕組みは、石積みの半円筒系アーチの柱と側壁で屋根の重量を支えるものであった。アーチが直交する球面天井は西欧教会の特徴となった。後のゴシック様式は、アーチの先端を尖らせて天井の重力を支柱に集中し、支柱間隔の拡大と高さの伸長を実現した。これにより広大な屋内空間を確保できた。司教座聖堂や大修道院は、鐘楼を備える塔や回廊を付設する壮麗な建造物となり、聖なる存在感を顕示した。内装も、聖書の物語や聖人の偉業を描いた壁画、彫刻、ステンドグラスなどが施され、美術的表現と技術も一段と進歩した。下層民のみならず王侯の識字能力が低かった時代、絵画や彫刻は俗人の教義理解に資するものと考えられていた。

教会の建造は職人ギルドが独占したために、平信徒が関与する余地はなかったが、教会建築は強力な宗教的メッセージとなった。ゴシック様式の教会は巨大で極度に装飾的になったが、宗教改革後の教会建築は簡素化した。プロテスタント教会が信仰の内面性を重視し祭儀への関心を弱めたからである。それに反して宗教音楽が盛んになった。

宗教音楽の興隆―信仰心の高揚と祭儀の荘重化

音楽が人の感情を動かすことは古代から知られ、感情操作の手段として注目された。ギリシア神話にも音楽を司る女神が登場する。ヨーロッパでは古典古代より音楽は自由学芸の一学科とされた。ただし音楽は数学に類する知識とされた。哲学者で数学でも名高いピタゴラスは優れた音楽家だったという。ピタゴラス音律という調性は現在でも知られている。古代中国では孔子が周代の宮廷音楽に感動し、儒家教育の科目に音楽を加えていた。儒家は身分秩序の保持と人心感化の手段として礼楽を尊重した。他方キリスト教会では、音楽は神の絶対性の象徴とみなされ、ミサ典礼の中心におかれた。音楽は信仰心の高揚と祭儀の荘重化の手段として重視されたのである。

雅楽とグレゴリオ聖歌―残存する音楽遺産

現在われわれが古代音楽を耳で聞くことはできない。今日でも現代人が聴ける最古の音楽は、日本の雅楽とローマ・カトリック教会のグレゴリオ聖歌であろう。

雅楽は古代中国から伝来した朝廷の式楽で、器楽合奏と歌謡・舞踏をともない、朝廷儀典や祖霊祭祀のほか貴族の遊宴でも演じられた。大和朝は雅楽寮を設置し内外の音楽・舞踊を監督した。俗謡を含む国内の歌舞と外来音楽を分類整理し、公的行事や寺社祭礼の演目を定めた。総勢四〇〇人におよぶ楽師、歌師、舞師や訓練生を集め、研鑽教育のうえ実演させた。楽師は下官だったが、平安期には権門貴族や大寺社の専属となるものが増えた。彼らは朝廷や大寺社に仕えたが、音楽文化を主導することはなかった。

邦楽と西洋音楽との決定的な違いは、雅楽が宗教音楽ではなかったことと、楽師が知的エリートではなかったことである。雅楽にせよ寺社祭礼にせよ楽師に求められたのは伝統様式と奏法の踏襲であった。したがって彼らは音楽自体を知的思考の対象と考えることがなかった。そのため音楽理論は生まれず、音楽は自律的な文化領域とはならなかった。公家や寺社が享受した平安期の祭礼音楽は公的色彩を帯びていたが、それを共有する層は薄く、朝廷と公家の没落とともに、宮中祭事として存続するに止まった。

西洋音楽における芸術の理念

岡田暁男の『西洋音楽史』によると、ヨーロッパで音楽とは「芸術」音楽を指し、曲の構成と展開を設計し楽譜に表記したものだという。古典古代以来音楽は自然法則の顕現と考えられ、キリスト教化したヨーロッパでは天界の神聖な秩序を啓示するものとされた。そのため音楽は哲学的思考と記譜法にもとづく知的活動となった。音楽の原点をグレゴリオ聖歌とみる観念は西欧人の歴史経験に由来する。

グレゴリオ聖歌はローマ教会が定めた典礼歌唱で、古代ユダヤ教の詩篇朗唱やローマの守護神讃歌などの伝承を整理統合し、単旋律のラテン語歌詞を無伴奏で詠唱するものであった。それは伝承によるので、西洋的概念によれば音楽とはいえない代物である。ところが一〇世紀頃フランク王国の修道士が、聖歌の歌唱法をネウマという表記法で記録し、そこから多声様式が生まれたために音楽の母体とされたのである。ネウマはラテン語のアクセントと歌詞の抑揚を示す符号に過ぎなかったが、それが記譜法に発展し五線譜法が確立した。

また単旋律聖歌に副旋律を加える多声歌唱を論じる音楽理論も出現した。一二世紀には作曲家が登場し、多声聖歌と世俗歌謡を作曲した。岡田はそれ以後西洋音楽は、フランク領だったフランス、イタリア、ドイツに定着し、それぞれ地方色を保持しながら発展したという。最初に音楽の中心となったのはフランスの教会と修道院だった。

多声様式は和音をもたらしたが、和音は聖性の象徴として厳格に制限された。その制約のもとで輪唱形式が工夫されたとはいえ音楽様式は限られていた。フランスの学僧は音楽美と情動性の向上のため、世俗歌謡の旋律を借りたり、世俗的歌詞を交える新曲を創作した。こうして教会の典礼歌唱は一段と高度な多声様式に進化した。

俗界ではイタリアやフランドル地方で楽器が発達し、また東方伝来の弦楽器が普及した。そのため器楽合奏が人気を集めた。オルガンが教会音楽に取り入れられると、典礼に不可欠な楽器となった。典礼音楽の様式は複雑になり、旋律や和声のみならず拍子やリズム、楽式、歌詞などの構成を作曲家が楽譜に記述する作品となった。

ドイツを含むヨーロッパ大陸の中西部では聖職者が、教会祭儀をとおして建築、美術、音楽などの美学的文化を発信し公共圏を形成した。

日本における書字化社会の成熟と知的エリートの変遷

つぎに教義に関わる言語文化についてみてみよう。上代の日本は大和朝が氏族的祭祀共同体を統一し、統治体制の合理化を進めた時代であった。朝廷は氏族の祭祀権を吸収し統治儀典を統合した。しかしそれは口頭言語による活動であった。そこで文字をもつ中国の法制や官制と文化の導入のために、漢語や漢文の理解能力のある人材登用と育成に努めた。その結果漢文の識字能力をもつ貴族エリートと渡来人が、上代日本の公共圏を形成した。

大和朝は漢文の素養と作文力をもつ日本人の育成を急ぎ、貴族や学僧を中国に留学させた。そして帰朝後彼らを都や国府の官職に就けた。こうして官人統治が軌道にのると、記紀や風土記など国史と地誌を編纂した。漢籍の読誦は訓読法の発展により貴族世界で日常化し漢詩が愛好された。それと並んで朝廷は日本語表記法の形成にも取り組んだ。和歌の記述に漢字を借りる万葉仮名が成立し、平安期にかなの標準字形が定着した。宮中において、女性歌人が散文でも活躍し王朝文学が開花した。留学から帰朝した学僧の仏典研究が進むと仏教理解が向上した。こうして平安期には公家と僧侶が言論をリードした。

中世ヨーロッパのラテン語文化—ゲルマン人聖職者の増加とシャルルマーニュ改革

中世ヨーロッパでは知識人とは識字能力のある聖職者を意味した。九世紀初頭フランク国王シャルルマーニュは、ローマ教皇から西ローマ皇帝位を授与されると、西欧全域をカトリック信仰共同体に変革しようと決意した。そこでゲルマン人聖職者の教育制度の拡充と学術振興に取組んだ。修道院や聖堂付属学校の教育制度を整備し、各地の有識者を宮廷に招聘して、学術研究を支援した。その結果ラテン語の正書法が確立され、ゲルマン人のラテン語能力と教義研究が向上した。こうしてゲルマン人聖職者がヨーロッパの言論界を形成した。

ギリシア古典の流入と普遍論争

ローマ聖庁は教義解釈に関して、アウグスティヌスの教説を正統とし、それ以外の教説を異端として排除した。そうした知的状況のなかで学僧たちは「肯定と否定」の関係性に関わる存在論への関心を高めていった。

一一世紀に古代ギリシアの哲学書やユークリッドの数学原論のギリシア語原典とアラビア語訳本が東方から伝わり、そのラテン語訳が出回ると、カトリック教会にもアリストテレス哲学を支持する学僧が増加した。ローマ教会はアリストテレス哲学に否定的だったため、やがてキリスト教世界を二分する普遍論争が発生した。それは普遍物の存在をめぐる実在論者と唯名論者の対立である。前者は普遍が事物に内在すると主張し、後者は普遍とは名辞に過ぎず実在するのは、個物のみであると説いた。この論争は三百年もつづいたが、ローマ聖庁は実在論を支持し、唯名論者のアベラールやオッカムを破門した。

大学の出現と教会権威の動揺

しかし唯名論者を擁護する王族貴族や都市市民が現れ、とくに大学は唯名論の研究を引き継いだ。その研究は神学を脱却し哲学に進化した。そして哲学は新たな独立の学問分野を形成した。

教会の権威に抗して大学が発展した要因は三つあった。第一に一〇世紀頃から世俗語の書字化が進み、商業の発展につれ俗人の識字率が上ったことである。書字能力を身に着けた俗人はさらに知的関心を強めた。第二に大学が戒律から自由な研究機関として発達したことである。そして多彩な教授陣が自由な知的環境のなかで俗人知識人の育成に努めた。第三に遠隔地貿易の拡大にともない、教会法や封建法以外の法的解決を望む商人が増えたことである。世界初のボローニャ大学は、ローマ法学の研究からはじまった。その後創立されたオックスフォード大学やパリ大学では、哲学が法学とならぶ核となった。

二　日本の中世と西欧のルネサンス期における文化の世俗化

日本の中世と西欧のルネサンス期（中世後期）は商業が目覚ましい発展を遂げた時代である。日本でも西ヨーロッパでも、有力者による土地の私有化と農耕技術の発展が進み、領主たちは余剰生産物の交易に熱意をみせた。市の開催は次第に定期化し開催頻度も増加した。それにともない小農民も農作物や手工芸品の出荷を増やし、宮廷や寺社・聖堂の下働きだった職能民も経済的自立の機会を得た。

中世日本における寺社勢力の拡大

網野善彦によると、日本では律令制の官職のうち得分権の大きい職は、平安期には特定貴族の専業として世襲されていたという。また墾田の私有が公認されたため、権門貴族や大寺社は未耕地の開墾を拡大し、さらには公有地の押領などで支配地を拡張した。領主勢力にとって官位や身分の特権とならんで、土地（農民を含む）は経済的基盤として一門の財産と認識された。寺社は、境内への不輸不入の慣習により、徴税と官憲の立ち入りを免れる特権を享受していた。その特権が寺社以外の所領にも容認され、荘園は限定的な統治権と裁判権をもつ半自治的共同体となった。荘園の領主には公家や大寺社のほか武家が台頭し、それぞれ自前の軍事力をもって自領を維持・拡大した。

中世国家の権力構造について、朝幕を中心にみる網野に批判的な伊藤正敏は、中世は公家（朝廷）や武家（幕府）より寺社勢力が強かった時代であると力説する。その根拠として大寺社が職能民と金融を支配し、経済力において朝幕を凌駕していたことをあげた。この結論は別として、中世に公権が後退し私権が伸長したことは確かであろう。そして武力と財力をもつ大寺社に属する職能民、とくに専門技術をもつ職人と金融業者が新たな生活様式を生み出したと考えられる。

日本の中世文化と仏教思想

寺社勢力が中世社会の牽引役だったとしても、彼らが公共性を具現していたかどうかの判断は難しい。そもそもこの時代は公私の区別がきわめて不透明だった。というより人々が自己意識と自由意志をもちはじめた時代だったというべきだろう。それは先に引いた鈴木大拙の言説にもよく示されている。このような意識変化をもたらしたのは仏教思想であった。鎌倉期に文化の担い手が公家から仏僧に移ったことは明らかである。

禅宗は幕府の保護を得て五山など新たな拠点寺院を建立したが、大伽藍の建造に興味を示さず、造園に特段の関心を寄せた。禅僧の設計した庭園は、俗界を遮断した空間に自然美を再現し、そこに佇む現代人にも世俗の緊張を解く時間を提供した。また公家が好んだ生活様式を拒否し、簡素な生活と美を尊ぶ価値観を示し、華道や茶道など新たな文化をもたらした。

南北朝期には仏教に対抗し神道も教義の体系化を進め、北畠親房などの教説も出現した。文学では無名僧侶が水面下で活躍した。平安末期に今昔物語が出現し、さらに将門記などの軍記物語がつぎつぎに出て、それを琵琶法師が各地を遍歴しながら語り伝えた。鎌倉期には平家物語が琵琶法師の語る平曲として知られるようになった。和歌の伝統は武家も継承していたが、室町期には商人層にも広がり、それは連歌に発展した。

中世は村が成立した時代でもあった。農村では共同体の平穏を願って村内の寺社祭礼を村人が総出で祝う慣習が形成された。時宗の一遍上人が踊り念仏を伝えると、夏祭りの盆踊りが定着した。各地の祭礼で下層身分から自立した芸能民が遍歴しながら芸を披露した。その代表例が琵琶法師であり、室町期に登場した能役者である。

能楽は猿楽とよばれ、宗教祭儀の一端でもある芸能だった。能楽は、大和四座のうち結城座の観阿弥と世阿弥の父子が、古来からの散楽や流行りの田楽や白拍子の舞などを取り入れて再編した新様式の演劇だった。将軍義光の保護を得て、世阿弥は能役者として様式美を完成させただけでなく、芸術論の著者として文化的エリートに躍り出た。こうして室町期には仏僧と武家、商人のほか芸能民が言論界を形成した。

アラビア語文書の流入とヨーロッパ文化の変容

中世ヨーロッパに強い影響をもたらしたアラビア語文書は、アリストテレス哲学だけではなかった。歴史的に重要なものは三つある。第一にアラビア数字と代数学、第二に占星術、第三に錬金術があげられる。アラビア数字はインドで生まれ、アラビアに伝わったもので、一二世紀にはヨーロッパに伝来した。ヨーロッパ人はそれまでローマ数字を使っていたが、それは数値計算にはきわめて不便な代物だった。とくに大きな数値の筆算には煩雑な手順を要した。それに比してアラビア数字には計算システムが備わっていた。そのため商人たちはこぞってその使用に踏み切った。イタリアの商業都市では貿易商人がアラビア数字を使う経理技術を発達させ、複式簿記を生み出した。

ヨーロッパの数学には、幾何学と計算技法を集約した算術の伝統はあったが、代数学は存在しなかった。アラビアから代数学が伝わると、複雑な計算が容易にできることが判明し、その研究と応用が進んだ。とくに計算を必要としたのは占星術師である。

占星術は古代バビロニアで生まれ、月日の運行と惑星や恒星の位置関係から地上の自然現象や人間界の将来を予知するもので、天体観察は人間界の将来予測に不可欠とされた。オリエントで発達した占星術はヘレニズム時代にアラビアから地中海世界に伝わり、ギリシア・ローマに定着した。中国に渡った占星術は陰陽道に進化し、日本にも伝来している。ローマ帝国で占星術師は至高の知識人として尊敬を集めた。

福音書が誕生後間もないキリストを東方の占星術師が訪ねたと記しているにもかかわらず、ローマ教会は占星術の異教性に疑惑を抱いた。それは占星術がローマ人の太陽神信仰と密着していたからである。しかしその習俗の根深さを知ると、異教祭礼との習合に転じた。その好例がクリスマス祭日の制定である。それは元来ローマの冬至祭にあたる祭礼であった。ほかにもエジプトやローマで信仰を集めたイシス女神を聖母マリアに替えたり、都市や地域の守護神を守護聖人に替えたこともあげらる。とはいえ天空の神が全宇宙の秩序を支配しているという占星術の宇宙観は、ローマ教会にとって好都合なものとなった。

天体の神性解釈と天動説

澤井繁男は『魔術と錬金術』のなかで、占星術には天文学と天体の神性解釈との二つの側面があると指摘する。ギリシアの占星術を伝えるアラビア語文書のラテン語訳が出まわるにつれ、西欧で研究が盛んになった。ギリシア人は太陽や月とならんで星座と星を神話の神々と対置し天体を神格化した。ローマ時代の天文学者として名高いプトレマイオスは、一三〇〇年にわたり西欧人の宇宙観を支配した天動説の大家だが、二世紀頃に天文学だけでなく、天体の神性と人間生活の因果関係についての著作を残している。教会は彼の天体論とカトリック的価値観を結合し、天体の神性解釈を教皇権の正統性の根拠とした。したがって地動説を異端として排斥したのである。

占星術師の天体観察記録が累積し、それをもとにコペルニクスは天体運行の計算によって地動説に辿りついた。その後ガリレオは望遠鏡による天体観測をはじめ、天文学を占星術から切り離す道を開いた。ローマ聖庁がガリレオを異端としたにもかかわらず、教権の絶対性を覆す科学が胎動していた。

錬金術と魔術

錬金術は占星術と密接に関連する分野であった。澤井によると、錬金術の歴史は古く、古代バビロニアやエジプトの冶金術、ギリシアの自然哲学、そして紀元後に出現したヘルメス思想の混合だという。バビロニアやエジプトで貴金属の精錬技術が発達し、宝石職人や金細工師に伝わった。その技術がヘレニズム時代にギリシアの自然哲学、占星術、魔術および神学などと結合し錬金術が成立した。ギリシアの自然哲学とは、物質の組成単位を土水火風の四元素とし、その結合を研究するものであった。そして風を人間の霊魂の表象とみる観念が錬金術と結びつき、物質を人間化する占星術と一体化した。

ヘルメス思想とは、伝説の神人ヘルメス・トリスメギストスの著作とされる文書にみられるもので、紀元一～二世紀頃成立したという。それはグノーシス主義や新プラトン主義的傾向をもち、神学、占星術、医学、錬金術、魔術を内容としており、全体としてきわめて強い神秘主義的特色をもっていた。一二世紀頃からラテン語訳本が流通すると、西欧の各地に錬金術が勃興した。大学では錬金術が自然哲学や医学、占星術の一部として研究された。また職人や商人が卑金属を貴金属に変える秘術の探求を行った例も多い。錬金術は占星術と異なり、その魔術性ゆえにローマ聖庁の厳しい禁圧を受けた。魔術が汎神論的性格をもつため異端とされたからである。にもかかわらず錬金術は水面下で存続し、とくに医薬の製法や金属の化学反応などの理論分野で著しい発展をみた。それは近代化学の端緒となった。

人間中心主義という視点の成立

ルネサンスは人文主義の時代とされるが、人文主義には自然現象や人間事象を神の視線からみるカトリック的知性に対し、人間の視点から捉える視座の転換が含まれている。澤井は人文主義者の代表であるダンテの神曲が、占星術の地動説的宇宙観に立ちながら、世界を人間の視線から捉え直そうとしたことを記している。そしてイタリアの商業都市が、神でなく人間を尺度として建設されたことを力説した。都市計画で重視されたのは防衛、治安および公衆衛生のほか市民の集会場であった。これは法学における私法の重視同様、西欧において私権が伸長していたことを示唆する。その主体となったのは商人と俗人知識人であった。

三　市民社会のイデオロギー性と公共性

西欧ルネサンスの最大の歴史的意義は、俗界が教会から精神的に自立したことにあった。後世に影響を残したルネサンス期の大事件はコロンブスの「新大陸の発見」と宗教改革である。一五世紀半ばに英仏百年戦争が終結し、またビザンチンの帝都コンスタンティノポリスがオスマン帝国に制圧された。アジア貿易の拠点を失ったイタリアの商業都市は衰退を余儀なくされたが、その後のイタリア人船乗りの航海が西欧人のカトリック的世界観を一変した。

コロンブスの新大陸発見と王権の植民地獲得

スペイン女王の援助を得たコロンブスは、西方航路で一四九二年に「新大陸」に到達したが、そこをインドと確信した。しかしそこはヨーロッパ人にとってまったく未知の土地だった。スペインとポルトガルの王権は、中南米に豊富な金の産地を発見すると、そこに植民地を建設した。こうして西欧が異文化世界を植民地化する時代がはじまった。英国やフランスも北米とアフリカに植民地を建設した。アジアに対しては英国とオランダおよびフランスが東インド会社を設立し「貿易」による富の獲得にを奔走した。フランス人の思想家ジャック・アタリは『１４９２　西洋文明の世界支配』において、この年から西欧は自己中心的世界観をもちはじめ、さらにそれが進歩主義的歴史観と結合して強固なイデオロギーを形成したと述べる。

宗教改革運動と宗教戦争

宗教改革についてのわれわれ日本人の一般的理解は、カトリック教会とプロテスタント教会との教義解釈の違いにもとづく宗派対立とみる歴史解釈に止り、反宗教改革についてはほとんど無関心のままだった。しかし宗教改革運動は以後百年にもわたる数々の宗教戦争の火種だった。実際一六世紀前半からドイツでは農民戦争、シュマルカルデン戦争、三十年戦争が起きた。フランスでもユグノー戦争があった。そしてフランドル地方ではオランダ独立戦争が発生した。イングランドでは革命をもたらした宗教内戦が二回あり、旧教国スペインの無敵艦隊との海戦もあった。三十年戦争の後期には北欧の新教国デンマークとスウェーデンも参戦した。兵法家ジョミニの『戦争概論』によれば、宗教的対立に起因する戦争には軍事的解決の出口がないという。

コロンブスの新大陸到達後に、軍事力を強化したフランスのブルボン王家は、神聖ローマ帝国を牛耳るハプスブルク家の治領分割と併合を狙いながら、国内では王権の絶対化に心血を注いだ。ローマ教会の保護者を自認するハプスブルク帝権が、ボヘミアの新教徒を排斥したため新教勢力の反乱を招き、ドイツと北欧の新教勢力をも巻き込む三十年戦争に拡大した。そこに旧教国のフランスが参戦し新教勢力に加担したため、戦争の宗教的正当性が消滅した。

宗教戦争を収拾したのは、政教分離にもとづく主権国家の出現であった。長尾龍一は自著『リヴァイアサン』において、三十年戦争の終戦合意が宗教の棚上げにより成立したと指摘する。それは一六四八年にドイツ、フランスおよびスウェーデンが締結したウェストファリア条約に明記された。その骨子は各宗派の支配領域の地理的限定と宗教と政治の分離であった。宗派の支配領域設定については、すでに百年近く前のドイツでルター派とカトリック側との間で、領主の領内宗派決定権を認めるアウグスブルク和議が合意されていた。ウェストファリア条約はそれを再確認し、カルヴァン派への適用を追加した。

政教分離とは、宗教から独立した世俗領域を設定し、そこに主権国家という俗界の統治システムを構築することであった。一六世紀後半フランス人の政治思想家ジャン・ボダンは、政治と宗教の分離を力説し、近代国家の核となる主権概念を提唱した。法思想史家の千葉正士は、国家主権とは国家権力を統治者の人格としてではなく、機能から捉えた制度概念だと述べる。そもそも全能の神が世界を支配しているという前提に立てば、宗教から分離可能な統治領域は存在し得ない。しかし中世神学には神の力は二面性があるという考え方が存在した。それは絶対神による天地創造という超越的出来事のほかに、創造後の被造物世界には事物の物理的運動という現象があり、それは人間理性による認識が可能とされた。それを彼らは自然とよび、そこでは信仰を異にする人間が共存できると考えたのである。一七世紀には自然神学、自然法、自然哲学が新たな社会秩序の構成原理となった。

三十年戦争の最中に『戦争と国家の法』を著し、後に国際法の父とよばれるオランダ人フーゴ・グロテイウスも、この観念にもとづき主権国家を拘束する国際法を構想した。主権国家は、他国の干渉を排除できる統治領域と、無差別戦争観にもとづく交戦権が認められるが、世俗世界の秩序を維持する責任主体として国際法の遵守義務が課された。無差別戦争観とはキリスト教教義にもとづく聖戦を否定する原則で、それにより主権国家は宗教戦争を克服できるという考えである。長尾は、一六世紀に出現した主権国家が帝国の解体要因となった、と述べる。事実ウェストファリア条約は、神聖ローマ帝国を分割し、スイスとオランダを主権国家として擁立することで宗派対立に決着をつけた。こうして近代国際関係の基本枠組であるウェストファリア体制が成立した。

とはいえハプスブルク家はそれ以後二〇世紀までオーストリア帝国（後にハンガリーとの二重帝国）を維持し、領邦国家を統率するドイツ帝室とは姻戚関係にあった。一九一四年民族対立からセルビア人によるオーストリア皇太子の暗殺事件を機に、帝国はセルビアに宣戦し、ドイツと同盟国のトルコも参戦した。セルビアの同盟国仏露英の連合国が応戦し、戦争は第一次大戦に拡大した。帝位継承者不在のまま敗戦したオーストリア帝国は自然消滅したが、ドイツ帝国とトルコの率いるオスマン帝国とともに、革命で帝政を打倒されたロシア帝国と自治領を抱える英帝国も分裂した。ヴェルサイユ講和会議が民族自決の原則を採択し、民族国家と独立した植民地を主権国家として承認したからである。

宗教内戦について振り返ると、英国とフランスの国内では新旧両教派の反目が燻りつづけ、両国とも革命後の憲法で信教の自由を基本的人権と定めた結果、どうにか宗教対立を鎮静化できた。以後信仰は個人の内面の問題となり宗教は私的関心事になった。

宮廷社交界と文化評論サークルの成長

宗教が公共性を喪失したのと対照的に、商業は私的特質を脱し、公共性をもちはじめた。先述のように、商業都市は全面的自治権を得ていたが、重商主義の時代になると絶対君主化する王権に歩み寄らざるを得なくなった。それは王国政府が工業化と資本蓄積を進め、国民経済や領邦国家を形成したからである。織物、鉱山および武器製造が国家的保護を受けて産業に成長し、資本主義経済化の幕開けとなった。

ハーバーマスは、近代初期の西欧で言論文化の中心となったのは、教養ある貴族と芸術家が集まる社交界だったという。王宮や貴族の居館で夜会や舞踏会がしばしば開かれ、そこで芸術作品の新作が披露され出席者たちが作品の評価をめぐり論議をくりひろげた。画家、音楽家、劇作家などの芸術家は、貴族の家僕として主人に仕える身だったが、芸術作品の論評には参加できた。こうした集会の常連が社交界を形成した。そのなかから特定分野の作品を論評するサークルが生まれ、フランスではサロンとよばれた。サロンは教育を受けた教養のある市民の参加が増えるにつれ、富裕市民（ブルジョワジー）の私邸に場を移した。イギリスではコーヒーハウスが市民の社交場となった。ドイツでは宮廷に比肩する都市が未発達だったため、学者が開く学問的会食クラブが形成された。このような好事家のサークル活動により文化評論が発達した。

フランス王権の学士院創設

一七世紀半ば、啓蒙思想の影響を受けてフランス王権は、代表的知識分野の碩学を集めて教会から独立した学芸の権威確立のためにフランス学士院を創立し、その一部門としてアカデミー・フランセーズを設置した。この団体がとくに力をいれたのは、フランス語表記の標準化と言語表現の洗練であった。また同時に美術アカデミーも開設し、展覧会の開催権などの特権を与えた。それまで美術作品の制作は教会や王侯貴族のコレクション需要に依存していたが、公開展は美術市場を生んだ。そこで重要な役割を果たしたのが、アカデミーと評論家や画商・画家がつくる画壇の評価である。フランス学士院はそのほか科学研究部門のアカデミーも設置した。イギリスもロイヤル・ソサエティ（王立協会と英国学士院の訳がある）を創設し、大学の博士号より厳しい審査基準による業績の表彰を行い、学術研究の権威向上を図った。

啓蒙主義運動と市民の自己啓発活動

世俗文化の自律化が進むなかで教会の知的権威を打破したのが、科学研究の進展と啓蒙主義運動である。科学者は合理的思惟と観測や実験にもとづく実証性を重視し、カトリック的知識の神秘性を除去していった。フランスの哲学者ディドロとグランベールは百科全書を監修した。これは科学的知見と合理主義にもとづく自然と社会に関する知識の総合的構図を提供し、フランス革命の思想的地ならしになったとされる。

啓蒙主義のもう一つの運動は、市民の教育ないし自己研鑽の推進である。この頃英仏独三国で読書クラブの結成が盛んになり、とくにドイツ語圏で普及した。読書クラブは、書籍が高価だったため読書家の市民が共同で本を購入し、読後感を仲間で論じるサークルで、フランスのサロンや英国のコーヒーハウスにも定着した。こうした読書サークルは市民層に討論倫理や公開の意見発表における作法を訓練する機会を提供した。

工業化が進むにつれ都市では労働者人口が増加した。貧富の格差の拡大にともない君主国政府への不満が高まり、政治的関心をもつ労働者が集団を形成した。それは血縁や地縁など伝統的人間関係を母体としながら、次第に党派としての組織基盤を確立した。サロンやコーヒーハウスの評論も文芸から政治に移行した。こうした党派が自論教宣のため日刊紙を発行し、執拗な政府批判を展開した。そこで政府は新聞の発行規制や検閲を導入するとともに記者の監視と拘束で対抗した。英国では大陸ヨーロッパより早く議会制度が定着し、議会がさまざまな政策討論を公開したので、徐々に報道の自由が認められた。フランスやドイツで報道の自由が認められたのは、市民革命からさらに後のことである。

ヨーロッパの近代市民社会は、文化を論議する教養ある市民によって構成された。民主化が進み個人の思想的自由が認められたが、その根底をなす価値観は民族や地域性、歴史と階級、宗教宗派やナショナリズム、コスモポリタニズムに加えて、反資本主義を掲げる社会主義や共産主義から無政府主義などが複雑に入り交じる多様なものとなった。これらの集団的意志を具現する論客がヨーロッパの市民社会を率いたために、主権国家は強いイデオロギー的葛藤を内包していた。それゆえ西欧の近代国家は、ジャック・アタリが指摘したように、他者への排他性を孕んでいた。

近世日本文化の多様性と西欧文化の驚愕

日本の近代社会を西欧と比較して、その特徴を約言することはきわめて難しい。西欧の価値観や思考方法を学修した日本人は文化的葛藤を経験したが、その経験はきわめて多様だからである。奈良期以来、中国文化の導入に関わった日本人は、いつもモデルとする中国への同化願望と他者依存からの自立志向とのアンビバレンスを体験してきた。ところが文明開化の目標となった西欧文化は、国も分野も多岐にわたり、同化と自立性の選択幅も大きかったので、近代日本人の思想と態度は未曾有の多様性をもつことになった。

幕末までの日本は都市の町人文化の市場が成長した時代だった。文学では芭蕉が俳句を新ジャンルとして立ち上げ、西鶴も浮世草紙作者として活躍した。さらに近松門左衛門が浄瑠璃と歌舞伎狂言作者として登場し、以後鶴屋南北も多くの歌舞伎台本を残した。江戸末期には大衆文学で戯作者の十返舎一九、山東京伝、曲亭馬琴がベストセラーを出した。庶民の識字率が向上したため出版市場が拡大し、貸本屋は蔵書を増やして読者ニーズに対応した。こうして町人層の言論は大衆的文筆家がリードしていた。

他方、幕府や武家社会では、儒学が教養として尊重され、また医学や天文学など科学知識に関しては蘭学研究が盛んになった。幕末に英米露三国が日本近海に軍艦を派遣し、幕府は西欧の軍事的圧力に気づきはじめた。それは日本にとって、西欧の主権国家が構成する国際社会に参入するか、中国を軸とする華夷天下体制に残留するかの選択を意味した。西欧文化との遭遇は、日本人社会に驚愕と脅威をもたらした。その経験が西洋文化の吸収を促進し、日本は近代化とともに西洋化に進むことになった。

維新政府と国体イデオロギーの成立

幕末から維新期にかけて改革派や倒幕派のアイデンティティを支えたのが、水戸学派のまとめた『大日本史』にもとづく国体論であった。国体論は尊皇思想にもとづく天皇の神聖性と日本の民族的優越性を顕示する国家ドグマであった。それをイデオロギーとして維新政府は近代国家の建設に着手した。

開国後、維新政府が国策とした富国強兵とは、軍の近代化を最優先する工業化にほかならなかった。農業人口が大半を占めていた日本は、維新後農村人口の急増にも直面していた。しかし農地開拓は限界に達し、工業品需要は軍を含む政府部門に限られ、農村の余剰労働力を吸収する場所はどこにもなかった。しかも投資資金を供給する資本家も存在しなかった。近代日本の経済的課題は、絶対的貧困水準にある国民生活の改善と軍需産業による工業化の両立であった。しかし生産要素とされる土地（天然資源）と資本（技術）と労働のうち、日本にあるのは労働力だけだった。しかもその労働力は、識字率こそ高かったもののの大半は技術と熟練を欠く未熟練労働に過ぎなかった。この初期条件のもとで、どの日本人にも選択肢は限られていた。歴史経験からみて、もっとも多くの日本人が共有した近代化の体験は教育と兵役であった。しかし創設された学校も、また徴兵制で編成された軍隊も、言語の共通化という課題から克服しなければならなかった。

そこでイニシアチブを発揮したのは、国家主義の流れをくむ国権派と自由主義を唱える民権派の論客たちであった。前者は政治家、官僚および軍人の連合で、強力な薩長閥に支えられていた。後者は西欧思想を信奉する学者、ジャーナリスト、作家などの集合でキリスト教徒が多かった。政府は、農村の人口対策として移民奨励策を進めながら、工業生産の拡大を図った。産業と都市の成長にともない国権派は都市にも支持基盤を確保した。

国体イデオロギーと植民地統治のジレンマ

一九〇二年の日英同盟の成立とその後の日露戦争の戦勝を機に、帝国政府は文明国の特権を意識して、十分な現状認識を欠いたままアジアの近隣諸国に帝国主義政策を強行した。長尾龍一は日本の植民地政策の特徴を英仏と比較してつぎのように指摘した。すなわち英国は原住民を同化しようとせずただ支配した。フランスは原住民を同化し権利を与えようとした。それに対し日本の植民地政策は、徹底的に同化するが権利を与えない構造をもっていた。第一次大戦後、民族自決の理念が世界潮流となり、日本政府は一時中国のナショナリズムへの配慮をみせた。それも束の間、帝国日本は主権国家の交戦権を国体イデオロギーで神聖化し、国内の自由主義者や社会主義者を容赦なく排斥した。そして対外関係においては戦争を聖戦として神秘化した。つまり帝国政府は国内のイデオロギー統制を強化し、外交面では戦争準備を進めていたが、植民地統治の安定化には熱意を示さなかった。当時の東アジアにおける日本の軍事的優位は、中国の分裂、ロシアの革命、西欧の大戦と米国の孤立主義という状況下で成立していた。しかし国体イデオロギーが客観的状況判断を曇らせていた。

長尾は、満州事変から敗戦までの帝国日本の対外行動が、膨張衝動と「出たとこ勝負」という心理に駆られた自己規律のない情動になったと論じる。帝国憲法の統帥権の条文は国家戦略に関わる陸海軍統合の責任主体の存在規定を欠いていた。そのため日本は、戦争目的を確定しないまま対米戦争に突入した。官僚機構を構成する文官と武官は、朝廷文化の伝統に守られて、誰一人敗戦の説明責任を負わなかった。

近代日本は、自己規律と普遍的規範意識を欠いたエリートの情緒的意思決定によって自滅した。結局、帝国日本は貧困を軍事的工業化で克服できなかった。それに対抗する民権派の自由主義者は大正期に一時言論界をリードしたが、外来文化の学習を重視するアカデミズムに傾き、現実的関心を深めないまま戦時体制に吸収された。革命を志向した社会主義者や共産主義者は政府に弾圧されたが、そもそも農民層の伝統文化に馴染もうとせず大衆的支持基盤を欠いていた。国権派は国内のイデオロギー統制を完璧に実現したにもかかわらず、国体論によって欧米先進国の自由民主主義と資本主義に対抗できなかった。

欧米先進国における消費者大衆の出現と公共性の喪失

しかしながら西欧の市民社会も、二つの大戦を防止できなかった。ハーバーマスはこれについて何も言及していない。二〇世紀初頭、資本主義経済において大量生産体制が定着し大衆市場をが出現した。それにより中産階層が拡大し、政治的争点は貧困から雇用や社会保障に移行した。しかし中産層は消費者であって、文化や政治を論じる主体ではなかった。ハーバーマスは、工業化により文化の担い手が、教養ある市民から消費者に交代した結果、市民社会は公共性を喪失したと論じたが、その意味を明らかにしていない。

中産階層とは、一次大戦直前から戦後に出現した大衆を指していた。一次大戦後スペインの哲学者オルテガ・イ・ガセットは、大衆の不確定性に危険を感じて警鐘を鳴らした。彼の著作『大衆の反逆』は、第二次大戦後、大衆が現代消費文化の主役である事実が判明したことにより、その意味内容が確認されたのである

四　消費社会と大衆文化の成立

ブルジョワ革命後西欧諸国の大都市では、公共施設の建設が進んだ。街路や上下水道などのインフラとともに学校、病院のほかコンサートホール、劇場や歌劇場、美術館などの文化施設が多数建造された。それは文化のあり方が変質したからであった。

芸術の商業化と愛好家の増大

ルネサンスのもたらした文化の世俗化とは、文化コミュニケーションが双方向に転換したことを意味していた。それ以前の文化伝達は教会が一方的に発するものだった。しかし都市や富裕商人が芸術家のパトロンとなったため、文化メッセージの発信者とその受益者という関係が成立した。その結果職人や芸能民が自立できるようになった。

岡田暁男の論考をもとに音楽を例にみると、絶対主義時代のバロック音楽はまだ宮廷行事や教会祭儀の付属物であった。しかし曲そのものを聴きたいと望む聴衆の出現とともに、楽式やオーケストラ編成を高

度化する作曲家や演奏技術の難曲に挑戦する演奏家が出現した。音楽は宗教的秩序の表現ではなくなり、聴衆が鑑賞し楽しむ芸術に変質した。

そして芸術は文明人の知性や人格形成の基礎をなす教養の一部となった。王権は王位の権威向上を意図して王立歌劇場や音楽堂を建設した。演奏会場は宮殿や教会からコンサートホールやサロンに移ったが、新作や演奏は依然として社交界の話題の中心トピックだった。美術の分野では、王族貴族が私的コレクションとして所蔵する多くの作品を宮殿内で展示し、サロンに話題を提供した。こうした美術コレクションは、後に美術館の収蔵品として公開された。

革命後の市民社会もまた文化評論の伝統を踏襲したが、絶対主義時代と異なるのは文化市場の発展である。中世から人気の高い骨董品や美術品は高額で売買されていた。教会が購入に狂奔した聖遺物はその最たるものである。近代に画壇の評価が定着すると美術品市場が成長した。政府や都市も美術館の所蔵品として作品を買い入れた。音楽においては楽譜市場と演奏会市場が成立した。コンサートが有料の一般公開となったのは、観客が主催者の招待客でなく、愛好家に移行したからである。他の分野では文学が盛んになりとくに小説の読者が増加した。芸術鑑賞が市民の日常生活に定着し、評論誌も多数発行されると、文化評論は市民個人の教養の指標となった。

文化の商品化と評価基準の変容—市場人気の浮上

ハーバーマスは、啓蒙主義の影響で図書館や博物館の建設が進み、読書クラブの活動が活性化したことを強調した。学術分野では学士院が存続し、その権威のもとで学界と大学が発展した。哲学、心理学、経済学とともに科学研究の成果が、数多くの書籍や雑誌で発表された。その読者には専門家でない市民も含まれ、彼らは読書サークルで自論を展開した。そのテーマはニュートン力学やダーウィンの進化論にまで及んだという。市民社会の評論活動は仲間内の世間話ではなく、一定の作法にもとづく文化的討論であった。それを後押したのが出版社とメディアであり、間接的に指導したのが学界や学士院である。西欧諸国の市民文化は強烈なイデオロギー性を帯びていたが、その背後には、文化評論と権威の共有という歴史経験を内包していた。専門分野の権威のもとで伝統主義者と革新派との対決により文化が進化するという西欧の文化様式は世界的モデルとなった。

しかし文化の商品化は市民社会の公共性を後退させた。ハーバーマスはその理由として文化の価値基準が公衆の評論から市場の人気に移行したことをあげる。

産業化の深化につれ都市民の生活圏は職場と家庭とに分裂した。その結果市民の家族構成は家父長的大家族から小家族に移行した。彼らの主要な関心事は私生活に集中し、社交もその延長となった。私生活が制度化されるにつれ、市民の興味は家族形成の発端となる恋愛や結婚へ向けられた。こうした市民層の好奇心に応えたのが小説である。やがて市場人気の獲得を目的とする大衆小説が大量に刊行された。当時ヨーロッパで未婚女性は父親の財産とみなされ、上流階級生まれの娘は生家のための結婚を強いられた。その悲恋物語がとくに女性読者の同情を買う共通の話題となった。大衆文学は消費目的の情報供給のはじまりだった。

大衆娯楽市場の成長

二〇世紀以降、飛躍的に成長した大衆文化産業は音楽と映画である。オペラを含め音楽と演劇は、歌手や演奏家と俳優の身体動作をともなうので、公演の時間と場所が限定される。つまり舞台芸術は揮発性の高い情報を扱っていた。岡田によると、一九世紀前半までオーケストラのコンサートはほとんど新曲の発表会だったという。管弦楽曲は聴衆が一生に一度しか聞けない曲で、音楽評論も作曲家の新作を対象にしていた。演奏会が定例化するにつれ再演が増えた。そして演奏家に注目が集まり、巨匠の評判を得る達人が出現した。その後オーケストラや演奏家がレパートリーをもつようになった。

レコードとラジオ放送の出現は、聴衆の規模を一気に拡大した。レコードにより演奏は再現可能となり、時間と場所を超えて聴衆を顧客とする音楽市場が出現した。当然のことながら大衆性の強いポピュラー音楽が急成長した。ラジオ放送は演奏会の実況やレコードの再生番組で不特定多数の聴衆に音楽を届けた。

同様に映画もまた大衆的娯楽産業となった。草創期の映画上映は、動く写真の展示会に過ぎなかった。やがて演劇と異なる表現技法が発達し、映画表現の様式が形成された。その技術を発展させたのが米国とヨーロッパの撮影所である。ヨーロッパではフランス、ドイツのほかソ連の撮影所が新機軸を打ち出した。商業的劇映画ではフランスと米国の映画会社が市場を主導したが、フランスの企業が第一次大戦の戦災を受けたため、以後米国のハリウッドが世界最大の映画製作センターとなった。第二次大戦後テレビ放送が普及すると、ポピュラー音楽とドラマの番組が大衆的娯楽として定着した。

注目すべきことは、米国の映画会社がとったスター・システムという経営手法である。映画製作にあたり特定の俳優をスターとする物語を準備し、スターの人気によって観客動員を図ろうとするものである。したがってすでに人気の高い歌手やモデルを主役に据えることが珍しくなくなった。容姿端麗で蠱惑的風貌の若い女性がメロドラマの主役に仕立てられた。そのうえ俳優個人の私生活まで公開された。

ハーバーマスは、文化の受容は事前の修練を必要とするが、娯楽産業はその負担を減らすことで作品を通俗化したという。娯楽作品は観客と作品との接触経験に断絶があるため、文化的コミュニケーションを希薄化し、公共性を喪失したと述べる。米国の映画界はその歯止めとしてアカデミーを創立し、アカデミー賞の表彰制度を導入した。

テレビ放送のグローバル化とスポーツ産業の膨張

テレビ放送と衛星通信技術の発達により、テレビ放送ネットワークが地球的規模に拡大した。それにともなって台頭したのがスポーツの中継放送である。とくに野球やサッカーなど団体競技は複数のプレーヤーが同時に動くので、音声だけでは伝えきれない。ラジオと違いテレビ放送は画像と音声で競技全体の展開を伝達できる。衛星放送が実用化すると、開催地がどこであろうと試合の実況中継が可能になった。スポーツは予備知識があまりなくても、また外国語の理解力がなくても観戦できる。そのためスポーツ番組は大衆に大人気の娯楽となった。その結果スポーツは競技から産業に変貌した。とくにオリンピックやサッカーは巨額の金銭が動く巨大ビジネスに変貌した。一流選手が高額所得を得ることも珍しくなくなり、スポーツ教育は有望な投資と考えられるようになった。関連する機材、用具、ユニフォームなどの製造や販売に関わる産業も急成長した。各国政府もスポーツを国威発揚の媒体として、また新たな産業として重視した。同時にスポーツに関わる金銭トラブルや犯罪も増大している。スポーツの商業化は、観客をたんなる消費者に貶めることになった。それは大衆の観戦経験が自己の生活から遊離しているからである。

大衆の不確定性と独善性

オルテガは、大衆が科学技術の進歩により、物質的豊かさのなかから生まれたと、指摘した。そして大衆は特別の資質をもたない平均的人間の総称であると述べた。つまり大衆とは階級ではなく、人間類型として理解すべき存在である。その心理構造の特徴は、楽観主義と利己主義にもとづく独善性にある。意見対立に際して、相手に理由を示して説得しようとせず、ただ自論を力説するというタイプの人間が、二〇世紀初のサンディカリズムやファシズムの信奉者に多くみられた。彼らに思想性があるようにみえても、それは美辞麗句で包んだ欲望に過ぎない。オルテガはこのような大衆を、遺産相続により何不自由なく暮らしている貴族の「甘やかされた子供」と表した。彼のいう遺産とは大衆の生活様式の母体である西欧文明を指す。これを時代思潮あるいは歴史経験と解すると、スターとは大衆という土地の地代で暮らす人間といえよう。オルテガは大衆は政治的には中立な存在であると述べたが、それは概念的記述にもとづく認識である。政治権力が大衆を利用しようとすれば、その不従順さと自己閉塞性により、支配のための支配というパラドクスを招くことになる。今日われわれが毎日利用しているインターネットは、双方向性をもつが、甘えっ子をさらに甘やかしかねない危険性をもっている。

現代日本の文化状況

最後に現代日本の状況を他の先進国と比較してみよう。日本人と西欧人との決定的な相違は、われわれにはローマ教会のような知的権威との対決という歴史経験がないことである。そもそも日本では権力と権威が明確に分離してこなかった。しかも日本人は外来文化の学修によって自己形成をしてきたため、権威を外部に求めやすい心情をもっている。したがって明治以後の日本国内において文化に関する討論の場は発達してこなかった。維新政府は西洋風の社交行事として鹿鳴館の夜会を主催したが、言論文化を支える社交界を欠いていた。とはいえ現実の社会行動においては価値判断が必要となる。その尺度を提供したのは、自律した知的権威ではなく政治権力であった。維新後にその基準を提供したのは文部省と洋学者である。政府は学制の制定において、帝国大学を最高学府とする学校の序列を定めた。しかしその序列は学術研究の業績にもとづく権威の認定ではなかった。西欧諸国に倣って創設した日本学士院と日本芸術院は自立した権威として学術研究や芸術をリードするには至らず、外部評価の追認機関に止まった。日本芸術院の状況はとくに複雑である。美術、音楽および演劇には日本の伝統的流派と西欧から受容した分野があり、伝統文化は家元制の教育システムに支えられてきた。そのため家元が技能評価の権威として残存した。西洋画や洋楽では外国での評価が重視された。

例外は日本語を操る文学である。近代文学の端緒は、自由民権運動や言文一致運動における弁士や文士などのジャーナリストと作家の活動にあった。そこから文芸評論が盛んになり、文壇という集団が形成された。出版社が文壇のスポンサーとして、とくに小説の新作を表彰する制度を創設した。ジャーナリズムがその受賞者を権威のように扱う風潮が生まれ、文壇が世論形成をリードした。メディアもその代役として権威であるかのように振る舞った。しかし研究技能の訓練を受けていないジャーナリストは、自律的権威の確立に関心をもたなかった。

言論文化はクラブ性の限界をもつ。したがってオリンピックのような祝祭的イベントや事件性の高い事案を別にして、メディアの情報供給が大衆的関心を集めるには限界がある。伝達相手を限定すればするほど情報密度を高められるが、大衆の興味から離れるからである。視聴率に拘束されるテレビ放送が、私的で趣味性の低い番組制作に走りやすい所以がそこにある。視聴率確保のためテレビ局は出演者の人気に頼りがちである。メディアは人気を確立した芸能人やスポーツ経験者を、恰も公衆を指導する権威のように扱い、政治から国際関係、経済社会問題についてまで論じさせている。しかし人気は権威ではない。有名人の付け焼き刃の知識を有難がる態度は、日本メディアの知識水準を示している。

情報化社会における個人の自由と時間

表現の自由と報道の自由という民主主義の原理は、情報を商品として扱い、利益を追求する広告会社によって無力化された。それはわれわれが視聴者という情報の消費者として、文化の受動的な受け手にされたからである。公共性の喪失は、各個人が自分の生活時間を自分自身で使おうとしない生活態度に起因する。インターネットという双方向のコミュニケーション手段があるとはいえ、サイバー空間に発生する事象に反応するだけでは、文化の担い手になることはできない。かつて一九七〇年代に、ドイツ人児童文学者のミヒャエル・エンデが『モモ』のなかで、一般市民の生活時間を強奪する時間泥棒の物語を描いて評判になった。当時それは、お伽噺かメタファーと受け取られたが、今日では放送局にせよ、ネットの情報提供者にせよ、あらゆるメディアは視聴者やユーザの生活時間の支配を目指している。文化の商業化による公共性の喪失とは、われわれ生活者が自分の時間をみずからのために使わないことから生じているのだ。

情報の過剰供給は限界効用の低下と外部効果をもたらす。情報のクラブ性ゆえに、あらゆる人々に有意な情報は存在し得ない。過剰情報の限界効用の低下とは発信情報の意味低下であり、外部効果とは大量の情報供給がもたらす公衆の思考停止である。近代初期の啓蒙主義は、飽和状態にあった古い知識による知的拘束への抵抗であった。民道主義運動の意味は、われわれの思考の自由を奪う大衆文化を超越する新たな知識文明の構築経験から生まれることになるだろう。

終　章

民道主義運動と結社について

民芸運動を指導した柳宗悦は、一九二七（昭和二）年に発表した「工芸の協団に関する一提案」において運動の主体となる工芸家のギルドの結成と、彼らの集団活動が今後の工芸創作に必要であると論じた。民芸作品が知名度を得た昨今、工芸家が既成作品をモデルに個人一人でも創作活動ができるようになった。しかし柳は、このような創作態度は民芸の在り方と矛盾すると述べた。そもそも民芸の創造性は、作品の無名性と多様な民衆の生活経験を反映している点にあった。したがって古作の知識を学ぶだけで民芸の精神を維持できない。しかしながら工業化が進行している日本において旧来の制作方法にも限界がある。柳はそこに民芸運動のジレンマがあると指摘した。

民芸運動の主体形成とモラルコードの導入―柳宗悦の主張

柳宗悦は工芸家のギルドの結成と、彼らが集団生活をする場の形成の必要性を説いた。そのうえで工芸家の協団（communion）生活が、最善の生活様式になると論じた。ギルドについては修業、帰依、協団という徳目を掲げ、それをモラルコードとすべきであると述べる。修業はいうまでもなく自己研鑽、自己訓練であり、また工芸家の使命感向上のための規律である。帰依とは自力に頼るだけでなく、独善性を超えてより高い価値の追求を指し、自己否定を受け入れる覚悟の要請である。協団とは仲間との連帯、協力であり、創作経験の共有を基礎とする集団活動の尊重である。

そこにモラルコードを導入したのは、自律性を欠く行為主体は権威をもてず、影響力を弱めるからである。柳の提案がその後どれだけ達成されたかはよく分からない。しかし柳が、社会全体の価値意識を転換する運動に、自律的主体の形成を重視したことには説得力がある。

民芸運動は、柳と彼の仲間の工芸家が、優れた民芸品を発見し、収集し、それを公開展示するという活動であった。そこから学べることは、意義ある民衆の活動を発見し、評価し、その作品を公開することの重要性である。民芸運動は庶民生活の衣食住のうち、衣と住の一部を対象としていた。これと対照的に、宮本常一らの常民文化研究は農山村の集落構造や住宅、そして食料確保のための技能と資源の共用化などの仕組みが数世紀にわたる民衆の経験により生み出されたことを明らかにした。彼らの活動の成果は日本民藝館や神奈川大学の研究所に保存され、今日誰でもアクセスできるようになっている。

民道主義運動の主体形成という課題

日本の次世代民主主義への道を拓くには、柳宗悦の民芸運動と同様、民道主義の運動主体の形成が必要である。われわれは、民主主義の弱点が社会的合意形成の時間制約に無関心な傾向にあることを、確認した。共同体全体に影響を与える環境変化の発生は離散的であり、その対処には時間枠の認識が重要性をもつ。そこで予想される事態の対応策について事前に討論し合意形成の基礎を整えることが大切になる。

われわれ日本人は所与の自然環境と日本語によって生活様式を形成し、それを共有してきた歴史経験をもつ。それは政治文化、日本語の記述形式、教育制度に内包され、われわれの日常生活を拘束している。そのうえ経済のグローバル化と文化の大衆化により日本人思考と行動の受動性が強まった。しかし民芸運動や常民文化研究が明らかにしたように、日本人が消極的自由を発揮した領域が存在した。

このような活動は現在の日本にももちろん存在する。それを発見し、評価し、社会的に可視化することが、民道主義運動の基本となる。それを誰がやるのか。個々人の消極的自由に由来する活動を社会化するには、それを運動として組織する主体が欠かせない。そのような営為は自然発生的に生じないからである。

社会活動家の結集とその選別評価基準

ただし運動を組織するにはいくつかの課題がある。第一にすでに社会的な活動をしている人々の結集、第二に評価すべき活動の選別と評価方法の確立、第三に調査活動の実施と結果発表の方法、第四に調査資料の保存と公開、第五に運動主体の自己規律と自己研修の促進およびさまざまな討論をまとめる座長の育成である。

民道主義運動は、民主主義の責任を自覚する被治民の活動からはじまる。したがってこの運動は、個人、第一次集団および、社会の次元に分けて考える必要がある。第一次集団とは、家族や仕事や趣味などで対面接触が多い人々の集団である。社会とは、国家とは別次元にあって各種の団体が構成する複合体である。

現代国家における家族の両義性

産業が高度化し都市化が進んだ日本で、現在庶民が直面している問題の多くは、社会と家族の解体による個人の孤絶化あるいはアトム化に起因する。近代国家において家族（家庭）は矛盾した存在であることを強いられてきた。一方で家族は、公私分離の観念により、私的領域に属し、公権力の介入を許さない聖域とされた。にもかかわらず他方で家族は社会や国家の基本的構成単位として、社会成員の再生産、子どもの社会化、家族個人の生活保障と精神生活の安定ないし充実などの機能を果たす責任主体と位置づけられている。

農業に依存していた前近代社会では、土地を所有する農家は家族の労働で生活を支え、家長が生産の成果を家族成員に分配する家父長制が機能していた。しかし資本主義経済の発展は産業化と都市化をもたらし、人口の都市集中と生産と消費の分離を生んだ。その結果、旧来の大家族が解体し小家族化が進んだ。現代産業が求める労働力は、知識と技術をもつ人材であるため、人々は教育と雇用の機会を求めて都市に蝟集した。人口の社会移動は人間関係を希薄化し、そこで生まれた家族は脆弱性を孕んでいる。地方の過疎化と人口の高齢化は、伝統的共同体を空洞化した。他方、都市住民の多くは社会経験の共有が希少な小家族か単身世帯になった。離婚した一人親の家族も増えている。

この社会変動がもたらした問題に対して、政府も地方自治体もさまざまな方策を打ち出してはいるが、未解決の懸案がかなり長期にわたり放置されている。都市の保育所不足や地方の高齢者施設の人手不足はその典型例である。それは地価の高騰や労働人口の減少など、短期的解決が困難な要因が絡んでいるからである。

そのうえ人口の高齢化と都市の過密化および地方の過疎化が、庶民の生活環境を変えるとともに、精神的心理的安定を動揺させている。

安倍内閣の憲法改正方針と国民の不安感

こうした国民の生活環境のもとで、安倍内閣は憲法改正を優先する方針を表明した。各種世論調査は、安倍内閣の改憲に否定的な人々の声が根深いことを明らかにした。それは近年の政府や保守勢力の政治姿勢にみられる国家主義的傾向への不安感を示している。他方これを批判する改憲派は、憲法条文の現状維持を唱えるか、あるいは政界再編と称する権力闘争に奔走している。

施行から七〇年を経過した憲法は、いつか再検討を必要とする時期を迎えよう。そのときわれわれは次世代の民主主義をどのように構築すべきだろうか。この問題を決定するのは次世代の国民の責任である。現在のわれわれの責任は、その前段階の活動として憲法を含むさまざまの社会問題をどのように認識し、論じ、合意形成を図るのか、そのための試行錯誤を重ねることにあろう。

運動の組織化と三層構造

民道主義運動は一種の社会改革となるので、単純に行政区域に合わせれば市町村、都道府県、全国のレベルに別れる。したがってその組織はロータリークラブのように、三つのレベルに分かれることになろう。ロータリーの組織は、クラブ、地区、地域の三層構造をもつ。それをただし都市においては単位組織であるクラブの活動領域を市より小さい領域に区分している。

ロータリーがもっとも重視するのはクラブの日常活動である。民道主義運動の結社は、政党ではないので、志を共有する会員の自己形成と会員同士の友情を基礎とする親睦団体となろう。これを民道社とよぶとして、その基礎単位は民道社クラブであり、クラブの活動の中心は、会員によるモラルコードの遵守、言語表現技術、意見発表の方法、討論作法、社交マナーの研修に加えリーダーシップの訓練という自己研鑽の経験を深めることである。

運動組織とモラルコードの確立

民道主義運動が社会的信頼を得るためには、モラルコードの確立が不可欠である。それは徳目の暗唱ではない。第一に活動コストの自己負担原則である。運動のコストを外部に頼ろうとする安易な態度は、権力や有力者との癒着を招く原因になりやすい。第二に自己の言明に対する責任である。誰も嘘をつかず約束を守れば、会員同士だけでなく外部の人々の信頼を得ることができる。第三に公平性の原則である。民道主義運動は外部の社会活動の評価を重視する。したがって評価対象となる社会活動を平等にみることが運動の信頼性を高める。第四に、外部の社会活動家やクラブ会員への敬意と、それを表す作法の尊重である。そして最後に自己の判断に対する自省と、より高い価値への探求心が求められる。

権威の確認と尊重

高い価値の追求には権威の確認とその尊重が前提になる。日本では伝統芸能の家元をのぞいて権威が確立してこなかった。文学において新人小説家を表彰する芥川賞や直木賞は有名だが、その他の賞についてはほとんど報道されない。農業経済などの研究を対象とする東畑記念賞、政治学の吉野作造賞を知っているのはその分野の専門家だけであろう。したがって民道主義運動の準備作業として、日本の表彰（授賞）制度をまとめ、受賞者の業績を集め、これらの表彰の特徴を把握することが重要になる。

そのうえでメディアの報道、テレビ番組の内容、広告およびネット情報を評価する必要がある。メディアの発信情報を評価することは、一般市民が視聴者という受動的存在からの自立を促すからである。確立した権威にもとづく評価活動は民主主義の質を高めるであろう。

意見発表技能の向上と読書会の開催

民道社クラブが会員の自己研修活動として第一にとりくむべきことは、パブリック・スピーキング技能の向上である。これにはさまざまな方法が考えられるが、やりやすいのはヨーロッパの読書クラブ方式であろう。

ただし読書の感想を話すだけでは見解発表の技術向上は見込めない。そこで事前にいくつかのテーマを設定し、それに即して各自が一〇〇〇字程度のコメントを作成し、それを口頭発表することにすれば、読書経験を深めることができる。小説をとりあげるとしても、作品はストーリーの背景としてさまざまな情景を描いている。例えばハリー・ポッターのシリーズは、英国の全寮制中高校を舞台としている。したがってこの作品から英国と日本の高校教育の違いを論じることもできる。

一〇〇〇字の報告時間は三分位なので一〇人でも三〇分程度で発表を完結できる。その論点を座長が整理し、論点ごとに意見の違いを討議する。もちろんそこでも発言時間を制限する。それを繰り返して経験を積めば発言技術を改善することができるだろう。

地域の社会活動の発見

クラブのもう一つの活動は、地域で弱い立場に置かれている人々の生活改善に取組む人の発見である。それは民生委員の仕事と重なる事案もあろうが、未解決のまま放置せれているケースも多い。保育支援、高齢者介護、ＤＶや児童虐待からの被害者の救済、子ども同士のいじめや過疎高齢化により荒廃した地域社会の再生などに自発的に取り組む人々の事例を収集し、その活動を記録することである。もちろんこうした活動の評価基準と評価方法についいいて事前に話し合っておくことが必要である。そしてクラブの活動として少なくとも月一回の例会をもつことが望まれる。

地区集会と公文書の評価

地区集会の目的は会員の自己研修でなく、地区に潜在する未解決の課題について問題を提起することにある。各クラブが収集した調査結果を集約して、その地区で解決を要する事案をさらに検討する運動が中心となる。

そのために政府や自治体および各種機関の認識や対応策の分析が必要となる。欧米先進国や国際機関の報告書は、結論の当否を別として、記述様式や分析手法のレベルが高い。それは幹部職員や国際公務員に修士や博士の学位をもつ人が多く、知的訓練を受けているためである。それに比べ日本の政府や自治体の報告書は修士論文のレベルに達していないものが少なくない。それは公文書を誰も評価しないからである。

公文書の評価は民道主義運動の第一歩となる。個人やＮＰＯの活動は、公的機関の認識や活動を正すことからはじまる。この調査には訓練を受けた専門家が必要になるので、地元の大学の教員や院生に協力を求めることも視野に入れるべきである。またその調査費用を地方議会議員の政務調査費で負担してもらうことも考慮の対象となり得る。外部資金を扱うようになれば、当然会計の担当者を決め、年度ごとの会計収支報告と監査は義務として実施しなければならない。

各種社会活動団体の認識を結集する全国大会―経済社会評議会

全国レベルの大会は、民道社だけでなく、外部のＮＧＯ、住民運動グループや労働団体などの認識を集約するフォーラムとなる。これは経済社会領域において発生している今日的課題の認識に関わる意見交換の場である。これを経済社会評議会とよぼう。この種の会議のモデルとしては、ＥＵや独仏の経済社会評議会があるという。性格が異なる類似の集会としてダボス会議も有名である。

しかし民道社が目指すのはあくまでも草の根の民意の結集による共通認識の形成である。したがって有名人や著名な専門家を集めるのではなく、一般市民の意見交換を基本とすべきである。そのためにあらかじめテーマを公表し、一般市民から発表希望者を募るオーディション方式になる。

広範で多様な意見の募集といっても、会議の発言者やコメンテーターの数は限定せざるを得ない。それは会議の全日程の時間と参加者の発言時間が限られるからである。主催者にとって会議形式をどうするのかは重要な選択となる。仮に二日間の会議を予定し、午前と午後のセッションをもつ計画だとする。一セッション時間を三時間として、その二時間を報告、残りを質問や討論に当て、発言者のもち時間を一五分とすれば、二日間の発表者数は単純計算で最大一六人にしかならない。希望者は一〇〇〇字程度の発言要旨を添えて申し込み、そのなかから報告者を選別する。

経済社会評議会の議題例

テーマとして考えられるのは、現在発生している深刻な社会問題の軽減策である。例えば高齢者を狙う特殊詐欺事件が多発している。現在これについて取られている対応策は高齢者に騙されないよう促す心構えや警察への通報に止まっている。しかし詐欺被害は一向に減らない。経済犯罪を減らすには、違法行為が経済的に合わないよう法令を改正することである。犯罪で得た利益の没収だけでなく、その三倍以上の罰金を課す法改正は一つのテーマとなりうる。

もう一つ考えられるテーマの例は自動車事故の問題である。高齢者ドライバーの運転ミスによる事故も増加しているが、高速道路でのあおり運転も問題となった。自動車の利便性は自由な移動にある。高齢者の免許返納が進まないのは、自動車移動に慣れた高齢者は公共交通機関の運行スケジュールを自分の生活習慣に取り込んでいないからである。またあおり運転は交通渋滞により移動の自由が効かないイラつきに起因している。問題は、自動車は量産できるが道路と駐車場は量産できないことにある。要するに自動車が多すぎるのだ。これを解決するには自動車の数を減らすしかない。その方法の一案は運転免許に強制保険を加えることである。現在自動車事故の防止と損害賠償のために自動車の所有者に対する保険の加入が義務付けられている。しかしドライバーにはこうした保険は存在しない。運転者の賠償責任を義務化すれば、事故発生率の高い人ほど保険料が高くなるので、高齢者の免許返納が進むと考えられる。また交通違反の常習者は免許更新時に保険料が上昇するので、乱暴な運転が抑止されるだろう。

刑法の詐欺罪規定の改正や運転免許への強制保険の導入といったテーマを討論することで被治者は自分たちの社会形成の扉を開くことになる。

民道主義の活動家のたまり場と資料センター

民道社に結集する人びとやグループの協働のために必要なのは、たまり場と資料保存センターである。たまり場には事務所としての機能だけでなく、さまざまな研修会の集会所というか道場の機能が必要である。研修会の参加人数にもよるが、二〇名位の収容人数が望まれよう。これを大都市で確保するのは経済的にいっても相当な負担となる。資料保存センターは、紙媒体の記録の保存と電子媒体のデータを保存する場所である。このセンターは記録やデータをたんに保蔵するだけでなく、会員が利用しやすい形に加工する作業も含むことになる。そのためデータ分析チームを編成する必要がある。民道社の組織作りは、長期的目標と当面の目的を区別してすすめることになろう。

討論倫理と発言作法の経験的修得―民道社クラブの役割

憲法改正についても、まず現行憲法の問題点を抽出し、それについての意見分布を把握することが必要となる。いずれの立場に立つにせよ、討論において発言者はお互いに他人の意見をよく聞き、反論するときには根拠を示して相手を説得しなければならない。このような討論倫理と発言作法は、技術訓練と実践経験でしか身につかない。異なる意見や少数意見の尊重というスローガンを唱えるだけでは、われわれの生活文化のなかに定着しない。民道社クラブは、読書会を取り入れることで、会員の討論経験を深めることになる。このような人々が増えれば、改憲の議論も生産的なものとなるだろう。いずれにせよ民道主義活動の積極的役割はこれで終わる。あとは政治家や政党およびその支持者の領域である。

数年前、東欧や中東で民主化運動が起こったが、ほとんどの運動が挫折した。政府批判が反政府活動に転化したと解され、軍や宗教団体が実権を握る政府に弾圧されたからである。運動の指導者は拘束され、運動団体も解散させられた。その一因は運動の指導者が権力闘争のリスク回避に無関心だったことにある。

民道主義は社会矛盾を記述形式として捉え、それをもとに事前合意を探求することで、権力闘争のコストと政治の時間制約を軽減する目的をもつ。そのために知的訓練を重視するのである。知的探求心と人間的倫理観をもつ個人がいなければ、民主主義は決して発展しないからである。

ただ気になるのは中国や中東諸国のみならず世界的な広がりをみせる言論の自由を否定する政府や政治

勢力の動向である。民主主義を守る手段をわれわれはまだ十分にもちあわせていない。

あとがき

この論考は、私の研究経験をまとめたものである。私は職業軍人の息子として生まれたが、敗戦国の軍人家庭の生活は貧困をきわめた。しかも父は日中戦争の徐州戦役で負傷したので、その後前線に出ることはなく、陸軍の戦史資料編纂官とか予科士官学校の教官を務める下級将校だった。

このような経験ゆえに、入学した国際基督教大学（ＩＣＵ）の学部では経済学を学んだ。しかし当時主流だった米国流経済学に違和感を覚えた。というのは、教科書が強調する市場による資源配分の合理性は、私の両親や祖父母の経験と乖離しているように思えたからである。つまり日本では、市場よりも政府による統制と慣習が経済を動かしているように思えたのであった。

行政学を学ぶつもりで入ったＩＣＵの大学院は、大学紛争の影響で教員の入れ換えが激しく、指導教授に恵まれなかった。この頃ベトナム戦争が激化し、米軍の敗色が顕著になりつつあった。それと対照的に印象深かったのは中国の存在だった。アジアにおける米国の影響力が弱まれば、域内で中国の影響力が高まるだろうと直感した私は、研究対象を中国に変えた。しかし全くの素人が独学で中国研究をするというのは冒険だった。なんとか修士論文をまとめたが決して出来の良いものではなかった。

修士課程終了後、外務省系のシンクタンク(財)日本国際問題研究所に職を得たが、そこでは専門を中国研究以外の分野に変えるよう求められた。政府系研究機関は経営を委託調査に依存している。当時、外務省では国際協力や開発援助に関する事案と対日貿易摩擦が急増していたため、研究所では関連する調査委託が増加した。所内で多少なりとも経済学の知識があったのは私だけだったので、国際協力や国際経済問題をテーマとする委託調査は、ほとんど私が担当することになった。

しかし経済学者でない私が、研究者として生き残るには、国際政治に関わる専門が必要だった。その頃北米出張でカナダ訪問の機会があり選挙資料を入手した。それをもとにカナダの選挙報告をまとめることが出来た。カナダ研究の先輩たちの励ましがあり、カナダ研究に本腰を入れることになった。

こうした経緯から広島修道大学に移った時、担当科目は国際政治経済学、国際開発論、カナダ研究の三本立てとなった。地方私大の教育は、学部が中心で、大学院は付録のようなものである。しかも私が学部で担当した科目は、予備知識のない受講生がほとんどだったため、講義の準備やゼミの指導に追われた。

定年退職後、なんとか自分の研究経験をまとめたいと考えていた矢先、大腸がんを患い、研究が出来ない日々を過ごした。術後四年を経て病状も回復し主治医から完治との診断がでた。その間本は読んでいたが四年間も文を書いていないというブランクがあったため、作文のリハビリをはじめ、三年後に着手したのがこの論考である。まとめるのに苦労したが、どうにか草稿を完結することが出来た。

この論考を刊行するにあたり大学の同期生で元沖縄県副知事の嘉数昇明君、版元を紹介して下さった元沖縄大学教授緒方修氏には大変お世話になった。沖縄大学は修道大学が国内の大学と初の交流協定を結んだ大学で、私がその交渉の任にあたったので、緒方氏とも旧知の間柄であった。また学部時代から親交のある筑波大学名誉教授中村紀一氏と芙蓉書房出版の平澤公裕社長からは、草稿の推敲に大変有益なご助言を頂いた。改めて御礼申し上げたい。

民主主義もグローバル市場も実在するモノではない。それは言語による記述と多くの人々の経験から構成される実体である。日本の民主政や経済は、私が大学入学以来、危機とか転換期、あるいは曲がり角という修飾語つきで表現されてきた。しかしそのような言明は、恰も民主政や市場経済を操作可能なモノと捉え、その外部に発言者自身の視点をおく表現である。読者の皆さんが、民主政の主体とは、読者自身の経験を含む行為体であることを会得していただければ幸いである。

主要参考文献

■はじめに

ジョン・K・ガルブレイス、山本七平訳『権力の解剖』一九八四年、日本経済新聞社
ミシェル・フーコー、石田英敬訳「統治性」『ミシェル・フーコー思考集成Ⅶ』二〇〇〇年、筑摩書房、および『フーコー・コレクション6』二〇〇六年、ちくま学芸文庫。
安丸良夫『日本の近代化と民衆思想』一九九九年、平凡社ライブラリー

■序　章

森島昭夫、ケネス・M・リシック編『カナダ法概説』一九八四年、有斐閣
山川偉也『古代ギリシアの思想』一九九三年、講談社学術文庫
モンテスキュー、野田良之訳『法の精神』上下二巻、一九八九年、岩波文庫
ハンナ・アーレント、志水速雄訳『人間の条件』一九九四年、ちくま学芸文庫
Buchanan, James: "An Economic Theory of Clubs" *Economica*, Vol.135, No.125, 1965
大黒俊一『声と文字』二〇一〇年、岩波書店
ケネス・アロー、長名寛明訳『社会的選択と個人的評価』一九七七年、日本経済新聞社
阿部斉『民主主義と公共の概念』一九六六年、勁草書房
マイケル・イグナティエフ、深谷育志・金田耕一訳『火と灰』二〇一五年、風行社
Z・A・ペルチンスキー、ジョン・グレー編、飯島昇藏・千葉真訳『自由論の系譜』一九八七年、行人社
アイザイア・バーリン、小川晃一・小池けい・福田歓一・生松敬三訳『自由論』一九七一年　みすず書房
市井三郎『歴史の進歩とは何か』一九七一年、岩波新書
柳宗悦『民藝四十年』一九八四年、岩波文庫

宮本常一『日本の村・海をひらいた人々』一九九五年、ちくま文庫
宮本常一『日本文化の形成』二〇〇六年、講談社学術文庫
宮本常一『庶民の発見』一九八七年、講談社学術文庫

■第一章

辻清明『政治を考える指標』一九六〇年、岩波新書
丸山真男『日本の思想』一九六一年、岩波新書
丸山真男『忠誠と反逆』一九九二年、筑摩書房
ハンス・ケルゼン、西島芳二訳『デモクラシーの本質と価値』一九四九年、岩波文庫
M・I・フィンリー、柴田平三郎訳『民主主義』二〇〇七年、講談社学術文庫
貝塚茂樹『孔子』一九五一年、岩波新書
貝塚茂樹『中国の歴史』一九七〇年、岩波新書
貝塚茂樹・伊藤道治『古代中国』二〇〇〇年、講談社学術文庫
堀敏一『中国通史』二〇〇〇年、講談社学術文庫
加地伸行『儒教とは何か』一九九〇年、中公新書
関口順『儒教のかたち』二〇〇二年、東京大学出版会
島田虔次『朱子学と陽明学』一九六七年、岩波新書
武内義雄『儒教の精神』一九三九年、岩波新書
津田左右吉『支那思想と日本』一九三七年、岩波新書
カール・フィットフォーゲル、森谷克己・平野義太郎訳『東洋的社会の理論』一九三九年、復刻版、一九七六年、原書房
浅野裕一『儒教　ルサンチマンの宗教』一九九九年、平凡社新書
浅野裕一『諸子百家』二〇〇四年、講談社学術文庫

浅野裕一『古代中国の文明観』二〇〇五年、岩波新書
子安宣邦『国家と祭祀』二〇〇四年、青土社
子安宣邦『日本ナショナリズムの解読』二〇〇七年、白澤社
原武史『〈出雲〉という思想』二〇〇一年、講談社学術文庫
堀米庸三『正統と異端』一九六四年、中公新書
堀米庸三『ヨーロッパ中世世界の構造』一九七六年、岩波書店
堀米庸三『中世の光と陰』上下二巻、一九七八年、講談社学術文庫
モンタネッリ・R・ジョルヴァーゾ、藤沢道郎訳『ルネサンスの歴史』全二巻、一九八五年、中公文庫
堀越孝一『中世ヨーロッパの歴史』二〇〇六年、講談社学術文庫
J・ヒックス、新保博訳『経済史の理論』一九七〇年、日本経済新聞社

■**第二章**

エティエンヌ・ド・ラ・ボエシ、山上浩嗣訳『自発的隷従論』二〇一三年、ちくま文学芸文庫
カズオ・イシグロ、土屋政雄訳『日の名残り』二〇〇一年、早川書房
河田祥輔『頼朝が開いた中世』二〇一三年、ちくま学術文庫
五味文彦『鎌倉と京 武家政権と庶民世界』二〇一四年、講談社学術文庫
網野善彦『日本中世の百姓と職能民』二〇〇三年、平凡社ライブラリー
鈴木大拙『日本の霊性』一九七二年、岩波文庫
鈴木大拙『禅学入門』二〇〇四年、講談社学術文庫
安満稔麿『法然の衝撃』二〇〇五年、ちくま学芸文庫
末木文美士『日本仏教史』一九九六年、新潮文庫
逵日出典『神仏習合』一九八七年、臨川書店
イーフー・トゥアン、山本浩訳『空間の経験』一九九三年、ちくま学芸文庫

作田啓一『価値の社会学』一九七二年、岩波書店
ミシェル・フーコー、中村雄二郎訳『言語表現の秩序』一九七二年、河出書房新社
チャールズ・テイラー、下川潔・桜田徹・田中智彦訳『自我の源泉』二〇一〇年、名古屋大出版会
ウンベルト・エーコ、藤村昌昭訳『フーコーの振り子』一九九九年、文春文庫

■第三章

今野真二『正書法のない日本語』二〇一三年、岩波書店
今野真二『辞書からみた日本語の歴史』二〇〇四年、ちくまプリマー新書
斉木美千世・鷲尾龍一『日本文法の系譜学』二〇一二年、開拓社
加賀野井秀一『日本語は進化する』二〇〇二年、日本放送出版協会、ＮＨＫブックス
白川静『漢字百話』一九七八年、中公新書
森有正『遥かなるノートルダム』一九六二年、筑摩書房
森有正『森有正エッセー集成』五巻、一九九九年、ちくま学術文庫
金田一春彦『日本語の特質』一九九一年、日本放送出版協会、ＮＨＫブックス
安田登『ワキからみる能世界』二〇〇六年、日本放送出版協会、生活人新書
高橋昌一郎『理性の限界』二〇〇八年、講談社現代新書
森健一「日本語ワードプロセッサの研究開発とその社会的影響」二〇〇三年、本田財団レポートＮｏ・一〇五、(財)本田財団ホームページ
内閣通達「公用文作成の要領」一九五二年、内閣府ホームページ
日本翻訳連盟標準スタイルガイド検討委員会『ＪＴＦ日本語標準スタイルカイド（翻訳用）』二〇一六年、日本翻訳連盟ホームページ

■第四章

神谷美恵子『こころの旅』一九七四年、日本評論社
溝口紀子『日本の柔道 フランスのＪＵＤＯ』二〇一五年、高文研
山田真一『エル・システマ』二〇〇八年、教育評論社
堀米ゆず子『ヴァイオリニストの領分』二〇一五年、春秋社

■第五章

佐伯啓思『貨幣と欲望』二〇一三年、ちくま学術文庫
佐伯啓思『経済学の犯罪』二〇一二年、講談社学術新書
賀来弓月『地球化時代の国際政治経済』一九九五年、中公新書
スーザン・ストレンジ、櫻井公人訳『国家の退場』一九九八年、岩波書店
櫻井公人・櫻井純理・高嶋正晴訳『マッド・マネー』一九九九年、岩波書店
岩井克人『貨幣論』一九九八年、ちくま学芸文庫
岩井克人『二十一世紀の資本主義論』二〇〇六年、ちくま学芸文庫
ジョセフ・ノセラ、野村総合研究所訳『アメリカ金融革命の群像』一九九七年、野村総合研究所
香西泰『高度成長の時代』一九八一年、日本評論社
本山善彦『金融権力』二〇〇八年、岩波新書
ロナルド・ドーア『金融が乗っ取る世界経済』二〇一一年、中公新書
金子勝『市場と制度の政治経済学』一九九七年、東京大学出版会
広瀬隆『アメリカの経済支配者たち』一九九九年、集英社新書
ナオミ・クライン、幾島幸子・村上由見子訳『ショック・ドクトリン』二〇一一年、岩波書店
トマ・ピケティ、山形浩生・守岡桜・森本正史訳『二十一世紀の資本』二〇一四年、みすず書房
ダニエル・ヤーギン、ジョゼフ・スタニスロー、山岡洋一訳『市場対国家』一九九八年、日本経済新聞社

■第六章

ユルゲン・ハーバーマス、細谷貞雄・山田正行訳『第二版・公共性の構造転換』一九九四年、未来社
ウィリアム・ジェームズ、桝田啓三郎訳『宗教的経験の諸相』一九六九年、岩波文庫
岡田暁生『西洋音楽史』二〇〇五年、中公新書
澤井繁男『魔術と錬金術』二〇〇四年、ちくま学芸文庫
長尾龍一『リヴァイアサン』一九九四年、講談社学術文庫
ジョミニ、佐藤徳太郎訳『戦争概論』二〇〇一年、中公文庫
ジャック・アタリ、斎藤広信訳『１４９２・西欧文明の世界支配』二〇〇九年、ちくま学芸文庫
伊藤正敏『寺社勢力の中世』二〇〇八年、ちくま新書
千葉正士『世界の法思想入門』二〇一四年、講談社学術文庫
オルテガ・イ・ガセット、神吉敬三訳『大衆の反逆』一九九五年、ちくま学芸文庫
ミヒャエル・エンデ、大島かおり訳『モモ』二〇〇五年、岩波少年文庫

著　者
大熊忠之（おおくま ただゆき）

1941(昭和16)年東京に生まれる。1964年国際基督教大学教養学部卒業。1969年同大大学院行政学研究科終了、行政学修士。(財)日本国際問題研究所入所。1983年外務省に出向、在カナダ日本国大使館専門調査員として勤務。1985年帰朝。研究所に復職。1990年広島修道大学法学部国際政治学科教授に就任。2004年法学部長を兼任。2009年同大を定年退職、名誉教授。
著作・論文等：『経済発展と技術移転』（共編著、日本国際問題研究所、1983年）、「国際開発システムの生成と発展」（『国際政治』64、1980年）、「カナダの議会制度」（辻清明他監修『世界の議会11』ぎょうせい、1983年)、「カナダ・政治」（『大百科事典３』平凡社、1984年)、「カナダの外交　普遍主義とその限界」（馬場伸也編『ミドル・パワーの外交』日本評論社、1988年)、「情報の諸特性、形態区分および情報革命の意味」（『修道法学』17-2、1995年)、「個人観念の西欧的起源と儒教的統治の個人否定構造」（『修道法学』31-1、2008年）など。

民道主義《みんどうしゅぎ》
—日本の民主主義を担う主体形成の課題—

2019年12月10日　第１刷発行

著　者
大熊《おおくま》 忠之《ただゆき》

発行所
㈱芙蓉書房出版
（代表 平澤公裕）
〒113-0033東京都文京区本郷3-3-13
TEL 03-3813-4466　FAX 03-3813-4615
http://www.fuyoshobo.co.jp

印刷・製本／モリモト印刷

ISBN978-4-8295-0779-7